深度增长之 B2B实战销售管理

从拿单攻坚到体系自驱

张　宁◎著

電子工業出版社
Publishing House of Electronics Industry
北京 · BEIJING

图书在版编目（CIP）数据

深度增长之 B2B 实战销售管理 : 从拿单攻坚到体系自驱 / 张宁著. -- 北京 : 电子工业出版社, 2025. 9.
ISBN 978-7-121-51044-1

Ⅰ. F713.365.2

中国国家版本馆 CIP 数据核字第 202538PD55 号

责任编辑：吴亚芬
印　　刷：涿州市京南印刷厂
装　　订：涿州市京南印刷厂
出版发行：电子工业出版社
　　　　　北京市海淀区万寿路 173 信箱　邮编：100036
开　　本：720×1000　1/16　印张：19.5　字数：312 千字
版　　次：2025 年 9 月第 1 版
印　　次：2025 年 9 月第 1 次印刷
定　　价：98.00 元

凡所购买电子工业出版社图书有缺损问题，请向购买书店调换。若书店售缺，请与本社发行部联系，联系及邮购电话：（010）88254888，88258888。

质量投诉请发邮件至 zlts@phei.com.cn，盗版侵权举报请发邮件至 dbqq@phei.com.cn。

本书咨询联系方式：（010）88254199，sjb@phei.com.cn。

推荐序

销售管理的系统革命：如何构建企业持续增长系统

北京北大纵横管理咨询有限责任公司董事长　王　璞

在悬崖峭壁上野蛮生长着的崖柏，基本上靠天吃饭，年景好就多长点，而农民通过选种、播种、灌溉、施肥、除虫等一系列精耕细作，种出来的小麦，只要没有特大天灾，基本上都能确保亩产千斤。这两组对照，恰恰反映了当今企业销售管理的两种形态，一部分企业销售管理处于"野生状态"，市场环境好业绩就好，业绩充满不确定性；而另一部分企业懂得如何"科学种田"，他们通过构建一套可复制、可预期、可持续的精耕系统，实现业绩的稳健增长。

作为在管理咨询行业深耕二十余年的从业者，我深知中国企业最需要的不是华而不实的概念，而是能够真正落地的系统性方法论。北大纵横服务过数万家企业，其中逾半数为中国500强或上市公司。我见证了太多企业因系统缺失而陷入增长困境，这也让我更加珍视那些源于实战的真知灼见。

《深度增长之B2B实战销售管理》这本书，正是致力于帮助企业从"靠天吃饭"的崖柏式增长，转向"精耕细作"的麦田式增长。企业持续的增长动力并非来自零散的技巧，而是源于像本书所阐述的这种深度增长、可复制、可迭代的系统能力。这套体系的核心价值，恰恰与北大纵横多年来所坚持的"一切咨询建议都应服务于企业发展战略、适应企业未来环境的变化、以企业实际情况为出发点、为客户创造最高价值"的理念深度共鸣。

通读全书，三个特质令人印象深刻：接地气、一看就会、能落地。说接地气，是因为这本书不是写出来的，而是干出来的——张宁老师将她在15年销售与咨询实践中积累的成功经验和挫折教训毫无保留地倾注其中。说一看就会，是因为书中将复杂的方法分解得清晰明了，结构化、系统化极强。说能落地，是因为张宁老师毫不吝啬地分享了大量实用方法论和模型工具，如“七步一回头”“四精联动”等，这些经过实践检验的工具方法，管理者拿来就能用，用了就有效。

这本书，正是张宁老师为帮助企业构建一套可复制、可持续的销售系统而倾力打造的匠心之作。全书紧紧围绕三大支柱层层展开，体系严谨、步步深入，处处体现实战派的系统思维，令我深感共鸣。

第一，没有战略，就没有未来。战略决定企业方向，方向错了，一切努力都可能付诸东流。令我特别触动的是，本书在第 1 部分销售战略的阐述中，不仅深刻贯彻“以终为始”的理念，更难得的是，张宁老师用她独特的方法论，实实在在地教企业如何制定销售战略、如何科学拆解战略目标，让战略不再是空中楼阁。

第二，没有管理，就没有规模。战略落地，靠的是管理。没有可控的过程，就难有可靠的业绩。在第 2 部分销售过程管理中，张宁老师秉持“业绩导向”原则，提供了一系列实用的管理思维和工具。我尤其认可她提出的系统方法，真正帮助企业实现商机源源不断、业绩稳定增长，这正是企业管理者最需要的实战宝典。

第三，没有组织，就没有持续。人是一切业绩的根基。销售团队是成本，而销售能力才是企业的资本。在第 3 部分销售组织建设中，张宁老师创新性地提出“双轨提升”理念——既要提升销售人员战斗力，也要提升管理者带兵能力。她最可贵之处在于，不仅说清楚了要提升哪些能力，更给出了如何提升的有效方法，真真正正帮助企业打造能打胜仗的销售铁军。

深度增长，是一项关乎企业长远发展的核心命题。以终为始、业绩导向、双轨提升——这三个核心理念贯穿全书，深刻构筑了其思想体系与独特价值。这本书不仅凝聚了深度思考，更系统性地回应了企业在增长过程中面临的真问题、真挑战。

张宁老师是我见过少有的既有实战经验，又能将经验升华为系统方法论的专家。无论是处于增长瓶颈期的企业，还是寻求突破的大型企业，都能从这本书中找到适合自己的解决方案。我相信，这本书必将为众多企业的深度增长注入系统性的力量。

我毫不犹豫地向各位企业家和管理者推荐这本著作——它值得放在你的案头，反复研读，常读常新。我对此满怀信心，亦满怀期待。

前言

经济腾飞背后的挑战：寻求销售管理的突破

自 1978 年改革开放以来，中国的经济和产业发展迅猛，众多企业如同搭乘了一辆高速行驶的列车，实现了规模与效益的双重飞跃。但是近年来，随着增量化市场逐渐向存量化市场转变，这种高速增长的势头开始减弱甚至消退，很多企业的处境开始变得越来越艰难：客户的购买越来越谨慎，同行间的竞争越来越激烈，订单量与金额急剧下降，产品和服务的利润近乎腰斩……在这样严峻的市场环境中，如何让企业“活下去”，已经成为众多企业关注的头号难题。

在这样的难题背后，其实反映的是企业销售管理意识的不足。在之前高速增长的时代，很多企业对销售团队都是“放羊式”管理，“不管黑猫白猫，只要抓到耗子就是好猫”。很多企业都是年初给销售人员定个业绩目标，然后每月或每季度考核一次，如果完不成业绩目标，就要扣除绩效或奖金。但问题在于：孩子上不了清华，是因为他不想吗？是因为他做不到。绩效考核只能解决销售团队想不想做的问题，却解决不了他们能不能做的问题。**销售人员真正缺少的不是动力，而是方法**。试想一下，销售人员到了市场上一了解，自家公司的任何一项产品和服务，众多竞争对手都能够提供。有时，客户一天见到的销售人员，甚至比销售人员一天见到的客户还要多。如果企业只是单纯地增加业绩压力，却不能帮助销售团队提升能力，最后销售团队很可能还是完不成任务，并且导致团队成员信心受挫，斗志消沉，怨言增多，最终愤而离职。此时，企业的业绩提升问题非但没能解决，反而变得“雪上加霜”了。

在当下这个时代，企业之间的竞争，已经不再是单纯的产品和价格竞争，而是转向了销售效率的竞争。只有销售团队的效率领先对手，才能在越来越激烈的竞争中立于不败之地。在未来的市场环境中，企业要想真正提升销售业绩，就必须提高销售效率，而提高销售效率最可靠的方法，就是建立一套完善的销售管理体系。

说到销售管理体系，市面上讲销售管理的书籍可谓汗牛充栋，但有些可能存在三个问题：其一，不够专业；其二，不够系统；其三，不够落地。

首先，是**不够专业**。市面上讲销售管理的书，大多数都是网红书籍。还有很多书表面上讲的是销售管理，实际上讲的是通用管理。销售管理与通用管理最大的不同，就在于它是**以业绩为导向的**。很多企业按照通用管理的思路做销售管理，流程考核做了一大堆，搞得销售团队怨声载道，业绩却没有什么起色。为什么？因为企业只看到了销售管理的表面动作，却没有看到销售管理的底层逻辑。例如，每一项动作为什么要管理？这项动作和业绩的关系是什么？**看清楚为什么要管，比知道要管什么更重要**。所有不以业绩为导向的销售管理，都是“耍流氓”。

其次，是**不够系统**。有些书籍严重缺乏系统思维，里面东拼西凑了一些管理模型，解决的只是点的问题，甚至连点的问题都解决不透。还有一些讲企业管理的老师是“先射箭再画靶子”，自己擅长讲哪方面的内容，就会说企业存在这方面的问题。例如，讲战略的老师认为企业缺少战略，讲管理的老师认为企业缺少管理，讲人力的老师认为企业缺少人才。他们说得对吗？他们说得都对。但是问题并没有得到针对性解决。企业的资源是有限的。企业要想提升业绩，就必须看清现在影响业绩达成的关键问题是什么。**看清楚关键问题，比解决问题更重要**。就好像治病的关键在于确诊，而不在于吃药。

最后，是**不够落地**，有些书籍的作者，要么是缺少一线的销售实战经验，自己都不知道真实的销售过程是什么样的，讲了很多销售管理的理论与模型，听起来头头是道，但是落地性极差；要么是从大公司出来的高管，讲的基本上都是大公司的经验与成功案例，看起来虽然都对，但是当读者将之应用到自己的公司时总是“水土不服”，甚至是有“毒”的。毕竟每家企业的背景、资源和文化基因都不一样。彼之蜜糖，吾之砒霜。如果不懂得销售管理体系背后的原理，只是盲目借用别人的做法，就很有可能把自己的公司带入困境。

因此，本书和其他销售管理类的书最大的不同就在于：

（1）这是一本专业讲销售管理的书，书中全部都是与销售管理相关的动作，而且都是以业绩为导向的。

（2）这是一本具有完整销售管理体系的书，帮你在脑海中构建整个销售管理体系的思维模型，不仅授之以“鱼”，更会授之以“渔”，教你如何诊断销售团队当前的问题所在，明确在哪个环节投入资源可以取得最大成效。

（3）这是一本非常实战与落地的书，近 15 年来，我致力于帮助产业集群发展，为 30 多个产业集群提供深度增长方向的体系赋能，解决产业增长和发展难题；长期为企业增长提供深度陪跑服务。对于企业在销售管理各个环节中遇到的问题，力求击穿击透，让国内企业的管理者一看就懂、一用就灵，帮助企业建立一套本土化、系统化、可操作性强的销售管理体系，培养企业自己的销售精英团队，实现销售业绩的深度增长。

为了让大家更容易理解书中的知识，本书尽量避免了过多书面语的表达，而是采用了我平时讲课或与大家沟通时的口语化风格，意在使大家读起来就像和我面对面聊天一样，希望能让知识的传递更加自然流畅，让大家在轻松的阅读中收获满满。

本书结构

本书的结构，主要围绕企业销售管理的三个层面展开：**战略、业绩、组织，如图 0-1 所示**。

为什么是这三个层面？因为：**没有战略就没有方向，没有业绩就没有规模，没有组织就没有持续**。

首先，战略决定企业该往哪里发展。**方向不对，努力白费**。

本书的第 1 部分，讲的是企业的销售战略。整个销售战略部分的内容，都体现了一个核心理念——**以终为始**。企业战略的制定，决定了企业长期发展的方向，保证企业沿着正确的方向前行。销售战略必须“看着做”，而不能“做着

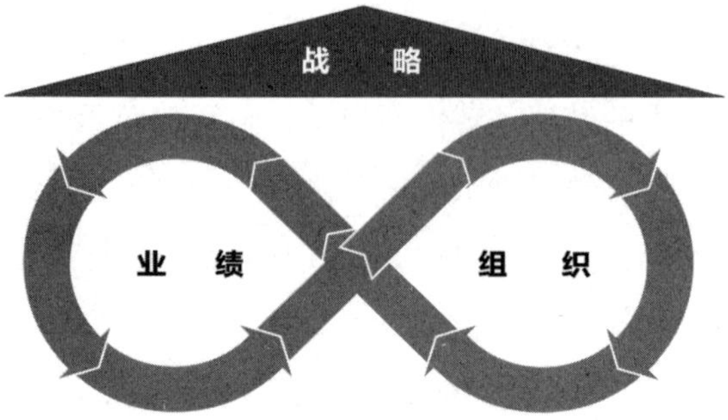

图 0-1 企业销售管理的三个层面

看”。销售战略的实现不是一朝一夕的，越是提早看清未来的方向，就越是清楚当下要做好哪些调整和准备。尤其是处在增长瓶颈期的企业，更是应该避免走一步算一步，而是要提早布局，打造自己的战略规划。

其次，管理决定销售业绩怎么达成。**只有拥有可控的过程，才能有可靠的产出**。

本书的第 2 部分，讲的是企业的销售业绩，围绕销售过程管理展开。战略的落地，必须依靠管理的执行，缺乏有效的管理，再好的战略也会沦为一纸空谈。整个销售管理的部分，也体现了一个核心理念——**业绩导向**。所有销售管理的动作，都应当是为了达成业绩服务的。销售人员好比“江水”，销售管理体系好比“堤坝”。只有“堤坝”建好，“江水”才能按照既定轨道流淌；只有建设好完善的销售管理体系，销售人员才能顺其自然地达成业绩。

最后，组织决定团队能力如何提升。**销售团队都是成本，销售团队的能力才是资本**。

本书的第 3 部分，就来到了销售组织的建设。任何业绩的基础都是人，没有人员能力的持续成长，就不会有业绩的持续增长。整个销售组织部分的内容，也体现了一个核心理念——**双轨提升**。在一个团队当中，销售人员是一条轨道，销售管理者是另一条轨道，只有两条轨道齐头并进，既提升销售人员的能力，也提升销售管理者的能力，整个团队的战斗力才能得到真正的提升。

以终为始、业绩导向、双轨提升，这三个理念贯穿了全书的始终，也是企业建立整个销售体系的精髓所在。这套体系特别适用于正在成长中的中小企业，以及想要寻求突破的大型企业。如果你的企业正处于这样的阶段，相信本书可以很好地帮助你。同时，如果你在企业销售过程中遇到了本书尚未涉及的问题，我也非常欢迎你提出宝贵的意见和建议，与我共同交流和进步。

张　宁

目录

引言：企业销售体系全景图

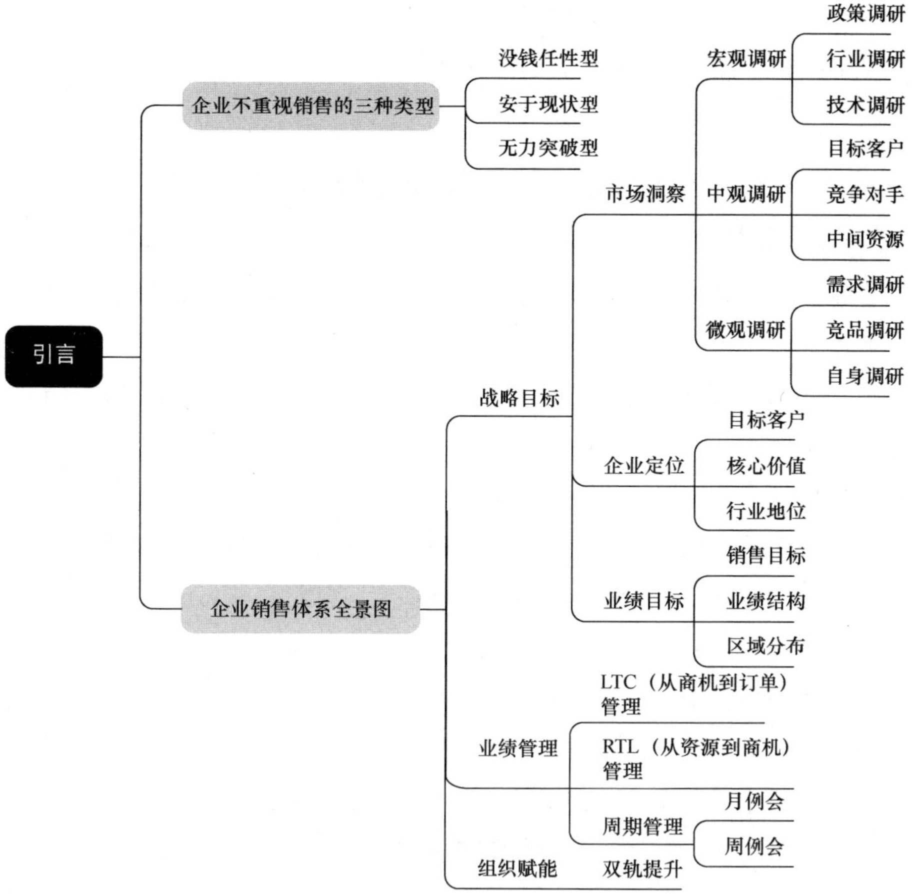

在本部分内容中，我重点介绍战略目标、业绩管理和组织赋能之间的关系，并提供企业销售体系全景图，意在帮助不同规模、不同行业的企业识别销售管理中的常见误区，分析自身所处的发展阶段，找出影响销售业绩的关键问题所在，从而找到适合自身的销售管理提升路径。

做企业，不重视销售行不行？

做销售咨询这么多年，很多老板曾经问过我：张宁老师，做企业，不重视销售行不行？

看问题不能只看表面，其实他真正想说的是：你看我，企业这么多年没重视销售，不也活得好好的吗？

但问题是：真的是活得好好的吗？——还是对眼前的问题视而不见？

但凡真正做企业的老板，都知道销售的重要性。哪有企业不赚钱，天天为爱发电的呢？所以，嘴上说着“不重视销售”的企业，未必是真的觉得销售没用，而是有着各种各样的“潜台词”在里面。我总结了一下，大概分三种。

（1）没钱任性型：这一类的老板，大多是创业时间不长，富有理想主义的新手创业者。他们受到中国传统“重农轻商”的思想影响，总觉得踏踏实实种地（做产品）才是实事，扯着嗓子吆喝（做销售）就是不务正业。于是，总想研发出一款足够好的产品，觉得只要产品够好就一定不愁卖。最终，导致拼命搞研发，却卖不出去产品。结果创业多年，从一无所有，到负债累累。

（2）安于现状型：这一类的老板，大多是已经度过了初创期的中小型企业的老板。他们的企业可能现阶段比较安逸，每年的销售业绩也足够支撑企业继续活下去，觉得目前的现状已经很舒服了，没必要再花更多资源和风险组建销售团队，扩大销售规模。这一类的老板是最常见的，但这种想法恰恰也是最危险的。

（3）无力突破型：这一类的老板，大多是正处于向大型企业突破或转型的老板。他们非常明白销售对企业的重要性，也拥有自己的销售团队，每年都会花很多钱给销售团队做培训。但是，钱虽然花出去了，各种各样的管理手段也上了一堆，销售业绩却没有明显增长，想要突破瓶颈，却不知道该如何下手。

你的企业，属于以上的哪一种？

面对这些现状，你的态度是什么？

可能有人觉得，就算我的企业属于其中的一种，现在不也是活得好好的吗？

接下来，我就把平静的海面下涌动的暗流，逐一地为你分析。

1. 没钱任性型

首先，对于“**没钱任性型**”的老板，最主要的问题就是没有意识到：**企业生存的基础就是盈利**。企业要想生存，第一要务就是盈利，而盈利的关键，就是销售能力。

销售对于企业来说，就像人的呼吸一样。虽然平时很少注意到，但只要一停止呼吸，人很快就会死。在我国，除一些特殊行业可以靠政府补贴输血外，大部分企业都要靠自己造血，自负盈亏。在一家企业内部，几乎所有的部门都是花钱的，只有销售部门是赚钱的，销售部门几乎是企业与外界交换资源的唯一平台。如果没有销售为企业持续带来利润，则企业的所有部门都会受到很大影响，甚至停止运转。

销售对于企业来说，也像人吃饭一样。人活着不是为了吃饭，但人活着必须吃饭。虽然企业活着不是为了销售，但企业活着必须销售。企业存在的意义，确实是为社会带来价值和好产品，搞好产品和研发固然很重要，但有些企业家搞研发，能把自己搞得倾家荡产，企业连活都活不下去，又何谈为社会带来价值呢？

当然，企业中还存在这样一种情况：辛辛苦苦研发出的产品，一旦卖得不够好，就归咎于自己的产品不够好，一直把资源投入研发中，却从没想过是销售不足的问题。那要怎么判断是不是这种情况呢？很简单，只要记住一句话：**销售决定首购，产品决定复购**。如果你每年的新增客户很少，但复购率还不错，那就大概率是销售的问题，而不是产品的问题。很多时候并不是你的产品不够好，而是没找到需要你的客户。况且所有产品从不完善到完善，都需要一个市场反馈和改进的过程，闭门造车是不可取的。

更何况，产品销售和产品研发，两者本来就不是对立的关系，而是相辅相成的。一个特别常见的极端想法就是：只要我全心全意投入研发，研发出一款特别牛的产品，马上就能在市场上卖爆。这种想法放在 30 年前或许可行，但现在早已不是“酒香不怕巷子深”的年代，**研发的真正意义，是给销售创造“护城河”，而不是“攻城略地”**。如果你足够努力，研发出市面领先的产品，则市场的战略机遇期差不多有 3 年；如果抢到这个机遇期，则销售能给研发源源不断地造血；如果拿着利润回来继续投入研发，就能让产品持续保持市场领先，形成良性循环。但如果销售能力不足，产品投放到市场上，却被竞争对手快速模仿，就会造成 3 年过后，你家有的产品别人都有，你的研发就白研发了，你的成本就白投入了，好不容易争取到的机遇期就白白浪费了。假设你投入 500 万元做一个产品，净利润 5%，就需要完成一个亿的销售额才能覆盖。如果投入市场没有响应，就等于这一个亿的销售额都打水漂了，不仅影响士气，还有可能让企业因此陷入困境。

当然，如果你的企业还处于初创期，没有那么多资源，只能在研发和销售两条路之间选一条，应该选哪一条呢？请记住：**销售是第一需求**。因为没有研发，企业还可以卖别人的产品，只不过利润低一些而已，但如果没有销售，企业很快就死了。研发并不是不重要，而是对一家企业的生存和发展而言，销售更重要。**企业没有研发就没有发展，但没有销售就无法生存**。

总结一下，对于“没钱任性型”的老板来说，一定要认清的是：**研发很重要，但销售更重要**。两者并不是对立的关系，而是相辅相成的关系。如果能同时发展两者最好；如果只能二者选其一，那么销售是第一需求。企业生存的基础就是盈利，**先求生存，再求发展。**

2. 安于现状型

其次，对于“**安于现状型**”的老板，最主要的问题就是没有意识到：**企业不能只考虑短期的生存，还要考虑长期的发展。**

刚刚说到，“安于现状型”的老板是最多的，他们的想法也是最危险的，为什么？因为处于这种状态的企业，都是处于“温水煮青蛙”的状态而不自知：眼前没看到有什么问题，就觉得这样的日子能一直过下去，即使看到了一些潜在的危机，也总是抱着侥幸心理，总觉得不一定会降临到自己头上。但市场如逆水行舟，不进则退。在这个快速发展、竞争激烈的时代，一旦市场变化真正来临，再想转变就已经来不及了。

这种类型的企业，往往已经度过了生存期，或多或少都有点自己的生存之道。总结下来，具体可以分成两种：**代理商模式和代工厂模式。**

第一种模式，代理商模式，顾名思义就是企业生产出来的产品，主要靠代理商渠道对外销售。这类企业往往缺少自己的销售团队，或者销售团队的人数非常少，客户资源主要掌握在代理商手里。这种模式可以很好地帮助企业解决初期产品怎么卖的问题，能够有效帮企业度过前期的生存阶段，但如果企业长期依赖于这种模式发展，就会出现一个问题：**无法发展战略产品。**

所谓战略产品，就是为企业的发展带来战略意义的产品，可能是为了塑造企业的品牌形象，也可能是为了开拓全新的细分市场。但是，战略产品可能不是利润最高的，也可能不是最好卖的。这种情况下，如果企业只靠代理商模式来销售产品，就容易遇到困境：因为对于代理商来说，最重要的就是产品好不好卖，赚不赚钱。很多代理商都是同时代理着多家产品，哪家的产品好卖就卖哪家，哪家的产品赚钱就卖哪家，很难对厂商有忠诚度可言，无法跟着企业的战略共进退。所以如果强推战略产品，代理商就会大量流失；如果不推战略产品，企业又无法做战略布局。所以**选择代理商模式的企业，好生存，但是不好发展。**

第二种模式，代工厂模式。这种模式也很好理解，就是企业只负责生产，

将生产出来的产品给各大品牌贴牌销售。这种模式的好处是省心，销售渠道稳定。但问题在于看天吃饭，主动权不在自己手里，而且**企业的利润也无法支撑长期发展**。

选择代工厂模式的企业，主要是给少数大客户做定制化，单件产品的利润非常低，主要靠大订单走量以赚取微薄的差价，而且时代和技术一直在发展，客户对产品的要求越来越高，市场竞争也越来越激烈。一旦企业的产品跟不上客户的要求，要么整条产品线全部要更新，几年赚的那点利润都不够往里填的；要么不更新产品线，整个客户的订单都会从此流失，企业的资金周转一下子陷入困境，甚至企业窒息而亡。所以**选择代工厂模式的企业，能生存，但越来越难生存**。

因此，无论是代理商模式，还是代工厂模式，这两者都只能帮企业解决短期生存问题，但不能帮企业解决长期发展问题，如果企业想要做大做长久，光靠这两种模式是靠不住的。

3. 无力突破型

最后还有一类老板，我称之为“**无力突破型**”，最主要的问题就是没有意识到：**销售管理需要系统化的销售体系，而不是碎片化的培训课程**。

这种类型的企业，往往还有另外一个名字——“**孤勇者**”。什么意思呢？就是企业大部分的订单，都是靠老板自己，或者少数几个明星业务员跑下来的，企业的销售业绩极大地依赖这几个人。当企业还小时，这种模式还够用。但当企业慢慢变大时，业绩的增长就开始乏力。选择这种模式，虽然每年的销售业绩足够支撑企业每年的生存和发展，但企业的规模很难突破，甚至**做得越大，死得越快**。

为什么呢？企业要想扩大规模，无非就是两个方向：生产和销售。如果扩大研发和生产，不管是研发一款新产品，还是再上一条产品线，要投入的成本往往都非常高。刚刚说到，任何一家企业当中，所有的部门都是花钱的，只有销售部门是挣钱的，如果单纯扩大研发规模，销售团队通过销售带来的利润跟不上，仅靠有限的几个业务员跑，就算全年 365 天都在外面，每年能拿到的订单也是有限的。企业就会陷入资金不足的窘迫局面，甚至资金链断裂。**很多企业原本活得好好的，最后都是死在了“再上一条生产线”的路上。**

那么，扩大销售团队的规模行不行呢？也很难。因为企业的销售业绩高度依赖几位“孤勇者”，很多新销售人员打不出单子，大多都只能当销售助理，前期跑一跑客户还行，真到谈业务、谈项目的时候，还是要“孤勇者”亲自上。这导致企业就算扩大销售团队的规模，但因为缺乏销售管理体系，只能“放羊式”管理。每个人初定一个业绩指标，能拿回单子就给奖励，拿不回单子也没办法，结果销售团队的人数上来了，销售额还是上不来，甚至人力成本还更高了。

意识到这些问题后，有些老板为了破局，就开始在外面请很多老师来企业讲课，却忽略了另外一件重要的事：**销售管理需要系统化的销售体系，而不是碎片化的培训课程**。很多老板选课的逻辑都是这样的：通过某些渠道听说某位老师的课程还不错，自己实际去现场听课感觉也很好，就请老师来企业给销售团队做培训。但每位老师讲的课程，其实都只代表销售管理的一部分，就像盲人摸象一样，东边摸一条腿，西边摸一只耳朵，结果到最后，还是没办法自己拼出来销售体系，课程内容也无法落地。更要命的是，由于销售课程门派众多，包罗万象，不同老师讲的内容与框架甚至还是相互冲突的，就像一个老师给了大象的四条腿，另一个老师却给了老虎的身子一样，如果直接用到企业当中，自然怎么用怎么别扭。

所以，**销售体系一定是一门科学，而不是一门艺术**。所谓科学，就一定有一套逻辑严谨的体系，有清晰的因果关系，可以对关键节点进行把控，最终得到可靠的结果。这样的一套销售体系，才是“无力突破型”老板带领企业破局的关键。

那么，可能有人又要问了，虽然我的企业属于这些类型中的一种，但这么多年来我也赚钱了呀，而且赚得还不少，就算不建立什么销售体系，不也能这么赚下去吗？还真不行，如果你的企业属于以上的任何一种，那么一定要认清楚一点：之前你能赚到钱的关键，不是靠自身的实力，而是靠时代的红利。

大多中小型企业的老板，都是 20 世纪 60—70 年代出生的一代企业家，他们踩对了时代发展的浪潮，吃到了多年经济高速发展的红利。他们经历过物资极度匮乏的时代，只要开工厂就能赚钱；也经历过经济高速发展的时代，产品只要生产出来就不愁卖。总结多年的经验下来，就会产生一种“钱很好赚”的错觉。

但是，就像有句话说：“当潮水退去时，你才知道到底谁在裸泳。”从 2023 年开始，随着疫情管控的放开，各行业的产能一下子被释放，但因为多年疫情影响造成的资金紧张，大部分市场需求的增长都跟不上产能的增长。各行业市场趋于饱和，同行业的竞争开始变得越来越激烈，这个时候，很多企业就会发现业绩比起往年大幅下滑，即使能够勉强保持业绩，利润也断崖式下滑。

以前物资匮乏，市场竞争小；经济发展快，市场需求大，这些都是时代的红利。你不知道时代的红利什么时候消失，只能侥幸地希望它不会消失；你也不知道问题什么时候到来，只能希望它永远不会到来。在没有出问题之前，躺在一个地方没有困难当然是最舒服的，但当有一天困难来找你的时候，你就被动了。如果企业没有实力，则一旦红利期消失，要么去寻找新的红利，要么就被市场淘汰。所以，企业要想做大做长久，光靠时代的红利是靠不住的，必须依靠企业的实力才行。

那么，什么是企业的实力？**你的产品就是市面上顶尖的，你的企业有着完善的销售体系，这就是企业的实力。**但是对于大部分中小型企业来说，产品上做到顶尖的难度是极大的，而构建完善的销售体系的性价比要高得多。而且，产品和技术的领先也都是一时的，而完善的销售体系则是长久的，只有构建完善的销售体系，才能保证企业无论处在什么样的阶段、拥有什么样的技术和产品、外部的市场环境如何，都能为企业的生存和发展保驾护航。

所以，企业老板一定要认清这一点：**企业的生存不能靠时代的红利，而要靠自身的实力。**无论企业有没有顶尖的产品，都必须建立可靠的销售团队，要有完善的销售体系。有了完善的销售体系，企业的主动权才握在自己手里，才能不委于时代，不受制于人。

企业销售体系全景图

那么，一个完善的销售体系，究竟应该长什么样子呢？

企业销售体系全景图如图引言-1 所示。

图引言-1　企业销售体系全景图

1. 战略目标

首先，企业在打造销售体系时，必须想清楚的，就是战略目标。

战略到底有多重要？**对于企业来说，战略是一切动作的基础。**方向不对，努力白费。对于销售团队来说，所有的业绩目标、销售管理以及组织建设，无一不是为了实现企业的战略而负责的。

战略的制定，必须**以终为始**。先想清楚企业未来发展的目标，再一步一步地拆解出达成目标的路径。战略的实现不是一朝一夕的，也不能朝令夕改，只有明确了企业的战略目标，才能确定销售的业绩目标。业绩目标的设定，不是看能达成多少，而是看要达成多少。如果企业只是根据现有的资源制定业绩目标，却没有支撑长期的战略目标，没有打造出市场地位，那么在增量市场的时代或许还能够盈利，但一旦市场进入存量竞争的时代，竞争越来越激烈的时候，企业的销售业绩和利润就会快速下滑。因此，战略决定了企业的长期发展，也决定了企业的生死存亡。想清楚企业的战略目标，是打造任何销售体系必须走好的第一步。

要想把企业的销售战略真正想清楚、想透彻，并最终拆解成销售的业绩目标，关键在于三个环节：**市场洞察、企业定位和业绩目标**。这三者不是并列关系，而是层层递进的。

（1）市场洞察

市场洞察是制定战略目标的基础。俗话说，知己知彼，百战不殆。只有洞察清楚市场的动向，看清楚企业的外部环境和内部资源，才能让企业的战略决策是基于事实和分析的，而不是仅靠直觉和想象的。

完整的市场洞察，需要从**宏观、中观、微观**三个层次来展开。宏观调研，主要包括**政策调研、行业调研和技术调研**。它们指明了企业发展的大方向，决定了企业的长期战略。如果企业没有看清楚宏观环境，可能就会在短期内赢得了某些“战斗”，但却在长期上输了整个“战争”。

中观调研，主要包括**目标客户、竞争对手和中间资源**。将军在指挥作战时，必须看到整个战场的全貌，才能进行有效的战略布局与作战指挥。如果连战场上的信息都不清不楚就去打仗，后续就无疑是一场灾难。

微观调研，主要包括**需求调研、竞品调研和自身调研**。任何一个竞争对手的产品，都不可能全方位比你强，只有找到还没有被大部分竞争对手满足的深层次需求，才能找到满足客户需求的制胜关键。同时在遇到比你强大很多的对手时，也能用田忌赛马的方式，扬长避短地赢得竞争。

（2）企业定位

当市场洞察完成之后，接下来就要进入**企业定位**。关键是要想清楚两个问题：**你为什么样的客户提供价值？你为客户提供什么样的价值？**

首先要明确**目标客户**。这里最关键的是**确定目标客户分类的维度**。例如，是按区域对客户进行分类、按行业对客户进行分类，还是按规模对客户进行分类等。只有确定目标客户分类的维度，才能针对不同类型客户所需要的价值做聚合，并打造最适合的组织架构去匹配。

当目标客户确定下来之后，下一步就是确定**核心价值**，很多企业都容易把核心价值和产品混为一谈，但事实上**产品只是价值载体，而不是价值本身**。客户需要的可能只是墙上的洞，而不是钉子。如果企业把产品当作价值，就很容易是客户有什么需求就去开发什么产品，最后产品线又多又乱，企业自己搞不清楚，销售人员也弄不明白。但如果把客户的需求当作价值，就可以从客户的使用场景出发，开发出不同场景下满足大多数客户需求的产品，在有效减少产品线数量的同时，也让客户感觉企业更懂他们。

除此以外，做企业定位还需要想清楚**行业地位**，也就是自己在整个行业生态当中占据什么样的位置。是要做同质化竞争中的强者，还是要做差异化竞争中的唯一？是要凭借硬实力在红海当中跟其他人相互厮杀，还是占据一个竞争没有那么激烈，但潜在需求旺盛的细分市场？想清楚这些，才能制定出真正符合自身发展的战略方向。

（3）业绩目标

当定位想清楚之后，最后就要明确**业绩目标**。很多企业在设置业绩目标的时候，都只是简单设置一个销售目标，实际上这样是不对的。因为同样的销售目标，对企业战略的支撑效果可能会千差万别。

例如，同样是一个亿的销售目标，如果全部都来自一两个大客户，那么对于采用代工厂模式的企业来说，一旦某个客户流失，对业绩的打击就是致命的。但如果一个亿的销售目标全部来自小客户，那么由于需要大量销售人员的维护，企业的人力和管理成本又会居高不下。因此，业绩目标不能只考虑销售目标，还必须考虑**业绩结构和区域分布**。

业绩结构，就是销售业绩应当由哪几部分构成，各部分的比例应该是多少。业绩结构的设置，需要根据企业的战略，以及企业的发展阶段而定。如果企业正处在快速发展的阶段，或者正在新开发一个区域，那么需要考核新客户的增量，而不能只看老客户的存量。如果企业正处在战略转型阶段，就需要考核战略产品的增量，而不是只看所有产品的销量。如果企业想要提升在行业内的地位，那么需要考核标杆客户的数量，而不是只看所有客户的数量。业绩结构是战略目标的支撑，只有设置了业绩结构，才能更好地支撑战略目标的实现。

区域分布，就是企业需要重点开发哪些区域，取得什么样的市场份额或市场地位。因为每个省市，甚至每个国家，它们的市场环境、竞争环境、客户需求可能都有较大差别，而企业的资源是有限的，不可能同时在所有区域都做到第一。所以，业绩目标不能只定一个大的目标，还要细分到每个区域。根据企业在不同区域的优势和劣势，确定哪些区域先攻，哪些区域后攻，不同区域要达到的目标是什么，靠哪些区域带动哪些区域的发展，靠哪些区域的资源带动其他区域的资源。只有把销售目标、业绩结构和区域分布都想清楚了，才算是真正设置好了业绩目标，整个销售团队才能以此为靶向，并且能够真正支撑战略目标的实现。

综上所述，企业在制定企业和销售战略时，必须考虑清楚三个板块：**市场洞察、企业定位和业绩目标**。首先通过宏观、中观和微观三方面的洞察，获取企业制定战略目标所必需的数据与信息。其次通过企业定位，明确企业为什么样的客户提供什么样的价值，在行业内占据什么样的生态位。最后才是将战略目标拆解成当年的业绩目标，包括要达到多少销售目标，达到什么样的业绩结构，以及在哪些区域取得什么样的成果。关于每个环节的具体动作，将会在第 1 章中详解。

2. 业绩管理

那么，在设定好业绩目标之后，就一劳永逸了吗？当然不是。

很多企业在每年的年初，都会有设定业绩目标这个动作，但大部分与其说是设定目标，不如说是许愿。例如，年初把业绩目标设置成一个亿，但是到了年中才完成了不到 3000 万元，这时就会陷入一个困境：业绩目标的任务，是降还是不降？不降任务吧，大部分的销售人员都完不成，拿不到绩效奖金，可能就会走一批人，后续招的人顶不上，业绩反而会下滑得更快。但要是降任务吧，当初定的业绩指标说降就降，业绩目标的约束力何在？如果还是完不成，是不是还可以再降？更何况，业绩目标降低了，也会极大地影响企业的营收状况，导致战略目标无法达成，甚至让企业的运营陷入困境。

那么，为什么会产生这样的情况呢？最主要的原因，就是企业缺乏销售过程的管理。销售过程管理的关键，就是**以业绩为导向。所有销售过程管理的动作，都是为了确保销售业绩目标的达成**。而不是年初定了一个业绩目标，年中却没有盯着这个目标做管理，两者之间是完全脱节的。

那么，一个以业绩为导向的、完整的销售过程管理，应该是什么样的呢？按照从资源到订单的整个流程，可以分成 RTL 和 LTC 两个部分。其中，RTL 是从资源到商机，而 LTC 是从商机到订单。这两个环节，贯穿了整个销售过程管理的始终。

（1）LTC（从商机到订单）管理

先说后半部分的 LTC，LTC 的全称是 Leads to Cash，也就是**从商机到订单**的过程。企业所有的销售业绩，都是从运作成功的项目订单而来的，这是直接产出业绩的环节，也是整个销售过程中最核心的环节。

LTC 的核心目标，是**提高项目运作的效率和成功率**，也就是从客户处挖掘到的商机，有多少能够成功签单？项目的成功率越高，在商机数量相同的情况下，能够达成的业绩就越多，同时浪费的资源就越少。而商机的成功率，也和项目运作的效率息息相关。一个项目从运作到成单，销售人员是用了半年、三个月，还是用了一年？项目运作的时间越长，就越容易夜长梦多，项目的风险度就会越高。

因此，整个 LTC 的过程，就是围绕项目运作的**效率和成功率**来展开的：在商机的每个阶段，销售人员要做哪些关键动作？销售管理者要做好哪些管理？企业要如何高效配合？销售管理者要如何及时发现销售人员在项目运作中遇到的问题，并及时帮助销售人员突破卡点？只有管理好这些动作的落地，才能**保障商机运作的效率和成功率**，才能**保障业绩目标的达成**。

（2）RTL（从资源到商机）管理

但是，仅仅做好对 LTC 的管理还不够。对于很多销售人员来说，完不成业绩的根本原因，是**无法从客户那里拿到足够的商机**。对于某些行业头部的大企业来说，通常对销售团队都有足够丰富的资源支持，同时也有强大的品牌背书，销售团队不需要自己花大力气挖掘商机，也不需要花大力气让客户认可企业的品牌。但对于大部分企业来说，由于没有大企业这样的团队资源与品牌影响力，销售人员就很可能会遇到商机不知道从哪里找的问题。在拜访大部分客户的时候，客户都根本不知道销售人员是谁，没听说过销售人员的品牌，销售人员介绍了一遍企业情况客户也不感兴趣，对销售人员不够信任，有需求也不愿意与销售人员合作。如果销售人员连商机都获取不到，自然后续运作的部分也就无从谈起。

因此，一个完整的销售过程管理的体系，不仅包含 LTC 的过程，还包括 RTL 的过程。RTL 的全称是 Resources to Leads，也就是从资源到商机的管理，包括从获取客户线索开始，到触达客户，再到深化联系，不断获得客户关键决策人的认可与信任，最终获得有效商机的全过程。只有做好 RTL 的管理，才能**保障商机源源不断地产出**，为后面的 LTC 过程管理打下坚实的基础。

（3）周期管理

最后，不管是 RTL 还是 LTC，都离不开**周期管理**的落地，即通过定期检查与调整，对销售人员的任务目标及执行情况进行管理。销售管理如果缺少管理层的监督与执行，则再完善的制度也无法落地。

在周期管理体系中，最重要的两个例会是**月例会和周例会**。这两个例会在很多企业的开法是一样的，但实际上它们有很大的区别。**月例会是为了盘点目标**，明确销售人员本月需要达成多少业绩，离目标还有多少差距，弥补差距的动作和计划是什么，**保障销售人员每个月瞄准业绩目标做事**，而不是做多少算多少。而**周例会是为了管控动作**，确认销售人员的重点客户有没有按计划拜访，重点项目有没有按计划跟进，跟进的结果如何，**保障销售人员主要的时间和精力，都用在最重要的事情上**。

除此之外，还有**季度会和年会**，这两个会议的目的是**激活状态**，包括总结上个阶段取得的成绩，举办销售团队的表彰会议，让优秀的销售人员成为榜样，并公布下一阶段的战略，激励团队向着更高的目标前进等。如此，整套销售管理的流程，才能落实到每一年、每一季、每个月、每一周的管理动作上，并且保障所有的销售管理动作，都是以业绩为导向的。

3. 组织赋能

那么，在设定好业绩目标，并打造销售过程管理的制度之后，就可以确保业绩目标的达成了吗？还不够。

任何销售团队都是由人组成的，任何业绩也都是由人达成的。没有人的组织，毫无意义。因此，打造销售团队的第一步，是设计销售团队的组织架构，制定有激励性的薪资绩效，建设企业的人才梯队体系，确保招聘到的都是与企业相匹配的销售人才。

当销售团队建立之后，下一步工作的重点，就是对销售团队进行**赋能**。一个完整的销售管理体系，必须包含两大部分：一个是**管控**，另一个是**赋能**。**管控是为了让销售团队产出业绩，赋能是为了让销售团队提升能力，**两者相辅相成，缺一不可。很多企业都只关注到了前者，对销售人员的拜访数量、拜访打卡、工作日志甚至出差路径都管控得很严格，但销售人员的动作管控住了，就一定能带来好的业绩吗？恐怕不一定。如果销售人员的拜访能力不行，每天见客户都是打个照面就被赶出来，或者就是见不到客户的高层领导，那拜访数量再多又有什么用呢？只有把销售人员的能力提升上来，才能真正实现以业绩为导向的目标。

那么，为销售团队赋能的关键是什么呢？四个字——**双轨提升**。双轨提升，就是**不仅要提升销售人员的能力**，也要同步**提升销售管理者的能力**。

为什么要为销售管理者赋能？因为大部分的销售管理者都是从销售人员提拔上来的，还没有形成管理者的意识。遇到项目很容易自己先冲上去，而不会培养团队中能攻拿项目的人。换句话说，还是把自己当作“球场明星”，而不是“球队教练”，这就导致经常自己累得半死，团队还经常抱怨给的支持不够。

因此，对于销售管理者来说，如何实现从“球场明星”到“球队教练”的角色转变，如何给到销售团队有效的反馈和建议来帮助他们成长，这些都是销售管理者需要学习的。如果只考虑要怎么为销售人员赋能，却忽略了怎么为销售管理者赋能，就会导致为销售团队做了大量的培训，却无法落地。

反过来说，如果能够培养销售管理者的能力，让他能够很好地带领销售团队成长，那么当团队中的销售人员也成长为销售管理者之后，由于已经对培养的方式长期耳濡目染，不需要太多的磨合，就能很好地胜任。因此，只有打造出销售团队每个层级的人才培养体系，才能让企业不必依赖于特定的个人，即使人员不断流动，销售体系依然可以持续运转，让企业基业长青。关于组织赋能相关的内容，将在第 6 章中详细讲解。

综上所述，一家企业的销售体系全景图，从顶层的**战略目标**，到中间的**业绩管理**，再到底层的**组织赋能**，是一个环环相扣、相辅相成的完整体系。没有自上而下的分解，底层的动作就会失去方向；没有自下而上的支撑，顶层的设计就成了空中楼阁。只有以终为始，层层落地，整个销售体系才能真正运转起来，实现业绩长效稳定的增长。

精华小结

- 企业没有研发就没有发展，但没有销售就无法生存。
- 研发的真正意义，是给销售创造“护城河”，而不是“攻城略地”。
- 代理商和代工厂模式只能帮企业解决短期生存问题，但不能帮企业解决长期发展问题。
- 销售管理需要系统化的销售体系，而不是碎片化的培训课程。
- 企业的生存不能靠时代的红利，而要靠自身的实力。
- 没有战略就没有方向，没有业绩就没有规模，没有组织就没有持续。
- 战略的制定，必须以终为始。先想清楚企业未来发展的目标，再一步一步地拆解出达成目标的路径。
- 销售的管理，必须业绩导向。所有销售管理的动作，都是为了确保销售业绩目标的达成。
- 组织的赋能，必须双轨提升。不仅要提升销售人员的能力，也要同步提升销售管理者的能力。

第 1 部分

销售战略

第 1 章　战略突围

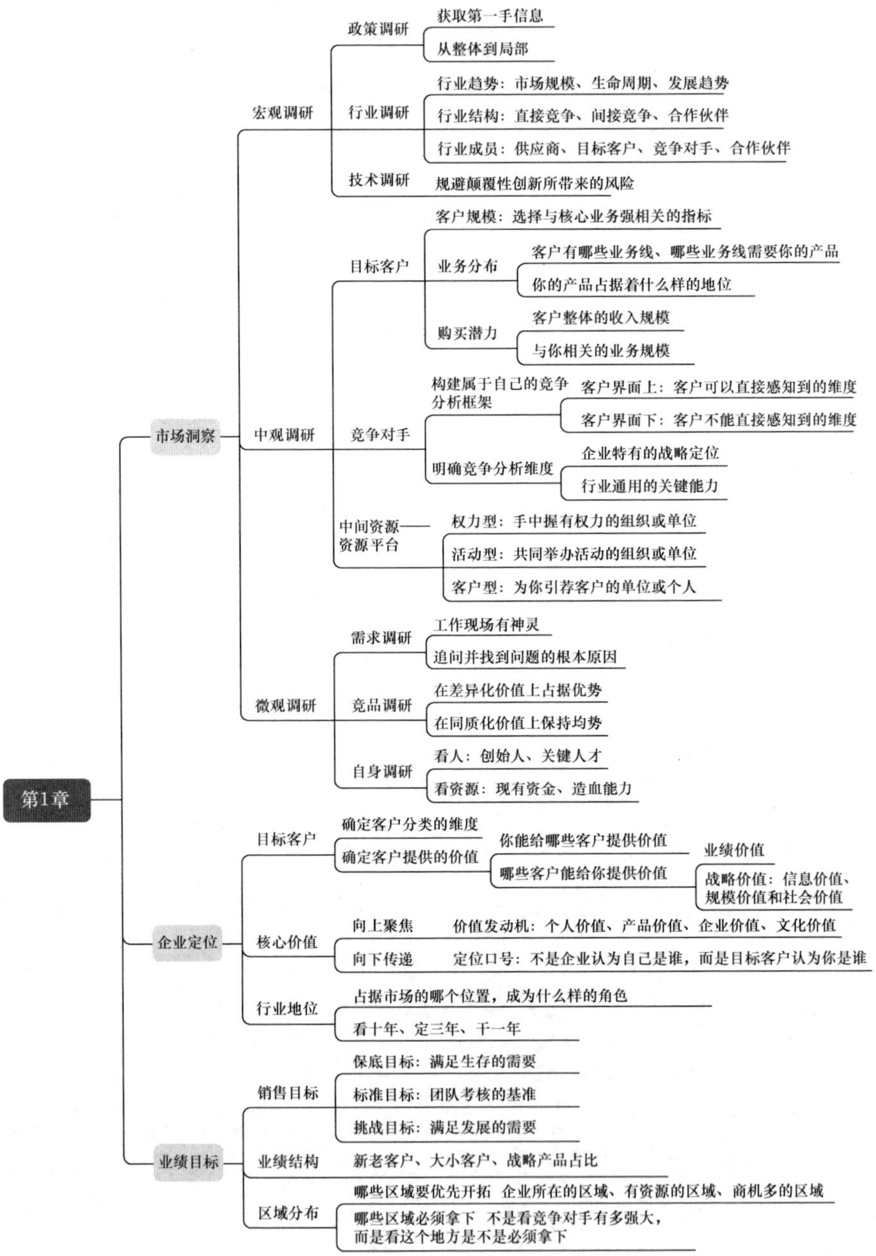

第1章
市场洞察
宏观调研
政策调研
获取第一手信息
从整体到局部
行业调研
行业趋势：市场规模、生命周期、发展趋势
行业结构：直接竞争、间接竞争、合作伙伴
行业成员：供应商、目标客户、竞争对手、合作伙伴
技术调研
规避颠覆性创新所带来的风险
中观调研
目标客户
客户规模：选择与核心业务强相关的指标
业务分布
客户有哪些业务线、哪些业务线需要你的产品
你的产品占据着什么样的地位
购买潜力
客户整体的收入规模
与你相关的业务规模
竞争对手
构建属于自己的竞争分析框架
客户界面上：客户可以直接感知到的维度
客户界面下：客户不能直接感知到的维度
明确竞争分析维度
企业特有的战略定位
行业通用的关键能力
中间资源——资源平台
权力型：手中握有权力的组织或单位
活动型：共同举办活动的组织或单位
客户型：为你引荐客户的单位或个人
微观调研
需求调研
工作现场有神灵
追问并找到问题的根本原因
竞品调研
在差异化价值上占据优势
在同质化价值上保持均势
自身调研
看人：创始人、关键人才
看资源：现有资金、造血能力
企业定位
目标客户
确定客户分类的维度
确定客户提供的价值
你能给哪些客户提供价值
哪些客户能给你提供价值
业绩价值
战略价值：信息价值、规模价值和社会价值
核心价值
向上聚焦
价值发动机：个人价值、产品价值、企业价值、文化价值
向下传递
定位口号：不是企业认为自己是谁，而是目标客户认为你是谁
行业地位
占据市场的哪个位置，成为什么样的角色
看十年、定三年、干一年
业绩目标
销售目标
保底目标：满足生存的需要
标准目标：团队考核的基准
挑战目标：满足发展的需要
业绩结构
新老客户、大小客户、战略产品占比
区域分布
哪些区域要优先开拓
企业所在的区域、有资源的区域、商机多的区域
哪些区域必须拿下
不是看竞争对手有多强大，而是看这个地方是不是必须拿下

1.1　市场洞察：从盲目跟风到精准定位

一家企业的战略规划，到底应该从何而来？《寻乌调查》曾给出了一个很好的答案：**从实际中来，从调研中来**。一个国家、一个政党的战略规划尚且如此，更何况一家企业？过去一种常见的企业制定战略的方法，就是靠老板“拍脑门”想。老板想要做大做强，直接把销售目标定成一个亿，全然不顾企业和市场的实际情况是什么，既没有底层的支撑体系，也没有销售组织的建设，最后达成目标的概率微乎其微。这种“拍脑门”定战略的方法显然已经过时了。

稍微好一点的方法，就是用业绩增长比例说话：去年企业的销售额是 8000 万元，今年要增长 20%，业绩目标就定为 9600 万元。那这种算不算从实际中来呢？算，但又不完全算。因为它只考虑了企业的情况，却没考虑市场的变化：假如企业处在一个非常稳定且成熟的行业中，整个市场的平均增长率只有 5%，20%的增长率就太高了，战略无法落地。反过来说，如果企业处在一个快速发展且竞争激烈的行业中，增长率必须保持在 50%以上才能存活下来，那 20%就又太低了，无法赢得竞争。所以最关键的一个问题是：企业**为什么**要有 20%的增长？20%的增长是为了达成哪些长期的战略目标？企业在 5 年之后应该是什么样子？在行业中占据什么地位？这些问题，都是只看销售额无法回答的。

没有调查，就没有发言权。企业的战略规划，必须**从调研中来**，而且片面的调研也不能支撑战略的制定，必须既看清全局，又深入实际，才能保证战略目标既能面向未来，又能够落地可行。

那么，具体该怎么做呢？战略的调研，需要从三个维度展开：**宏观、中观、微观**。

1. 宏观调研：让企业登上永不沉没的大船

宏观调研是为了制定企业长期发展的战略。制定长期战略的意义，**就是不要让企业登上一艘正在沉没的大船**。

什么叫正在沉没的大船？过去有很多企业，都是在行业里做得风生水起，甚至做到了行业头部，结果受到宏观环境的影响，整个行业都在渐渐地下沉，甚至彻底消失。最典型的如：受到新能源汽车的冲击，许多传统汽车的头部企业都面临着市场空间受到挤压，销量利润持续下滑的困境。再如：受到“双减”政策严格监管，许多教育培训的头部企业都遭遇了重大调整，不得不关闭或转型。这就是典型的在一艘大船上起高楼，结果船沉了。因此，在制定企业战略的时候，**一定不能只盯着眼前的市场份额，还要看到长期的政策、行业的趋势和技术的发展**，才能更有效地确定企业的战略目标。

那么，宏观调研具体应该怎么做呢？主要从三个方向进行调研：**政策调研、行业调研和技术调研，如图 1-1 所示。**

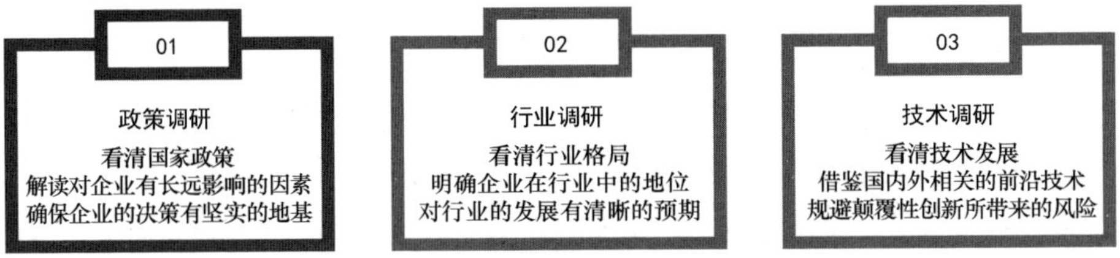

图 1-1　宏观调研的三个方向

（1）政策调研

政策调研，就是从国家的政策中，解读对企业有长远影响的因素。获取国家政策最关键的一点是：**一定要亲自阅读第一手数据**。第一手数据，就是直接发布在政府官方网站上的、最原始的政策文件与统计数据。例如，在中国政府网、国家统计局、国家发展和改革委员会，以及相关地区和行业的政府网站上发布的公告和数据等。

为什么要亲自读第一手数据？因为第一手数据直接源自官方，它不仅具有最高的权威性、最强的准确性，而且还包含完整的背景、目标、政策内容等详细信息，有助于全面理解宏观政策的意图。更重要的是，**通过直接访问第一手数据，可以避免二手信息潜在的误读和误导**，确保企业的决策建立在坚实的地基上。当然，由于解读第一手数据，需要较深的专业能力和较广的行业视野，还需要分析数据和政策背后更深层次的动机。因此，这里并不是说完全不听他人的解读，而是一定要先亲自读过第一手数据，再把自己的判断和他人的解读结合起来看。偏听偏信是不可取的，刚愎自用更不可取，只有两者相互融合，才能纵览全局。

在获取并解读国家政策的时候，应遵循一个原则：**从整体到局部**，即**先把握宏观政策全局，形成整体认识，再逐步深入细节**。这样做是因为人们在做决策的时候，往往会受最初接触的信息影响，不自觉地认为这件事很重要，并将其作为判断基准，这个叫作**锚定效应**。此外，在后续收集信息时，也会倾向于收集那些能够支持自己观点的证据，忽略那些与观点相悖的信息，从而影响最终的决策。因此，采用从整体到局部的做法，就可以有效避免锚定效应所带来的影响，站在更高的视角做决策。

（2）行业调研

在宏观调研中，第二部分就是行业调研。行业调研的目的，是看清楚行业的现状、趋势、结构与格局，明确企业在行业中的地位，并对行业的发展有更加清晰的预期。行业调研的顺序，也最好遵循从**从整体到局部**的原则：**先看清楚行业的宏观现状和趋势，再看行业内部的结构关系，最后再看行业当中的客户与企业**。

首先，是行业的宏观现状和趋势。例如，包括行业的市场规模正处于生命周期的哪个阶段等。看清楚这些问题的目的，是把握行业趋势对企业造成的长期影响。例如，如果整个行业处在增长期，那么企业的长期战略就可以以快速增长为主，在市场格局成熟之前，争取成为该行业的头部企业。但如果整个产业处在衰退期，那么企业的长期战略就需要发展第二曲线，在原本的行业彻底衰退之前，在新的行业当中找到一条生路。

其次，是行业内部的结构关系。这包括整个行业的产业链、上下游的行业、目标客户的行业，以及竞争者的行业等。看清楚这些问题的目的，是扩大企业战略制定的视野。在这一步当中，重点是要看到**间接竞争者**，而不是只看到**直接竞争者**。间接竞争者，就是虽然与你的产品和服务不同，但却能满足客户相同需求的行业。例如，对于传统能源汽车行业来说，新能源汽车行业就是它的直接竞争者，而共享出行行业则是间接竞争者。在行业调研的时候，看清楚间接竞争者是非常重要的，因为行业调研的目的是制定企业战略。如果只关注直接竞争者，而忽略了间接竞争者，就可能会错失发现市场潜在威胁的机会，从而在长期战略上做出错误的决策。

最后，是行业当中的客户与企业。这包括在上下游、目标客户和竞争对手的行业中，都有哪些需要重点关注的企业。在这一步当中，应当力求全面地**对行业的重点企业进行列名**，而不要急于深入每家企业的具体细节，以看清楚市场格局为目的。就像建立金字塔一样，只有把下面一层建得足够扎实，上面一层才能建得足够稳固，整个调研结果才足够完整可靠。

（3）技术调研

宏观调研的最后一个部分，是技术调研。技术调研与政策和行业调研略有不同，前两者的调研是必备的，是决定企业战略发展方向的关键，而技术调研则更多是为了规避**颠覆性创新**所带来的风险。

所谓颠覆性创新，是指可以重塑市场格局，使原有的市场领导者失去竞争优势的创新，也叫破坏性创新。例如，数码相机的兴起颠覆了传统胶片巨头柯达，智能手机的普及颠覆了手机行业领导者诺基亚，都是典型的例子。并不是所有企业在制定战略的时候都需要技术调研，一般来说，在容易出现颠覆性创新的行业，例如技术对生产力影响较大的企业（如制造业、电子业等），或者技术升级换代较快的企业（如互联网、软件等）中，对技术调研的要求会高一些。

这里需要注意的是，技术调研不只要关注国内的技术发展，还需要关注国际上技术的发展，因为技术发展是全球化的，不同国家和地区的技术发展会相互影响和借鉴。如果只关注本国的技术发展，则可能会忽略一些国际上的先进技术或潜在的竞争对手。同时，关注国际上技术的发展，也可以为技术创新提供灵感和参考。因此，技术调研应同时收集和分析国内外相关领域的技术信息，以获取更加全面和丰富的视角。

总结一下，宏观调研主要分为三个方向：**政策调研、行业调研和技术调研**。对于大部分中小型企业来说，由于缺少雄厚的调研资金，宏观调研主要以线上收集资料为主，辅以行业内专家人际资源的沟通。对于有充足调研资金的大型企业来说，则可以聘请专业的调研机构定制报告，为决策提供坚实的数据支持。

2. 中观调研：看透行业市场的全景沙盘

如果说，宏观调研的目的是看清趋势，那么中观调研最主要的目的，是**看清市场**，因此中观调研也可以叫**市场调研**。

很多企业表面上做了大量的市场调研，收集了一堆关于客户和竞争对手的信息，但最后无法得出有效支撑战略方向的结论。这是因为它们在做市场调研时，没能做到最关键的一点——**透彻**。所谓透彻，就是必须看清楚整个市场的全貌，就像指挥部里的将军，必须看清楚整个战场的全貌一样。例如，对于战场上有哪些城池与高地、战场上有哪些敌军与势力，将军都必须看得一清二楚，这样才能进行有效的战略布局与作战指挥。如果对战场上的信息都不清楚就去打仗，后续的指挥就无疑是一场灾难。

那么，市场调研应当怎么做，才能算是透彻呢？至少要看清楚三个核心板块：**目标客户、竞争对手与中间资源，如图 1-2 所示。**

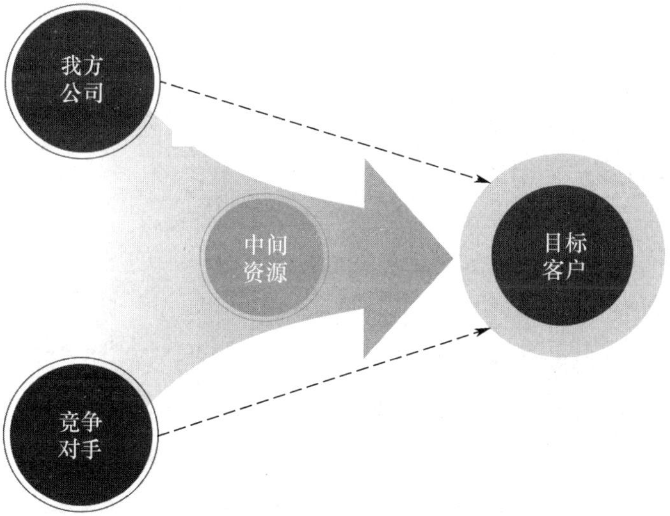

图 1-2　市场调研中要看清的三个核心板块

（1）目标客户

市场调研第一个要看清的，就是目标客户。目标客户是基本盘，是销售人员上战场后要夺得的城池与高地。如果说，宏观调研的目的是看清哪些行业有你的客户，行业里有哪些头部客户。那么中观调研的目的就是**看清这些客户的情况，以及市场的格局**。具体来说，要从三个方面展开：**客户规模、业务分布、购买潜力**。

客户规模

客户调研第一个要看清楚的，是**目标客户的规模**。它决定了客户的价值潜力和资源投入成本。该项可以通过多个指标体现，如客户的资产总额、业务规模、覆盖区域等。具体选择哪些指标，需要根据不同客户的行业特性来决定。但一个基本原则就是：**选择与核心业务强相关的指标**。

什么叫与核心业务强相关的指标？就是这项指标的数值，必须能反映出客户核心业务规模的大小。例如，对于水表行业来说，目标客户是自来水公司，客户核心的业务是居民供水，因此与客户规模大小的关键指标就是“供水户数”。“供水户数”越多，居民供水量越大，也意味着客户的规模越大。再如，对于食品和饮料行业来说，目标客户是商超，客户核心的业务是门店销售，因此与客户规模大小的关键指标就是“门店数量”与“覆盖区域”。“门店数量”越多，“覆盖区域”越广，意味着客户的规模越大。**找到与客户核心业务强相关的指标，是做好客户调研的基础**。

业务分布

客户调研第二个要看清楚的，是**目标客户的业务分布**，也就是要看清楚客户有哪些业务线、哪些业务线需要你的产品，以及你的产品占据着什么样的地位。

看清楚客户业务分布的目的主要有两个。一是确定**企业的产品战略**。如果你的产品在客户那里占据的是核心地位，就可以采取**聚焦战略**，持续提升产品的品质与性能，以确保在市场上持续拥有核心竞争力。但如果你的产品在客户那里占据的是边缘地位，那么可能需要采取**多元化战略**，以满足经销商更多场景的需求，让客户有更多与自己合作的契机和触点。

二是**发现客户更多合作的商机**。在很多大型的企业当中，往往拥有不止一条产品线，这就意味着同一家客户可能拥有多项合作的空间。例如，我们服务过一家生产蠕动泵的企业 A，它曾经和客户 L 合作了很多年，对方的企业规模很大，也很认可它的产品，但订单量总是上不来。后来经过调研我们发现，客户 L 其实有四条产品线都有使用蠕动泵的需求，但一直以来只有一条产品线的负责人向企业 A 下订单，另外三条产品线的负责人我们还从来没有接触过。于是我们立刻派销售人员与客户 L 其他产品线的负责人主动接触，最终在客户 L 处成功开拓了全新的市场空间。

购买潜力

最后，客户调研还要看清楚的，是客户的**购买潜力**。它决定了客户未来有多大的业绩提升空间。在这点上，一方面要看**客户整体的收入规模**，也就是看客户每年的销售额是多少、利润比例是多少，以此来判断客户有多少资金实力。另一方面要看客户**与你相关的业务规模**是多少、在客户所有业务当中的占比是多少，以此来推断客户对你的产品有多大的用量需求，从而进一步推断出市场空间的容量，为业绩目标的制定提供依据。

如果要调研的客户是上市公司，则这些数据可以从公司披露的财务报表中看到。如果客户是行业知名公司，则这些数据可以从专业公司的调研报告中看到。除此以外，还可以通过与客户内部人员沟通，或者是向客户的同行侧面打听，以获取这些数据。

将**客户规模、业务分布和购买潜力**这三类数据综合起来看，一方面可以看清市场上有哪些规模较大的客户，哪些客户的终身价值比较高，哪些值得作为战略客户重点发展。另一方面可以看清楚该行业的市场格局——是几个大型企业独占鳌头的市场，还是众多企业群雄逐鹿的市场，这些都可以为制定未来的市场开拓策略提供依据。

例如，如果该行业只有几个超大规模的客户，业务分布在全国各地，其他大部分都是中等规模的客户，说明该行业是头部领先的市场，就要围绕着攻拿标杆客户进行布局，高举高打遍地开花。但如果该行业在不同地区都有不同的头部客户，而且这些客户之间的规模都差不多，说明该行业是群雄逐鹿的市场，就可以先从容易攻拿的客户那里找切入口，逐渐蚕食市场份额。

（2）竞争对手

说完了目标客户，市场调研第二个要看清的，就是竞争对手。在目标客户调研当中，你已经看清楚了整个市场的蛋糕有多大，但是市场上不光有目标客户，还有竞争对手。这也就意味着不管这块蛋糕有多大，关键还是看你从中能抢到多少。只有看清楚竞争对手，看清楚敌我的实力对比，才能看清楚如何在未来从竞争中胜出。

企业要想把竞争对手的调研做透彻，关键在于一点——一定要构建**属于自己的竞争分析框架**。为什么？是为了避免陷入盲目模仿或自我贬低的误区。很多企业在做竞争调研的时候，往往是不加辨别地搜集竞争对手的资料，但是在这些资料当中，有很多是竞争对手“先射了箭，然后才画靶子”的，也就是**竞争对手自身具备什么样的优势，就在这个优势上构建比较的维度**。例如，有的企业品牌大，就把品牌力纳入比较的维度；有的企业证书多，就把企业资质纳入比较的维度，这些优势很多都是对方刻意展示出来的。如果企业没有构建出自己的竞争分析框架，就容易被竞争对手“牵着鼻子走”，感觉处处都比不过别人，陷入自我怀疑，或者盲目跟风，看到竞争对手做了什么就去做什么，这些对企业战略的制定都是不利的。

因此，为了避免这些问题，企业就必须把竞争对手的所有信息，放到**自己的**竞争分析框架中进行比对。但这时企业又容易陷入另一个误区，那就是**直接照抄照搬现成的框架**来与竞争对手进行对比。例如，如图 1-3 所示的企业管理中经典的 SWOT（态势分析法）分析框架，这里并不是说 SWOT 分析框架不可用，关键在于企业在使用这一工具之前，必须先想清楚一个核心问题：**你应当选择哪些方面，与竞争对手进行对比**？

图 1-3　SWOT（态势分析法）分析框架

举个例子来说，某公司通过 SWOT 分析发现，竞争对手 A 的规模比自己大，竞争对手 B 的品牌知名度比自己高，这些是竞争对手的优势吗？或者说是自己的劣势吗？是，但又不全是。这些虽然确实是竞争对手比自己强的地方，但是这些都是竞争对手通过自己的资源与能力，在市场上日积月累得来的，也就是说这些优势只是结果，而不是原因。**在选择对比维度的时候，不要和竞争对手对比现在取得的成果，而是要找到获得这些结果的原因**。自己需要在哪些方面做得比竞争对手强，才能在未来的市场竞争中长久地取胜？只有把这些原因的维度找到，才能保证在未来的市场竞争中你能够持续积累自己的优势，最终实现业绩和品牌的提升。

例如，如果企业在市场份额上比不上竞争对手，就要寻找原因：带来市场份额增长最关键的因素是什么？一个答案就是，企业的销售能力。企业销售能力的强弱，直接决定了企业在市场竞争当中的胜率。即使企业现在的销售能力还比不上大型竞争对手，但通过建设完善的销售过程管理体系和销售团队的培养机制，完全可以把销售能力培养成长项，从而在未来市场激烈的竞争中脱颖而出，赢得更大的市场份额。

（3）中间资源

上面所讲的目标客户调研和竞争对手调研，是很多企业在做市场调研时都容易想到的部分。但是，一家企业如果想要把整个市场看透彻，就绝对不能忽略第三种势力——**中间资源**。中间资源，就是可以帮助你更高效连接到客户的资源。如果说，目标客户是你在战场上要抢占的城池，竞争对手是你在战场上要战胜的敌人，那么中间资源就是你在战场上要团结的势力。中间资源调研的目的就是帮助你看清市场上可以联合的力量，以此更高效地打击竞争对手，更快速地占领市场份额。

在一个市场当中，资源平台大体有**渠道和平台**两种。其中，渠道指的是可以帮助你向客户销售产品或服务的组织或个人，如代理商、分销商等。而平台指的是虽然不一定会直接购买你的产品，但是在目标客户中具有影响力的组织或机构，如政府机关、行业协会，上下游供应商等。

那么，在市场调研的环节中，这些中间资源要如何找到呢？一个关键词就是**“顺藤摸瓜”**。什么意思呢？就是从手头已经拥有的，或者可以找到的资源开始，顺着这些资源的线索，去找到更多的资源。

以水表行业为例。首先，可以通过搜索引擎，很容易地找出一些全国性的大型平台，如“中国城镇供水排水协会”。接下来，顺着这个线索找下去，通过它的官方网站，可以找到一个“会员单位”的页面，上面就包含了各省市的供水排水协会的名单，如图 1-4 所示。

图 1-4　各省市的供水排水协会的名单

接下来，可以继续“顺藤摸瓜”，在各省市供水排水协会的网站上，找到该省市下的会员单位。在这些会员单位当中，有些是你的目标客户，有些是你的竞争对手，还有一些是你的中间资源。当获取到这些信息之后，你就可以通过筛选，找出那些对你有价值的中间资源，与其取得联系，以谋求进一步的合作，或者挖掘到更多相关的资源。如果还想获得更多信息，还可以查阅协会网站上发布的新闻，看看协会往期都举办过哪些活动，找到其中出现的人名、职务、单位名称等，以找到该行业的相关专家、人物、组织和单位。

综上所述，中观调研要想真正起到效果，就一定要做得**透彻**。中观调研的三个方向，分别是**目标客户、竞争对手和中间资源**。中观调研的关键，就是一定要**建立自己的分析框架**，将目标客户和竞争对手的信息纳入其中。同时对于中间资源的调研，可以采取“**顺藤摸瓜**”的方式，逐步建立起整片市场的关系网络地图。

3. 微观调研：挖出客户未说出口的黄金需求

当中观调研完成后，洞察市场要做的最后一步，就是微观调研了。

如果说，宏观调研是为了看清趋势，中观调研是为了看清市场的规模和格局，那么微观调研就是为了看清客户有哪些**未被竞争对手满足的深层次需求**，从而在产品和服务上构建起差异化的竞争优势。

基于这个目的，微观调研主要可以分为三步，如图 1-5 所示。

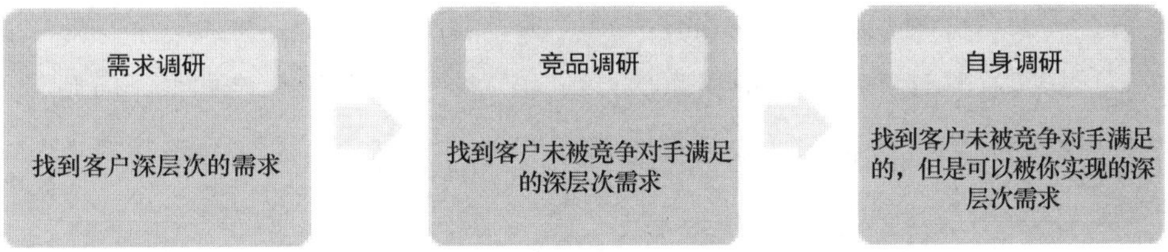

图 1-5　微观调研的三步骤

（1）需求调研

微观调研的第一步，就是找到客户深层次的需求，即需求调研。需求调研最核心的一句话，就是“**工作现场有神灵**”。这句话出自日本的“经营之圣”稻盛和夫，意思是要想得到真正的答案，就一定要进入客户真实的工作场景，要么是与客户面对面地访谈，要么是观察客户具体是怎么做事的。

为什么一定要到客户现场呢？因为客户浅层次的需求，你很容易就能看到，竞争对手也很容易就能看到。因此，这些需求绝大多数已经被竞争对手满足了，你很难打造自己差异化的竞争优势了。只有进入客户的工作现场，真实地了解客户是如何使用产品的，才能够发现那些客户没有说出来的深层次需求。

案例分享

在我们曾经服务的 B 企业中，就有一个需求调研的经典案例。

B 企业的主营产品是用于家装领域的一种胶黏剂。其产品主要通过经销商网络进行销售，也就是通过当地的门店、代理等卖给当地的施工人员。在很长一段时间里，B 企业一直被一个奇怪的问题所困扰：销售人员去经销商那里谈合作时，经销商经常说 B 企业的产品硬度不如竞争对手的，但是 B 企业把竞争对手的产品买回来，在内部做对比测试时，却发现两者的硬度其实差不多。这到底是怎么回事？B 企业想了很久也找不到答案，最后只能猜测经销商可能是为了偏袒其他品牌，故意这么说的。

当我们为 B 企业进行调研时，也发现了这个问题。于是我们决定陪同销售人员一起，去市场上拜访经销商。到了一个经销商那里之后，销售人员像往常一样，拿了经销商那里的一支其他品牌的胶，再拿一支自己品牌的胶，在纸上分别打了几条做对比。由于胶需要一段时间才能干透，我们就坐下来跟经销商聊天，其间也聊到了胶硬度的问题。大约 40 分钟后，我们去检查打好的胶，用手指一戳，发现其他品牌的胶已经变得硬邦邦的，但我们品牌的胶确实还是有些软。

出了门，我就问销售人员："为什么刚才我们的胶摸起来比别人家的软？"

销售人员回答："因为咱们等的时间不够长。"

我继续追问："为什么等的时间长了才能硬？"

销售人员回答："因为胶要和空气中的水分结合，才能慢慢变硬。"

我继续追问："你一般到客户那里，跟客户聊多长时间？"

销售人员回答："如果是新客户的话，一般不超过半小时。"

接着我转向一起来的销售总监："咱们公司做硬度对比测试的时候，一般是怎么操作的？"

销售总监回答："一般都是样品到了之后，直接在纸上和我们的产品对比着打出来，然后等过半天或者到第二天，再摸摸看哪个硬。"

于是问题就水落石出了：原来客户所说的“不够硬”，并不是指我们的产品真的不如别人的硬，而是干燥的速度比别人慢。所以，如果等待的时间不够长，摸起来就要比别人的产品软一些。而 B 企业在进行测试的时候，通常都给了足够的时间，摸起来就没有区别了。

但是，仅仅到了这一层还不够，因为微观调研的目的是找出差异化的竞争优势。所以还必须问最后一个关键的问题：“为什么干燥速度对客户来说重要？”

为了解决这个问题，我们没有停留在经销商这一层面，而是深入装修工人的工作现场。我们发现工人在使用这种胶黏剂的时候，必须等胶全部干燥后，把溢出的胶刮掉，才能进行下一步的工序。因此，胶干燥的速度越慢，工人等待的时间就越长。如果胶干燥的速度足够快，工人完成一家装修的用时就会更少。假如原来一天只能完成 3 家，那么现在一天就能完成 5 家，相当于变相提高了工作的效率，增加了工作的收入。因此，胶的干燥速度，就是客户没有提出来的深层次需求，而且这项需求也与客户利益直接相关。因此，我们最后选择了“干燥速度”作为 B 企业产品的差异化定位，并提出了“速干赢天下，售后保万家”的定位口号。

以上案例中的提问方法，也就是著名的 5why 法：**通过连续 5 次对“为什么”的追问，逐步深入问题的核心，透过现象看本质，找到问题的根本原因并解决问题**。企业在做微观调研的时候，也一定要深入客户的实际场景，与客户深入交流，并不断追问客户需求背后深层次的原因，只有这样，才能真正找到客户那些被隐藏的真实需求，从而找到差异化竞争的突破口。

（2）竞品调研

当完成客户需求的微观调研之后，就要进行第二步竞品调研——竞争对手的产品调研，也就是找到客户的未被竞争对手满足的深层次需求。

在做竞品调研的时候，企业应首先避免一个误区——被竞争对手“牵着鼻子走”，也就是看到竞争对手哪些方面比你强，就去跟风调整自己的产品。任何一项产品的改进，都需要时间和资源的积累。如果总是追赶市场上已经开始流行的需求，就永远不可能领先于市场，就总会被竞争对手“牵着鼻子走”。况且竞争对手这些所谓的“优势”，也很可能是他们基于市场的需求引导出来的。因此，竞品调研的真正目的，不是打造和别人同质化的价值，而是找到自身差异化的价值。

同质化的价值，指的是产品在功能、性能或服务上与竞争对手相似的价值。差异化的价值，指的是产品在某些方面与竞争对手有明显区别，能够为客户提供独特优势的价值。一家企业的产品只要**在同质化的价值上和别人差不多**，同时**在差异化的价值上占据优势**，在客户的心目中就会处在一个强势的竞争地位。

那么，要如何确定同质化的价值和差异化的价值呢？一个非常有用的工具叫作“**五价值定位法**”，即根据客户微观调研的结果，首先列出五项对目标客户最重要的价值，接下来针对每一项价值，结合自身的能力和竞争对手的比较优势，对客户关注程度、行业平均水平和自身的水平分别打分。当完成打分之后，企业需确保自己**在其中一个价值上占据垄断优势或绝对优势，在另外一个价值上实现差异化，在剩下的三个价值方面只需要达到行业平均水平即可。**

案例分享

继续以做胶黏剂的 B 企业为例，来说明企业是如何通过竞品调研找到同质化价值和差异化价值的。

在做竞品调研的时候，通过对市场的走访和与销售团队的沟通，我们发现市场上每隔几年，经销商对产品的评价标准都会发生很大的变化。例如，在最开始的几年，经销商比对的是“价格”，就是看谁家的更便宜。过了几年，经销商开始比对的是“长度”，也就是看谁家一罐胶打出来的更长。又过了几年，经销商又开始比对“颜色”，也就是看谁家的胶打出来的颜色更正。直到最近几年，经销商才开始比对“硬度”。因此我们意识到，要想领先于市场，就必须打造出自身差异化的价值，而不能仅仅跟随市场上同质化的价值。

为了找到差异化的价值，我们就把市场上客户最关心的五项价值，用“五价值定位法”做了一个排序，如表 1-1 所示。

表 1-1　客户最关心的五项价值排序

客户关注的价值点	客户关注程度/分	行业平均水平/分	自身的水平/分
价格	4.5	4	3.5
硬度	4	4	4
干燥速度	3.5	3	2.5
长度	3	3.5	4
颜色	2.5	3.5	3.5

例如，从表 1-1 中可以看出，在客户所有关心的价值中，“干燥速度”的客户关注程度较高，但整个行业平均水平较低，因此 B 企业可以选择将“干燥速度”作为差异化优势，研发出领先市场的速干型胶黏剂。剩下在“硬度”、“长度”、“价格”和“颜色”等方面，只需要达到行业平均水平即可。注意，我们在挑选这五个价值的时候，并没有刻意与竞争对手进行对比，而是以客户的需求为首要标准。**只要是大部分竞争对手还没有满足的客户深层次需求，都是差异化的价值**。

（3）自身调研

微观调研的第三步自身调研，就是看自身。任何一项需求的实现，都需要投入资源和成本。在客户未被满足的深层次需求中，哪些需求你应当去满足？满足到什么程度？什么时候能够实现？这些都需要企业根据自身的资源而定。如果企业的创始人没有足够的战略定力，或者企业没有充足的现金流支持，就很容易使战略看似高瞻远瞩，结果往往半途而废。

看人

看自身的第一项，就是看人。看人的第一项，就是看**创始人**（也就是企业的老板）。原则上一家成熟企业的战略方向，不应受创始人太多的影响，但实际上中国大部分企业起步时间还较短，没有经历过多代的传承。因此，创始人的决策，很大程度会影响企业的战略决策。企业的文化，很大程度也是创始人个性的外化。一个战略方向要不要实现？花多长时间、投入多少资源去实现？必须考虑创始人的意愿，这件事情是创始人想做，还是一定要做？创始人自身有没有战略定力？对这件事有没有决心？如果创始人没有明确的意愿或者决心，那么需要重新考虑这个战略目标，或者制定一个较小的容易实现的战略目标，否则很容易半途而废。

看人的第二项，就是看**关键人才**。创始人的能力再强，也不可能一个人做好企业的所有工作。如果企业定了核心的战略方向，却没有关键人才的支撑，就很难落地实现。雷军在创办小米前的第一件事，就是花费大量的时间，寻得了林斌、黎万强、洪锋等行业内顶尖的人才，来担任企业日常运营、市场营销、系统研发等关键岗位的高管。华为之所以能够在行业内持续领先，也得益于强大的研发、销售和交付团队。因此，**关键人才主要分为两类，一类是管理人才，另一类是专业人才**。如果在某个战略方向上缺少关键人才，则需要重新考虑是否要选择这个战略方向，或者把找到关键人才作为战略路径上最优先需要完成的事项。

但俗话说，千金易得，一将难求，一个真正合格的人才往往是非常难找到的，即使能够找到，大部分企业也很难给出能够打动对方的条件把对方挖过来。因此，企业如果想要构建某项关键能力，也可以在关键环节上聘请外部的专家。例如，我们为企业提供的销售咨询，就是帮助企业打造成熟完整的销售管理体系，让企业不必花重金去外聘一个销售总监，而是把自己的销售总监培养出来，打造出属于自己的销售铁军。

看资源

除看人外，另外一项就是看企业**自身的资源**。资源分很多种，但与战略关联最紧密的就是**资金和能力**。俗话说，兵马未动，粮草先行。很多企业原本运行得好好的，却死在了再建一条生产线上。如果企业没有完整健全的销售体系，无法保证销售业绩的稳定增长，那么在研发上的投入有一定的风险。

在看资源的时候，不仅要看企业现有的资金，还需要看企业未来造血的能力。如果企业的资金不足，则需要慎重考虑在产品和研发上的投入。如果企业的造血能力不足，也就是缺少完整的销售体系，则需要考虑研发和销售的优先级，提升企业的抗风险能力。有了稳定的业绩来源，企业才能谋求更广阔、更长久的发展。

1.2　企业定位：从同质厮杀到差异制胜

在“市场洞察”这一步中，你可以通过宏观、中观和微观的调研，找到未来的发展趋势、市场的竞争格局，以及客户的深层次需求。接下来，企业战略制定的第二个步骤，就是**明确市场定位**。

市场定位的关键，**不是想清楚企业要做什么，而是想清楚企业不做什么**。市场定位一定不是做加法，而是做减法。不是尽可能吸引更多需要的广大客户，而是要特意忽略某些客户，突出更高价值的核心客户，提供满足他们深层次需求的产品和服务。这样企业才能集中力量力出一孔，打造在客户心目当中的定位。

那么，如何找到企业有效的市场定位呢？主要回答清楚下面三个问题：

- 你的目标客户是谁？
- 你提供的核心价值是什么？
- 你在市场上占据什么样的地位？

这三个问题，分别对应着**目标客户、核心价值和行业地位三方面**，也是企业定位时必须想清楚的关键。

1．目标客户：双向锁定高价值战略客户

（1）客户分类的维度

要想明确企业定位，首先要想清楚谁是你的目标客户。确定目标客户的第一步，就是**确定客户分类的维度**。

对于 To B 企业来说，确定目标客户主要可以从三个维度进行分类：**规模、区域、行业**。其中，规模就是客户规模的大小，区域就是客户所在的区域，行业就是客户所在的行业，这些数据都是在中观调研的环节获取到的，作为对客户分类的依据。具体选择哪个分类维度，则需要根据企业和客户的行业特性而定。

首先，**如果在企业的目标客户的行业中，企业的规模差异很大，且属于“赢家通吃”的格局，少数几个头部的大客户占据了主要的市场份额，那么就适合以**

规模维度对客户进行分类。例如，对于生产无缝钢管的企业来说，目标客户的行业之一是石油行业（用于建设石油运输的管道），那么中石油、中石化就是这个行业中毫无疑问的头部企业，因此适合以规模对客户进行分类。例如，此类企业可以将客户分为大、中、小三类客户，并以大型客户作为核心的目标客户，对各省市所有大型客户进行列名，集中力量攻拿头部客户，以实现快速占领市场的目的。

其次，**如果在企业的目标客户的行业中，各个区域都有当地的头部企业，企业之间的规模差异不大，但不同区域之间的需求差异较大，就适合以区域维度对客户进行分类**。例如，对于生产智能水表的企业来说，目标客户的行业之一是供水行业。在这个行业中，每个区域都有当地的供水公司，不同区域供水公司的规模虽有差异，但并不存在赢家通吃的局面。反倒是由于南北方的水质、温差不同，东西部的地形、信号、人口密度不同，不同区域的客户对产品的需求差异较大，因此适合以区域对客户进行分类。例如，此类企业可以针对不同区域的客户，设置独立的区域，并辅以相应的产品和解决方案，以匹配当地企业的核心需求。

最后，**如果企业的产品适合在很多不同的行业中使用，不同行业对产品的使用场景差异较大，且对产品的性能需求差异也比较大，就适合从行业维度对客户进行分类**。例如，对于生产蠕动泵的企业来说，企业所生产的产品是各项流体运输设备中的核心元器件，可以在食品、制药、灌装、环保、生物实验等多个行业的设备中使用，且不同行业对产品的需求差异很大，如有些需要精度准确，有些需要流量稳定，有些需要材质坚韧，有些需要外形美观。此外，每个行业对产品的需求，都是建立在该行业对产品的使用场景之上的，因此此类企业适合以行业对客户进行分类。例如，此类企业可以以规模较大的几个行业作为主攻行业，深入了解该行业客户的场景需求，并在企业内部设置不同的行业部，为不同行业的客户提供更加垂直专业的服务。

除以上三个维度外，企业也可以选择其他不同的维度，对目标客户进行分类，但整体上应遵循“**组内差异小，组间差异大**”的原则，也就是同类型的客户需求应尽可能接近，不同类型的客户需求应尽可能差异明显。

此外，对目标客户分类的维度也并不唯一。例如，企业可以先按照区域对客户进行分类，再按照行业对客户进行二次分类。但需要注意的是，**确定客户分类的第一维度非常重要，因为它往往决定了企业的组织架构**。例如，如果企业将区域作为客户分类的第一维度，那么销售团队的组织架构就是以区域划分的，在每个区域设置一个销售团队。但如果企业将行业作为客户分类的第一维度，那么销售团队的组织架构就是以行业划分的，针对每个行业成立一个销售团队。由此可见，**企业的战略定位和组织架构应当是从上至下的一个整体**，彼此匹配，而不是彼此割裂，这样才能发挥出最高的效率和效能。

（2）客户提供的价值

在选择好目标客户的分类维度之后，下一步就要深入具体目标客户的选择上了。在这一步主要是看两点：**你能给哪些客户提供价值，以及哪些客户能给你提供价值**。

你能给哪些客户提供价值，就是看你能满足哪些客户的深层次需求，并且相比竞争对手能给客户提供更高的价值，拥有更强的竞争力。但是，这只是选择目标客户的一个标准，还必须考虑另外一个重要标准，那就是**哪些客户能给你提供价值**。

目标客户能为企业创造的价值，主要分为两种：一种叫业绩价值，另一种叫战略价值。**业绩价值**，就是客户可能为企业创造的业绩，如一个客户的采购需求越大，与你有关的项目越多，这个客户的业绩价值就越大。但很多企业都会忽略客户的另一层价值：**战略价值**，也就是除销售业绩外，客户还能够为企业战略目标的实现提供哪些价值。

例如，有些协会在当地的影响力非常大，如果能与这家行业协会深度合作，就可以在当地快速地与目标客户建立联系，快速开拓市场。再如，有些客户在行业内的影响力非常大，对供应商的管理在行业内是出了名的严格（如华为等），如果能够得到这些客户的认可，在同行业的其他企业中就可以拥有极大的信任背书。只有把这些具备战略价值的客户定位成目标客户，企业的战略发展才能有的放矢，把最宝贵的资源与精力，放到最有价值的客户身上。

2. 核心价值：构建四层穿透式价值发动机

当选定目标客户之后，企业定位的第二步，就是想清楚为目标客户提供哪些差异化的核心价值。**价值是定位的支撑**，如果缺少核心价值，那么所有的目标客户定位都是一场空谈。

为明确核心价值，就要以**承上启下**的方式来进行。首先，核心价值要能够**向上聚焦**，明确你究竟可以在哪些方面打造出自己的差异化竞争力。其次，核心价值还要能**向下传递**，用简单清晰的语言，让客户清楚你到底能给他提供什么价值，和别人有什么不同？只有这两点同时满足，才是一个有效的市场定位。

（1）向上聚焦：找出差异化的核心竞争力

在定位核心价值的时候，最关键的是要记住一句话：客户要的是墙上的那个洞，而不是钉子，也就是说，客户要的是价值，而不是产品。**产品不是价值，产品是价值的集合。价值也不是产品，有些价值是超越产品的。**

很多企业在寻找核心价值的时候，都容易把核心价值定位到产品身上，总想着要开发什么样的产品。但事实上，**核心价值应当是企业为客户能提供的所有价值的集合**，这里面既包含产品和服务提供的价值，也包含企业和文化层面的价值。最典型的如华为手机，手机的性能和参数固然是提供给客户的核心价值，但背后的品牌文化和爱国情怀，同样是华为手机可以提供给客户的价值之一。

那么，企业要如何找到给客户的核心价值呢？按照从小到大的顺序，主要可以分为四个层面的价值：**个人价值、产品价值、企业价值、文化价值。**

首先，**个人价值就是销售人员个人让客户感受到的价值**。有些销售人员一见面就让人感觉非常专业，非常可信，让人愿意合作。而有些销售人员去见了几次客户之后，客户就不愿意让这个销售人员再来了，这就是个人价值的差别。个人价值是所有价值的终端，即使企业的品牌再大，产品再优秀，如果销售人员给客户的感觉是邋里邋遢，油嘴滑舌，客户也是不敢与企业合作的。因此，个人价值的打造，就是想清楚销售团队需要在客户面前展现出什么形象，给客户带来什么样的感受：是细心、充满热情，还是专业、值得信赖；以及思考为打造统一的形象，需要对销售团队提供哪些培训，或者制定哪些行为标准。

比个人价值更高一层的，是**产品价值，就是企业的产品或服务给客户带来的价值**。它是最核心的价值，也是每家企业最容易想到的价值。销售决定首购，产品决定复购。当客户首次与企业合作之后，企业的产品是否能真正满足它的需求，就极大地影响了它是否会与你长期合作。产品价值可以从很多层面去体现，一个经典框架就是 **QCDS 框架**，包含**质量**（Quality）、**成本**（Cost）、**交期**（Delivery）**和服务**（Service）四个指标。你的产品是否有更好的质量？是否有更低的成本？是否有更短的交期？是否有更完善的服务？这四个因素，共同决定了客户能感知到的产品价值。

比产品价值更高一层的，是**企业价值，也就是从企业层面相比竞争对手的差异化价值**。在 To B 领域，部分行业的标准化程度较高，可能每家企业生产出来的产品都差不多，企业要想在产品上打造出差异化价值是很难的。如果有同样的两家企业，两家的产品差不多，但其中一家比另外一家的品牌要大得多，那么客户更容易选择大品牌的企业，因为大品牌意味着更放心。这里所说的大品牌，就是企业价值的一部分。除品牌外，像老牌企业、上市公司、核心认证、专利证书、行业头部、标杆客户等，都可以成为体现企业价值的方面。如果企业成立的年限还不长，则可以找一些差异化的发展方向，如"行业内首家全智能制造产线的公司"来体现企业价值。总之，企业价值的打造，就是让客户一下就能记住，你们公司和其他公司有什么不一样。

最后，在四层价值中处在最高层级的，是**文化价值，就是企业在文化与价值观上所代表的价值**。胖东来超市为什么让人趋之若鹜？华为手机为什么在历经制裁后还能重返巅峰？除过硬的产品实力外，企业所代表的文化价值也是重要因素之一。在很多人的心目中，胖东来就是"以人为本"，买华为手机就是"爱国"。每个人的感觉当然各不相同，但企业通过行动与宣传持续强化这些文化，再加上社会化媒体的传播蔓延，这种文化就会被越来越广泛的大众所认知，直到把企业和这种文化画上等号。当企业能从这个层面切入客户心智的时候，其余的几层价值就都成了这层价值的证明。只要企业始终坚持这样的文化价值，只要认同这些文化的人存在，客户就会一直存在。

寻找这四层价值的过程，称为打造**"价值发动机"**的过程。在企业定位环节，只有找到了四层价值的发动机，才能明确企业价值打造的方向，才能让销售团队在面对不同类型的客户时，都能够把价值说到对方的心坎里。

（2）向下传递：让目标客户知道你是谁

但是，企业定位仅仅只是做到这一步还不够，在艾・里斯和杰克・特劳特的《定位》这本书中，提到这样一个核心观点："定位战争不是发生在市场上，而是发生在目标客户的头脑里。定位不是改变产品本身，而是如何在潜在客户的心智中做到与众不同。"换句话说，**企业定位的关键，不是企业认为自己是谁，而是目标客户认为你是谁**。

因此，企业的定位不仅是自己想清楚就可以，还必须给客户传达明白。一个非常有效的方式，就是提出**定位口号**。一家企业的定位口号，是企业定位最简单直观的呈现，它既是讲给客户听的，也是讲给员工听的。定位口号不一定局限于产品价值，也可以是企业价值、文化价值，但必须富有力量、朗朗上口，能够给客户留下强烈的印象，让客户知道你与别人有什么不同。

案例分享

针对曾经服务过的一家 C 企业，我们就是这样帮他们找到定位口号的。

首先，在寻找定位口号时，必须先找到 C 企业差异化的核心价值。C 企业成立年限较短，主营产品是水表。但是，水表这个行业已经发展了几十年，在行业中也有一些深耕了几十年的老大哥企业。无论是从资历上，还是从规模上，或者从客户资源上，C 企业和这些老大哥企业都没有可比性。

发现这些路径走不通，我们就尝试反向思考：既然 C 企业比竞争对手年轻，那么能不能把它转变成一种优势？

经过进一步的挖掘发现，由于水表行业的历史比较悠久，所以行业中的许多老牌企业，采用的都是人工装配的方式。这样不仅人效较低，产品的稳定性也会受影响。虽然很多企业正在往智能制造的方向转型，但大多也处在过渡期。而 C 企业的整个制造理念是全新的，所有的设备也是全新的，而且从工厂设计之初，就是完全按照智能制造的标准去设计的。因此，在整个工厂的智能制造方面，C 企业占据的是行业领先位置。

但是，如果仅仅挖掘到这一层，客户很可能还会质疑：你们企业以前从来没有做过水表，我要怎么相信你们产品的稳定性呢？经过进一步的挖掘发现，C 企业虽然成立的时间不长，但是在计量行业已经有了近十年的技术积累。C 企业的核心团队还拥有一家电表制造企业，这家企业已经成立了近十年。而电表行业对品控的管理是出了名的严格，因此 C 企业在研发、制造、测试等方面，都具有高标准的深厚积累。C 企业转型到水表行业的愿景，也是希望用电表行业的高标准来提升水表行业的整体水平，并且在未来希望发展到水、电、气、热四个行业，成为计量行业智能制造的领军者。

当挖掘到这一层时，C 企业的定位口号就呼之欲出了。首先，C 企业虽然资历较新，却拥有智能制造的优势，需要挑战传统企业的市场地位。其次，C 企业虽然做的是水表，未来的市场却是整个计量行业，希望成为计量行业高标准的领军者。最后，只需要找到一句话来准确传达给客户这样的感觉。

经过反复的思考，最终我们设计的口号是："计量界的钢铁侠，水表界的特斯拉"。

为什么是这两句话？首先，钢铁侠在电影当中，是未来科技的典型代表，和企业智能制造的定位非常贴切。其次，钢铁侠有一件著名的装备叫无限手套，上面镶着的四颗宝石，分别就对应着 C 企业未来在水、电、气、热四个领域的发展。最后，特斯拉这家公司，也是汽车制造行业知名的颠覆者与挑战者，虽然行业内已经存在很多老牌的竞争对手，如通用、丰田等，在市场上也已经有了多年的积累，但依然被这个新兴的车企后来居上。因此，以特斯拉为意象，也象征着 C 企业挑战传统老牌水表企业的决心。最终，这样的两句话，就鲜活地描述出了 C 企业的定位特色。销售人员在拜访客户时，只需要在合适的时机说出这个定位口号，激发客户的兴趣，之后再围绕智能制造进行具体的展开，就可以给客户留下深刻的印象。

综上所述，企业在做价值定位的时候，既要向上聚焦，也要向下传递。**既要体现在企业的布局上，也要体现在客户的心智中。**两者相辅相成，缺一不可。

最后，要如何判断一家企业核心价值的定位是否成功呢？一个最核心的标准就是**独特性**。如果企业策划了一场市场营销活动，在主题、卖点、物料不变的情况下，只是把企业的品牌换成其他品牌，则营销的效果会不会差别很大？如果差别很大，就说明企业核心价值的定位具有独特性；如果差别不大，则说明企业的核心价值和竞争对手相差无几。

3. 行业地位：从行业第一到细分市场唯一

市场定位的第三个部分，就是想清楚企业要占据的行业地位。这部分也是很多企业在做市场定位时容易忽略的。所谓行业地位，就是你要**占据市场的哪个位置，成为什么样的角色**。行业地位通常由企业的品牌价值、销售业绩、市场占有率，以及团队实力等方面来综合体现。如果说，目标客户和核心价值关注的是你与客户之间的关系，那么行业地位关注的就是你与竞争对手和中间资源之间的关系。

定位行业地位的第一步，就是寻找一个细分市场，明确你与哪些品类的对手做竞争。定位行业地位的第二步，就是研究这个品类中竞争对手的综合实力，判断你是成为这个市场的引领者、跟随者还是颠覆者。之所以这两步要放到一起讲，是因为两者的决策是相互影响的。例如，如果企业想要成为市场上的引领者，但自身实力又不足以与众多老牌的竞争对手相对抗，那么可以通过细分市场开创一个全新的品类。**如果你做不到通用市场的第一，那么就做到细分市场的唯一。**

企业在定位自己行业地位的时候，有一个非常关键的要点，就是**目光一定要长远**。有一个标准叫**“看十年、定三年、干一年”**。看十年，就是提前洞察行业未来的发展趋势，分析技术变革、市场需求和政策环境的长期变化，从而明确企业在未来十年内的发展方向。定三年，就是根据长期趋势制定中期战略规划，确定企业在未来三年内的具体目标、资源配置和关键项目，确保每一步都朝着长远目标迈进。干一年，就是聚焦当下，将三年规划分解为年度任务，明确企业在本年度需要做到哪些事，包括年度、季度和月度目标如何设定，如何通过过程管理执行落地，确保在一年内取得实质性进展，同时根据实际情况灵活调整策略。

为了达成这个目标，企业一定要基于市场洞察，瞄定长期目标，设置阶段性目标。企业老板不仅要提升自身的心力，坚定自己的信念，做到**“升维看，换维看”**；还要跳出行业的维度看行业，跳出企业的维度看企业，与行业顶尖人物、专业企业咨询人士交流，站在更高的格局和更广的视角进行思考。企业老板必须明白自己的格局关系着企业未来的发展，只有战略目标明确，才能拥有真正的竞争实力。

1.3　业绩目标：从“拍脑门”许愿到科学拆解

在开始本节的内容之前，我想先问你一个问题：盖平房和盖 80 层高楼有区别吗？

你可能心想，这不是“废话”吗？当然不一样了。除盖出来都能住外，两者几乎没有太多地方是一样的，如耗材不一样、地基深度不一样、房屋结构也不一样。一般来说，盖平房不需要什么图纸，买来材料直接就能开始盖，但是盖 80 层高楼就必须事先做好设计，绝对不是心血来潮就能盖起来的，如有涉及打地基、扎钢筋、浇筑混凝土、水电预埋管等环节，每一个环节都必不可少，先后顺序也无法调换。

其实，业绩目标的设定，跟盖高楼的逻辑是一样的，如果只有一两名销售人员，则达成几十万元的销售目标，可能不需要太多的设计，直接出去销售就可以。但如果让整个销售团队达到几千万元的销售目标，则必须对业绩目标进行拆解。例如，明确具体的业绩目标是多少，分解到每个人需要完成多少，新客户的比例应该是多少，要优先开发哪些区域，用什么策略才能支撑这个业绩目标等。也就是说，企业至少需要把业绩目标拆分成三个维度：**销售目标、业绩结构和区域分布。**

1. 销售目标：算清企业生存发展双轨基线

在过往服务一些企业的时候，我发现很多老板在制定销售目标的时候都比较草率。要么是拍脑门想，如老板觉得今年要做一个亿，就把业绩目标定为一个亿；要么是根据去年的业绩来推算，去年做了 8000 万元，今年要增长 20%，就是 9600 万元；甚至还有些老板会被销售团队影响，如销售团队都说去年不好做，业绩目标再涨他们就不干了，老板就真的不涨业绩目标了。其实，业绩目标应该定到多少，并没有一个标准答案，上面定的这些目标都是可以的，但必须遵循一个最基本的原则：想清楚**为什么**设定这个业绩目标。

很多企业在制定业绩目标之后，都会遇到推行不下去的难题。要么是销售人员跟企业讨价还价，说任务必须给他降点，要不他不接；要么是销售人员虽然接了任务，但根本没把任务当回事，还是能卖多少卖多少，如果没完成任务扣了绩效或提成，还会对企业心生不满。之所以会造成这种情况，往往是企业领导层都没有想清楚为什么要设定这个销售目标，员工也不觉得这个销售目标是必须达成的。当销售人员没有完成目标，发现企业也没有对他怎么样时，他对业绩目标的敬畏心就不存在了，业绩目标就形同虚设，企业的发展也会因此受到巨大的阻碍。

那么，业绩目标应当如何设置呢？应当是根据企业长期的战略目标，以终为始分解的。**业绩目标应该是看自己要什么，而不是看自己有什么。**

企业最核心的需要有两方面：一个是**生存的需要**，另一个是**发展的需要**。生存的需要，就是看企业的成本，包括人力、租金、设备、营销……看看当年至少要完成多少业绩，才能确保企业生存下来。这里的关键是**不能只看现在的成本，还要看未来发展的成本**，很多企业原本生存得好好的，最后都死在了“再建一条生产线”上，就是因为在扩大产能的同时，没有考虑销售团队的扩建与提升，导致销售造血的能力跟不上突然增加的成本。正常情况下，一家企业每年会有 20%～30%规模的增长，因此企业的业绩目标也应有同比例的增长。

发展的需要，就要看企业的战略目标，至少要想清楚企业三年的战略目标，再往回倒推到次年目标，再倒推回当年目标。例如，企业当年的销售业绩是 1.2 亿元，希望三年后销售目标达到 3 个亿，那么从第三年后往回倒推，第二年后至少要达到 2.2 个亿，第一年后至少要达到 1.6 个亿（年增长率约为 35%），才能相对稳妥地达成目标。

因此，企业生存和发展的需要体现在销售目标上，就需要设置三个级别。

首先是**保底目标**，这是最低的销售目标，对应着企业生存的需要。这个级别的销售目标，是销售团队必须完成的铁任务，关系着企业的生死存亡。其次是**挑战目标**，这是最高的销售目标，对应着企业发展的需要，这个级别的销售目标，是销售团队应当竭尽全力去达成的，关系着企业的战略发展。最后是**标准目标**，这个销售目标应当设置在最低和最高的销售目标之间，但应当略靠近最高的销售目标，这个销售目标也就是对销售团队的主要考核标准，超过则给予奖励，低于则给予惩罚。在向销售部门分解任务的时候，也需要为销售人员解释清楚销售目标的制定原则，让销售人员知道自己的销售目标关乎着企业的战略发展，以对销售目标更加重视。

最后，在分解销售目标的时候，还需要注意的一点是，在设定销售新人的销售目标时，不要陷入被新人能力“绑架”的误区。有些管理者在给销售新人制定销售目标的时候，考虑销售新人的能力，往往在一开始会设定一个较低的销售目标，然后逐年递进，实际上这样做是不对的。企业应该看自己要什么，而不是看销售人员有什么。应该让销售人员的能力跟上企业发展的要求，而不是企业迁就销售人员的能力。因此，企业应尽可能通过完善的销售管理和培训体系，缩短销售新人成才的周期，并且不要怕让销售新人的销售目标有一个大的增长跨度，这样才能确保企业的销售目标达成，能够有源源不断的支撑力量。

2. 业绩结构：用业绩比例撬动战略落地

要想更好地支撑企业战略目标的达成，仅仅制定销售目标是不够的，还必须明确**业绩结构**。业绩结构，就是销售目标应当由哪几部分构成，各部分的比例应该是多少，或者某个部分的业绩应当达到多少。

很多企业在年初定销售目标的时候，都只给销售人员定一个业绩金额，却忽略了业绩结构，这就可能会带来种种问题。例如，**老销售吃老本**，因为他的老客户足够多，贡献的业绩已经足够帮助他完成销售目标了，就不愿意再去开发新客户了。再如客户**规模太小**，每个客户的订单金额都不大。销售人员要想完成任务，就需要开发很多个客户，但客户越多，服务客户所需要消耗的精力就越大，慢慢地也就没有精力去开发新客户了。而且如果企业缺乏大客户，也很难在行业内建立品牌势能。再如企业的**战略转型困难**。例如，企业推出了一款全新的战略产品，销售人员却都不愿意卖，因为原来的产品卖得好好的，要想卖新产品的话，既要学习新产品的知识，又要承担额外的风险，这种吃力不讨好的事谁都不愿意做，企业的战略转型就会变得步履维艰。

以上种种问题，包括其他可能会遇到的类似问题，都是因为缺少业绩结构导致的。光达到业绩金额是不够的，只有达到**在企业的战略发展方向上**的业绩金额，才能更好地支撑企业战略目标的实现。因此，在设置业绩结构的时候，就必须根据企业的**战略发展目标**来确定业绩结构的**维度**。

举个例子来说，如果企业想要扩大市场份额，就需要将销售目标分为新客户和老客户两个部分，并重点对新客户的部分进行考核，如包括新客户开发的数量要达到多少、新客户的业绩要达到多少。这样才能有效避免销售人员吃老本，而且每年都需要不断开发新客户，才能达成业绩结构的目标。

再如，如果企业想要提升品牌势能，就需要将客户分为大客户和中小客户两个部分，并重点对大客户的部分进行考核。因为大客户的规模和影响力通常更大，也能在区域和行业内树立更好的标杆效应，所以考核项可以是开发大客户的数量、大客户订单的业绩金额，或者是与大客户共同落地的样板项目的数量等。

再如，企业如果想要实现战略转型，就需要将产品分为普通产品和战略产品两个部分，并重点对战略产品的部分进行考核，如战略产品的销售比例需要达到多少、销售金额需要达到多少。如果销售人员超额完成战略产品的销售任务，也可以设置一些专项奖励，以激发销售人员销售战略产品的积极性。

当然，除上面这几个例子外，业绩结构还可以从很多不同的维度来划分，如企业想要开拓某个行业的市场，就可以按行业来划分业绩结构，如重点行业的业绩比例需要达到多少。如果企业想要开拓某个区域的市场，也可以按区域来划分业绩结构，如重点区域的业绩比例需要达到多少。总之，设置业绩结构的目的，就是**支撑企业战略目标的实现**。通过业绩结构的设置，企业也能让销售人员更加清楚企业的战略方向，从而在行动上与企业战略目标的发展相一致。

3. 区域分布：激活区域连锁的“杠杆效应”

对于企业来说，要想更好地支撑业绩目标和战略目标的实现，还有最后需要考虑清楚的一项，就是**区域分布**。其底层逻辑是，考虑清楚先布局哪个区域，后布局哪个区域，每个区域的打法是什么、策略是什么、关系是什么。以此实现用老区域带动新区域，小区域带动大区域的目标，最终实现区域的“全面开花”。

以我们服务过的一家浙江的 T 企业为例，这家企业之前投入了大量的时间与资源做研发，在刚刚进入市场时，区域市场几乎是一片空白，甚至销售团队还是刚刚建立的，所以我们为这家企业设置的第一年区域目标，就是“立足三省”，选择浙江、江苏、广西三个省区进行布局，实现重点客户全面覆盖。第二年的区域目标，就是“从三省扩大到九省”，以三省为核心，扩大成三大区域，并开发 1～2 个全国级标杆客户。之后第三年的区域目标，就是“全面开花”，以三大区域为核心，将市场区域扩大到全国各地，同时借助标杆客户的势能，打造企业在行业的影响力，让企业无论是从区域覆盖上还是行业认可度上，都跃升为行业内的领军企业。

那么，这样的区域分布是如何设计的呢？如果企业想要设计自己的区域分布，应当如何去做呢？

设计区域分布的第一步，首先是思考：哪些区域是**必须拿下**的？这里的必须拿下，通常指的是有重大战略意义的区域。对于企业来说，必须拿下的区域要么是存在着重大的战略机遇，如有利的政策支持、强烈的市场需求等；要么是关系着企业的生死存亡，如企业的核心市场，或者大本营所在的区域等。如果存在这样的区域，就要列入必须拿下的区域中。

但是，除必须拿下的区域外，企业更常见要思考的，是哪些区域是适合**优先开拓**的？在上文 T 企业的案例中，浙江、江苏和广西这三个优先立足的省份，分别代表着三类不同的情况。

离企业近的区域：由于 T 企业的本部在浙江，它对当地的情况最为熟悉，因此就选择了浙江作为首发的三个区域之一。当然对于很多制造业企业来说，离企业越近的区域，也代表着越有运费优势。例如，对于上文中提到的做胶黏剂的 B 企业，由于价格也是客户非常敏感的因素，而 B 企业的本部在河北，所以对于东北区域来说，B 企业就比大部分南方的企业更具有运费优势，因此作为优先开发的区域之一。

企业有资源的区域：虽然 T 企业是初入市场，销售团队也是刚刚组建的，但 T 企业的销售总监是个非常有能力的人，刚刚在江苏区域拿下了一个上亿元的项目，足以成为该地区的标杆。同时因为这个项目，T 企业在当地有了一些深入的人际资源。通过同区域标杆项目的背书，可以更容易获得客户的信任。所以就选择了江苏作为首发的三个区域之一。

商机最多的区域：通过销售人员前期的市场摸底发现，广西这个区域虽然位置相对偏远，但由于一些政策的影响，产品市场的需求量和利润率都比较可观，而且在整个市场中客户之间的关系也比较紧密，如果能应用正确的策略，可以短时间在该区域拿到很多大项目，把整个区域打造成全国的标杆。因此，T 企业就选择了广西作为最后一个首发的区域。

以上三种情况，是企业在考虑优先拿下的区域时，最常见的三个因素。但是，除这些正面的因素外，企业还必须考虑另外一点，就是**竞争对手在这个区域的情况如何**，在区域中盘踞得是否足够深，包括但不限于：竞争对手在这个区域中运作了多少年，市场的占有率大概是多少，在该区域的口碑和人际关系如何，主要的联系都有哪些人，主要的打法和策略是什么等。对竞争对手的了解越深，你就越能找到对应的突破口。最终要解答的一个问题就是：在这个区域中，你能不能撬动竞争对手的地位？能不能防止竞争对手撬动你的地位？

要想撬动竞争对手的地位，有资源当然是最理想的，例如有项目、有人际、有品牌、有价格优势等。但是大部分情况下不会这么理想，很多时候可能是竞争对手更强大，而你却相对弱小，这时就需要采用一些策略来弥补资源的不足。

案例分享

我们曾经辅导过一家 D 公司，D 公司当年的战略，是把河北省作为一个重要区域来开拓。

但是，D 公司作为刚进入河北市场的新品牌，在市场上的知名度不足，而当地市场正被一家国内龙头企业牢牢掌控着，90%以上的经销商都在代理竞争对手的产品。面对这样一个“巨无霸”的对手，D 公司该怎样才能撬动市场资源?

经过深入调研，我们发现虽然很多经销商都选择与龙头企业合作，但最根本的原因，是他们自身的销售能力薄弱，如果不借助大企业的渠道支持，就很难卖出去货。与此同时，这些经销商也面临着两难处境：大品牌虽然能保证基础销量，但给出的利润空间不足 8%，而且时常有强制压货、罚款等苛刻条款，这让许多经销商苦不堪言。

因此，为了有效拿下这个区域，我们制定了“深度绑定+能力培养”的破局策略。在初次拜访经销商时，销售人员需要明确向对方传递三层价值：“与龙头企业合作，您只是他们众多经销商中的普通一员；但如果选择我们，您就是我们非常重要的客户，我们会给您提供‘背靠背’的支持。第一，公司提供专人驻点指导，手把手帮助您建立销售体系；第二，每月为您的团队开展定制化培训，帮助您提升销售团队能力；第三，为您提供更有竞争力的价格政策。我们希望和您的关系不仅只是生意上的往来，而是共同发展的战略伙伴。”

通过这种差异化的合作承诺，D 公司成功争取到了与首批 17 家试水经销商的合作。在后续的合作中，我们不仅兑现了所有培训支持，还专门设立市场攻坚小组，帮助经销商拿下了当地一些企业的采购订单。随着首批合作商的业绩增长，越来越多的经销商开始主动接洽，最终 D 公司用两年时间实现了区域市场份额的反超。

有的时候，竞争对手的优势，反而也可能是他的劣势。如果一个区域的竞争对手非常强大，你很难用资源抗衡，就可以通过一些策略，达到“四两拨千斤”的效果。

这个案例印证了一种思维方式：如果一个区域的竞争对手非常强大，你很难用资源抗衡的方式取胜，那么就去找在大公司体系下无法满足客户的那些个性化需求，这就是突破的机会。正如太极拳的“借势发力”，找到关键支点，同样能以弱胜强。

总之，在确定区域分布的时候，**重点不是看竞争对手有多强大，而是看这个地方是不是必须拿下**。如果是必须拿下，则再困难也需要想办法。但如果不是必须拿下，则可以优先找到那些你的资源优于竞争对手的区域，或者是找到有有效策略的区域，让区域的开拓更加顺利。

精华小结

- 一家企业的战略规划，应当从实际中来，从调研中来。没有调查，就没有发言权。
- 宏观调研是为了看清趋势，中观调研是为了看清市场的规模和格局，微观调研是为了看清客户有哪些未被竞争对手满足的深层次需求。
- 宏观调研要按照从整体到局部的顺序解读。
- 找到与客户核心业务强相关的指标，是做好客户调研的基础。
- 在构建竞争分析框架时，不要和竞争对手对比现在的成果，而是要找到获得这些结果的原因。
- 市场定位的关键，不是想清楚企业要做什么，而是想清楚企业不做什么。
- 企业定位的关键，不是企业认为自己是谁，而是目标客户认为你是谁。
- 如果你做不到通用市场的第一，那么就做到细分市场的唯一。
- 企业的战略规划，要“看十年、定三年、干一年”。
- 业绩目标应满足企业的两大核心需要：一个是生存的需要，另一个是发展的需要。
- 业绩目标需要拆分成三个维度：销售目标、业绩结构和区域分布。
- 在确定区域分布的时候，重点不是看竞争对手有多强大，而是看这个地方是不是必须拿下。

第 2 部分

销售业绩

第 2 章　销售漏斗

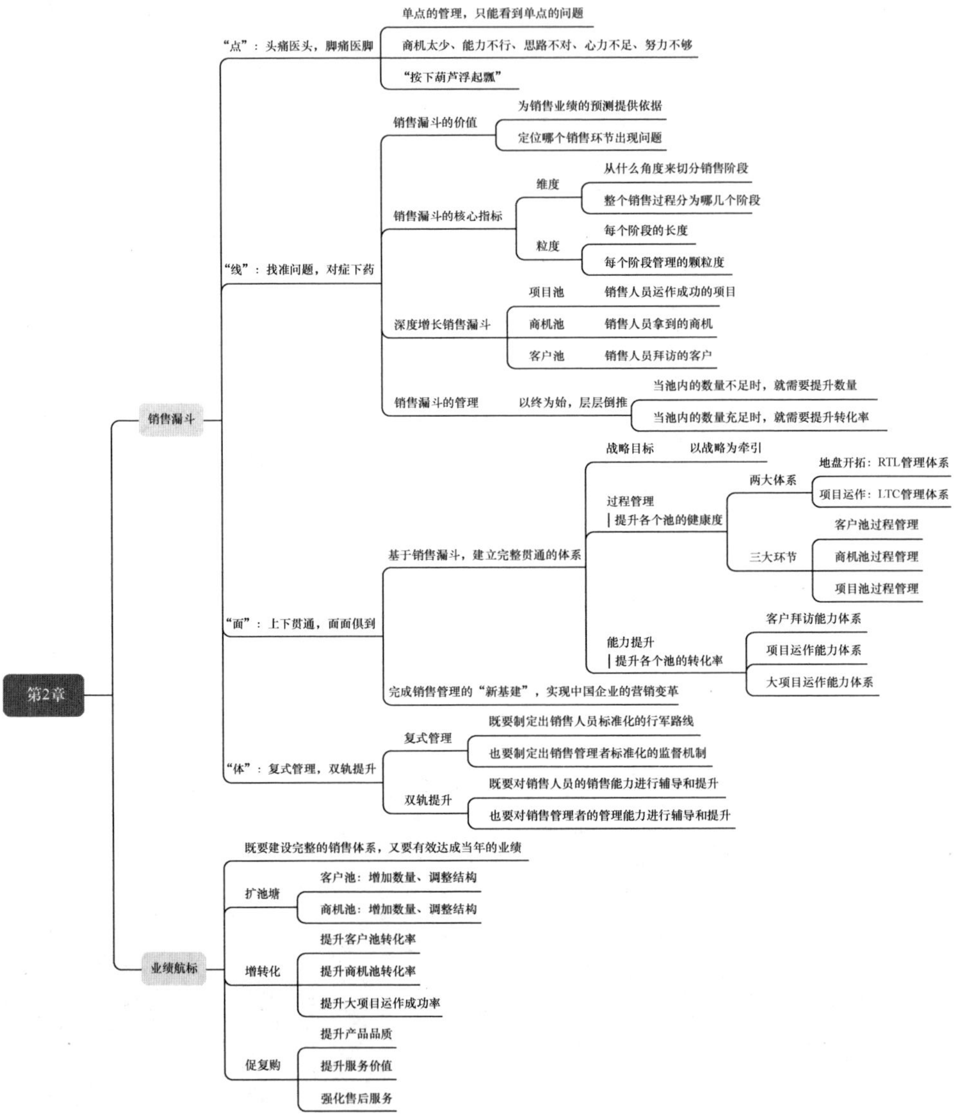
第2章
销售漏斗
“点”：头痛医头，脚痛医脚
单点的管理，只能看到单点的问题
商机太少、能力不行、思路不对、心力不足、努力不够
“按下葫芦浮起瓢”
“线”：找准问题，对症下药
销售漏斗的价值
为销售业绩的预测提供依据
定位哪个销售环节出现问题
销售漏斗的核心指标
维度
从什么角度来切分销售阶段
整个销售过程分为哪几个阶段
粒度
每个阶段的长度
每个阶段管理的颗粒度
深度增长销售漏斗
项目池
销售人员运作成功的项目
商机池
销售人员拿到的商机
客户池
销售人员拜访的客户
销售漏斗的管理
以终为始，层层倒推
当池内的数量不足时，就需要提升数量
当池内的数量充足时，就需要提升转化率
“面”：上下贯通，面面俱到
基于销售漏斗，建立完整贯通的体系
战略目标
以战略为牵引
过程管理
| 提升各个池的健康度
两大体系
地盘开拓：RTL管理体系
项目运作：LTC管理体系
三大环节
客户池过程管理
商机池过程管理
项目池过程管理
能力提升
| 提升各个池的转化率
客户拜访能力体系
项目运作能力体系
大项目运作能力体系
完成销售管理的“新基建”，实现中国企业的营销变革
“体”：复式管理，双轨提升
复式管理
既要制定出销售人员标准化的行军路线
也要制定出销售管理者标准化的监督机制
双轨提升
既要对销售人员的销售能力进行辅导和提升
也要对销售管理者的管理能力进行辅导和提升
业绩航标
既要建设完整的销售体系，又要有效达成当年的业绩
扩池塘
客户池：增加数量、调整结构
商机池：增加数量、调整结构
增转化
提升客户池转化率
提升商机池转化率
提升大项目运作成功率
促复购
提升产品品质
提升服务价值
强化售后服务

在第 1 章中，讲到了销售团队的业绩目标中的销售目标是怎么来的、怎么制定的，以及要包含哪些业绩结构和区域。但是，业绩目标定下来了，就一定能够达成吗？不一定。

相信很多企业都遇到过这样的问题：年初定下了业绩目标，但年中发现差距很大。可能年初定下了一个亿的业绩目标，但是年中才完成了不到 3000 万元，这时就会陷入两难：业绩目标的任务，是降还是不降？不降任务吧，大部分的销售人员都完不成，拿不到奖金和绩效，可能就会走一批人，后续招人顶不上原来的销售人员，业绩反而会下滑得更快。但要是降任务吧，当初定的业绩指标说降就降，业绩目标的约束力何在？如果还是完不成，是不是还可以再降？更何况，业绩目标降低了，也会极大地影响企业的营收状况，导致战略目标无法达成，甚至让企业的运营陷入困境。

为什么会出现这种情况呢？这是因为业绩目标只是一个结果，而**结果是不能被管理的，只有过程才能被管理**。要想真正达成业绩目标，仅盯着业绩的**结果**是不够的，还要看达成业绩目标的**过程**，只有过程管理好了，结果才能水到渠成。

那么，过程管理应该怎么管呢？主要分为四个层次：**“点”“线”“面”“体”**。

2.1 销售漏斗：从“黑箱博弈”到透明管控

1. “点”：头痛医头，脚痛医脚

“点”，就是单点的管理。很多企业在刚刚开始做销售过程管理时，都容易陷入这样一种状态：**看到什么问题，就去解决什么问题**，也就是俗话说的“头痛医头，脚痛医脚”。

例如，到了年中考核的时候，发现销售团队业绩不理想，就觉得是业绩考核的频率太低了，就把业绩从半年一管，变成了每月一管，结果只是把半年才发现业绩不达标，变成了每个月都发现业绩不达标。

再如，发现某些销售人员的工作不饱和，就要求销售人员出门必须打卡，每

天都要写工作日志，结果发现销售人员的工作是饱和了，但大部分都是无效的动作。如销售人员虽然拜访了一大堆客户，写了一大堆打卡记录，但实际的业绩没能提升多少。

为什么会这样呢？就是因为**单点的管理，只能看到单点的问题**。但销售人员业绩无法达标，并不是单一的原因造成的，而是由一系列的前因后果组成的。

例如，销售人员每个月的业绩不达标，可能是因为**商机太少**了，总共就看到那么几个能产单的客户，这时要求销售人员去提升业绩，他自己都不知道业绩从哪里来，只能反复去拜访这几个客户，但就算这些客户都能成单，最后业绩目标也不一定能达成，导致大量的动作实际上是无效的。

那么，再往下深入一层：为什么商机会这么少呢？原因可能就更多了，可能是因为**能力不行**，可能是因为**思路不对**，可能是因为**心力不足**，也可能是因为**努力不够**。

能力不行，就是销售人员缺少专业销售的能力，在拜访客户的时候，很难与客户建立联系，获得客户的信任，自然也就无法获得商机。

思路不对，就是销售人员不知道要拜访哪些客户，也不知道怎样安排拜访客户的节奏，就是盲目地在地盘上瞎转，见到哪个客户算哪个，可能一天下来忙忙碌碌，也就见到了几个客户，而且说见就能见到的客户，往往质量也并不高，很难产出有价值的商机。

心力不足，就是销售人员去见客户的时候，不敢去见客户的高层领导，总是和基层人员先建立联系，再慢慢往上沟通。但事实上大部分重要商机的线索，前期都只掌握在客户高层领导的手里，基层人员是不知道的。这就导致看到的都是一些小商机，而那些真正有价值的商机信息，往往要到快开标了才刚刚知道。

最后才是**努力不够**，也就是销售人员拜访客户的勤奋度不足，可能一天磨磨蹭蹭到了中午才出去拜访客户，在客户那一坐一喝茶一闲聊，大半天就过去了。如果拜访的基数不够大，商机产出就一定不会多。

由此可见，仅仅是商机不足这一个小问题，背后就能延展出来很多原因，如果只对销售人员的工作饱和度进行管理，则实际上管到的只是努力不够这最后一种情况，前面所有的问题都可能是看不到，也管不到的。因此，如果只是用单点的方式去管理销售团队，看到什么就去管什么，则往往无法洞察问题背后的根本原因，也看不到每个动作未来会带来什么结果。最后的效果很可能就是**“头痛医头，脚痛医脚”**，看似发现了很多问题，也采取了很多措施，但业绩还是没有什么起色。甚至可能还出现“**按下葫芦浮起瓢**”的情况，即解决了一个表面的问题，但却带来了更多的问题。就好像让销售人员写工作日志一样，看似解决了销售人员勤奋度的问题，但却出现了销售人员情绪上的对抗、主动性下降，以及刷数据等问题。

既然用单点的方式不能从根本上解决销售团队的问题，就需要把逻辑链拉长，把“点”穿成“线”，**只有看到整个销售业绩产生的完整过程**，看到各个过程环节之间的因果关系，才能在业绩不理想时，通过这条线理清楚各个环节的卡点，才能快速定位问题产生的根本原因，对症下药去真正解决问题。

那么，这条线是什么呢？就是很多人所熟知的**“销售漏斗”**。

2.“线”：找准问题，对症下药

说起“销售漏斗”这个词，相信大部分销售管理者都并不陌生，因为这是一个在销售管理领域当中非常基础，也非常经典的概念，几乎每一本销售管理的书中都会或多或少地提到。“销售漏斗”的本质，就是把销售人员从接触客户，到最终签约成单的过程，拆分成多个**首尾相连、层层转化**的环节，从而对每个环节进行管理。由于每个环节的转化率一定是小于 100%的（如接触到 100 个客户，可能只有 20 个客户对你感兴趣，转化率就是 20%），越到靠后的阶段，能留下客户的数量就越少。把各个阶段的客户数量分级排列，就形成了一个上大下小，形似漏斗的图案，故名**“销售漏斗”**。

“销售漏斗”的作用，一方面可以**把销售人员开发客户的过程数据化、可视化，为销售业绩的预测提供依据**。销售管理者可以根据漏斗中各个环节的数量和转化率，预测最后能够成单的金额。另一方面也可以**根据各个环节的转化率，快速定位是哪个销售环节出现了问题**。销售管理者发现哪个环节的数据和转化率低，就可以判断销售人员是在哪个环节遇到了卡点，从而对症下药去解决问题。

但是，“销售漏斗”是个非常经典的概念，市面上有很多讲“销售漏斗”的教材与模型，每个模型也各不相同，那么企业怎么才能知道哪个“销售漏斗”最适合自己呢？**选择“销售漏斗”最核心的关键指标，就是看“销售漏斗”切分销售阶段的维度和粒度。**

什么是切分销售阶段的维度？就是看“销售漏斗”是**从什么角度来切分销售阶段的？整个销售过程分为哪几个阶段？**

为什么销售阶段的切分维度如此重要？这是因为不同行业的“销售漏斗”是不同的，不同企业的“销售漏斗”也是不同的。**维度不同，管理的重点与策略也会完全不同。**

例如，行业不同，“销售漏斗”就有着很大的不同。对于 To C 的企业来说，因为客户决策流程较短，客单价往往较低，所以 To C 企业的“销售漏斗”的重点在于**营销环节**，重视客户获取的效率，以及转化流程的设计。但对于 To B 的企业来说，因为客户决策流程往往很长，客单价往往较高，所以 To B 企业的“销售漏斗”的重点在于**运作环节**，重点在于与客户联系的深化，以及项目的深入运作。To C 企业则更看重**客户数量的广度**，而 To B 企业更看重**项目联系的深度**。如果选用了错误的漏斗，可能就会使关注点聚焦在错误的维度上，从而做出错误的决策。

再如，企业不同，“销售漏斗”也有着很大的不同。每一家企业的规模、资源和目标客群都不一样。对于大企业来说，由于有着丰富的资源支持和强大的品牌背书，销售团队不需要花大力气去挖掘商机，也不需要花大力气让客户认可自己的品牌。因此，大企业的“销售漏斗”重点关注**项目的运作和转化环节**。但对于小企业来说，由于缺乏大企业那样的资源支持和品牌背书，销售人员很可能就会遇到不知道商机从哪里来的问题，也会遇到客户没听说过自己品牌的问题，如果销售人员连商机都获取不到，自然后续运作的部分也就无从谈起。因此，小企业的“销售漏斗”就需要更加注重**商机的获取环节**。很多小企业在学习大企业的做法时，发现在大企业用起来有效的模型或者方法，将之照搬过来用时却发现效果很差，这是因为企业只看到了概念的相同（都是“销售漏斗”），却忽略了维度的不同（哪个环节是重点）。

企业要想选择适合自己的“销售漏斗”，除“销售漏斗”的维度外，还需要看“销售漏斗”切分销售阶段的**粒度**。什么是切分销售阶段的粒度？就是看“销售漏斗”**每个阶段的长度是多少？每个阶段管理的颗粒度是多少？**

如果**粒度过粗**，例如只分成获客、成交、留存三个阶段，成交这个阶段就包含从接触客户到最终成单整个过程的动作，要管理的事情过于宽泛，整个“销售漏斗”就失去了管理的意义（这也就是为什么 To C 的“销售漏斗”不适合 To B）。

但如果**粒度过细**，把成交阶段拆分成陌生拜访、激发兴趣、形成信任、邀请访厂、产品测试等一系列动作，管理的复杂度又太高了，销售管理者光是判断项目处在哪个阶段就要费很大的力气，整个销售管理的过程就很难落地。况且每个项目成单的过程也有所差别，例如有的客户需要产品测试，有的客户则不需要，如果销售管理者要求销售人员必须把产品测试作为成交过程中的一个阶段，一定要做产品测试这个动作，很多项目的运作进度就会被拖慢，“销售漏斗”不仅不能成为业绩产出的助力，反而成为业绩产出的拖累。

因此，一家企业要想选择真正适合自己的“销售漏斗”，一方面要看“销售漏斗”的**维度**，另一方面要看“销售漏斗”的**粒度**。只有维度和粒度都是最适合自己的漏斗，才是最好的“销售漏斗”。

那么，对于大部分 To B 销售的企业，最适合的“销售漏斗”是什么呢？我们通过近十年来对上百家企业的长期咨询与服务，总结出了一套最适合大部分 To B 企业的“销售漏斗”，称为**“深度增长销售漏斗”**，如图 2-1 所示。

在“深度增长销售漏斗”中，主要将销售过程切分成三个阶段：**客户池、商机池和项目池**。使用整个“深度增长销售漏斗”的过程，就是对这三个池子的**数量**，以及池子之间的**转化率**进行管理。那么，这三个池子分别是什么意思呢？以下以终为始，层层倒推。

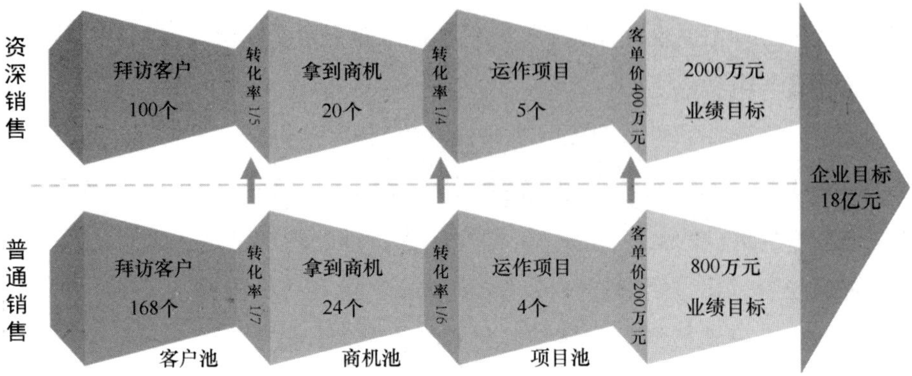

图 2-1　深度增长销售漏斗

先看项目池。**项目池，就是销售人员运作成功的项目**。假如某公司年初定的业绩目标是 18 亿元，则需要先将其分解成不同销售团队的任务，再分解成不同销售人员的任务。假如有位普通销售小李，他今年分到的销售任务是 800 万元，假如他的每个订单的平均金额是 200 万元，那么他至少要运作成功 4 个 200 万元的项目，才能达成 800 万元的业绩目标。

那么，项目池的订单是如何产生的呢？主要是来自前面的商机池。**商机池，就是销售人员拿到的商机**。某些客户有商品要采购，或者某些客户有项目要实施，这些都有可能会带来订单的机会统称为商机。那么，为了运作成功 4 个 200 万元的项目，小李只拿到 4 个 200 万元的商机行不行呢？显然不行，因为不可能所有的商机最后都能成功签单，中间一定会有个转化率。假如小李平均每拿到 6 个商机，就能成交 1 个订单。那么为了运作成功 4 个项目，小李的商机池里至少要有 24（4×6）个商机，才能确保业绩目标的达成。如果每个商机的平均金额是 200 万元，就需要至少 4800（24×200）万元的商机。

接下来，商机池的商机是怎么来的呢？来自前面的客户池。**客户池，就是销售人员拜访的客户**。同样，也不是每个客户都能产出商机。假如小李平均每拜访 7 个客户，才能拿到 1 个商机，那么为了拿到 24 个商机，小李的客户池里就至少要有 168（24×7）个客户，才能确保业绩目标的达成。

由此可见，从项目池，到商机池，再到最前面的客户池，是一个**以终为始，**

层层倒推的过程。通过上面的过程也可以看出：**每个环节的转化率越高，每个池子所需要的数量也就越少**。假如有另外一位资深销售人员小张，小张全年的任务目标是 2000 万元，但小张有运作大项目的能力，每个订单的平均金额能达到 400 万元，那么小张只需要运作成功 5 个项目，就能达成业绩目标。如果小张项目运作的能力也比较强，平均每 4 个商机就能够成交 1 个订单，那么小张的商机池里就只需要 20（5×4）个商机。如果小张挖掘商机的能力也比较强，平均每 5 个客户就能产出 1 个商机，那么最终小张只需要 100（20×5）个客户，就可以完成全年的业绩。不难看出，虽然小张在每个环节的转化率上看似只比小李略高一点，但是最后的销售效率天差地别。

由此可见："深度增长销售漏斗"管理的关键，就是管理好"销售漏斗"中的两件事：**一是达成每个池子需求的数量，二是提升每个池子之间的转化率**。当然，这里的数字只是理想状态下的情况，在实际商机管理的过程中，往往由于每个商机的金额不同，每个客户的质量不同，还需要进行更具体、更深入的管理。但从整体来看，管理的逻辑是基本不变的：**当池内的数量充足时，就需要提升转化率**；反之，**当池内的数量不足时，就需要提升数量**。这样，销售管理者就可以在销售人员业绩不理想的时候，通过"销售漏斗"快速找准问题，对症下药。

但是，仅仅把销售过程拆分为各个阶段，这样就足够了吗？显然不行，准确发现问题，并不代表就能够有效解决问题。就好像去医院看病一样，能够确诊自己得了什么病，并不代表就能够治好这个病。虽然确诊是治疗必不可少的第一步，但也只是第一步而已，后面还需要一系列配套的治疗体系，才能真正把这个病治好。根据我们多年服务企业的经验来看，大部分企业的"销售漏斗"之所以无法落地，除"销售漏斗"不适合自己，无法确诊问题外，还有一个问题是即使发现了问题，也缺少配套的管理体系去解决问题。**一个真正有效的"销售漏斗"，绝不仅仅是对销售阶段进行简单的拆分，而是有以各个阶段为核心的延展出来的整套销售管理落地体系**，也就是说，"销售漏斗"不应当只是一条"线"，而应当是一个"面"。

3. “面”：上下贯通，面面俱到

许多企业都知道“销售漏斗”的重要性，但在学起来的时候往往会觉得不够落地，原因就在于市面上大部分“销售漏斗”的讲解都不够系统，只是把“销售漏斗”作为一个孤立的工具或概念来使用。一般只讲到“销售漏斗”分为哪几个环节，每个环节管的是什么，也就点到为止了，并没有涉及深层次的体系建设。而“深度增长销售漏斗”则很好地解决了这一问题，在“销售漏斗”的基础上，纵向延伸出了一整套销售管理体系的“面”，做到主次相当，纵横联合，层层嵌套，帮助企业把“销售漏斗”真正落实到为业绩负责，为战略负责。

什么叫销售管理体系的“面”？就是基于“销售漏斗”的各个阶段，从**战略、业绩、组织**三个层面，从上到下建立一个**完整贯通**的管理体系，如图 2-2 所示。当发现销售人员存在的问题时，企业能够从**战略牵引，到过程管理，再到组织赋能**，全方位立体式地对销售人员进行管控与赋能，从而真正解决各个阶段发现的问题。

从图 2-2 中可以看到，以“销售漏斗”为核心，分别延伸出了**过程管理**和**能力提升**两大体系。

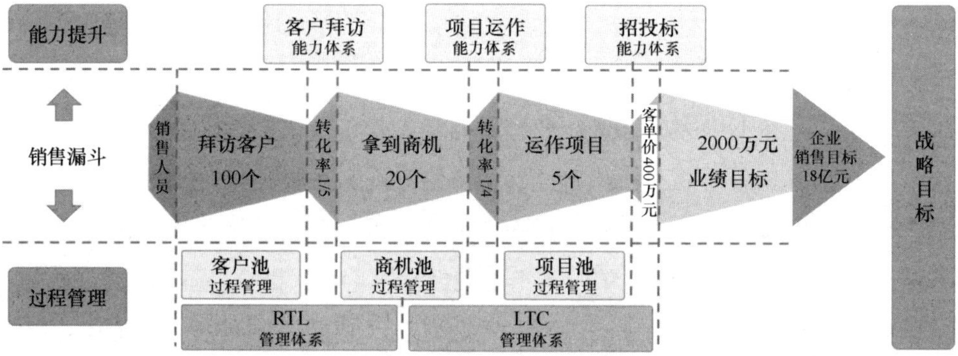

图 2-2　完整贯通的管理体系

首先是过程管理，也就是从拜访客户到最终成单的整个过程。这里主要用 **RTL 和 LTC 两个管理体系**来管控。其中，RTL 代表的是地盘开拓，管理的是从接触客户到获得商机的过程。而 LTC 代表的是项目运作，管理的是从获得商机

到运作成单的过程。再细分一层，到“销售漏斗”中的**客户池、商机池、项目池**，每个池子也都有专门的过程管理体系来管控。例如，对于商机池的管理来说，销售管理者需要定期对销售人员的商机进行盘点，判断商机池的健康度，看看商机的总量够不够，阶段够不够，成功率够不够。如果发现不足之处，就需要与销售人员进一步沟通，给销售人员反馈和辅导，制定目标和计划，以确保达成业绩目标。

如果发现销售人员的某个池子的总量不少，但向下个池子的转化率太低怎么办？有可能是销售人员的能力不足，这就需要提升销售人员的能力。如果发现从客户池到商机池的转化率太低，就有可能是客户拜访的能力不足，可以采用课程培训或陪同拜访的方式，提升销售人员客户拜访的能力。如果发现从商机池到项目池的转化率太低，就有可能是项目运作的能力不足，可以采用项目分析会的方式，帮助销售人员提升项目运作的能力。只有当销售人员的目标有战略牵引，过程有体系管控，能力有组织赋能的时候，也就是从目标、过程到能力都打通的时候，才能真正从根本上解决业绩的问题。

图 2-2 中的战略目标、过程管理和能力提升，其实分别对应的就是企业销售体系全景图中的战略目标、业绩管理和组织赋能三大部分。由此可见，深度增长的整套销售体系，是一个完整的整体，其中的所有环节都是相互连接，形成一个有机的整体，为一个共同的目标：业绩服务的，没有任何一个环节是孤立的。这也是“深度增长销售漏斗”与其他“销售漏斗”最核心的差别所在。

把“销售漏斗”的管理从“线”提升到“面”，其实就是帮助企业完成**销售管理的“新基建”**。由于不同产业、不同行业、不同企业的特点不一样，拥有的资源也不一样，企业必须做出适用于自身的销售管理体系。但因为从零建构的话成本太高，所以我们所做的事情，就是基于大部分企业适用的逻辑，给出企业可以在这个基础之上进行建构的管理体系。这样做既能详细到每个阶段究竟该怎么做，又能通用到每家企业都能在这上面建构自己的管理体系。我们真正的目标，是**引领中国企业的营销变革**，让中国的众多企业可以在更高的基础上构建销售体系，而不再需要从零摸索，大大降低企业绕弯路所花费的成本，提升销售系统体系化建设的效率，从而真正提升中国企业在市场上的核心竞争力。

那么，建立好销售管理体系之后，整个销售系统就算建设完成了吗？还差最后一步，那就是销售管理落地的真正核心——复式管理。

4. “体”：复式管理，双轨提升

请试想一个问题：如果你的手下有 10 名士兵，要想让所有士兵都能步调一致，让他们沿着你设计的最佳路径行动，你会怎么办？

把这个问题升级一下，如果你手下有 10000 名士兵，要想确保他们沿着你设计的最佳路径行动，你会怎么办？这两个问题的答案一样吗？

答案当然是不同的，如果你手下只有 10 名士兵，那么要想让他们步调一致，你只需要自己带队就可以，你只需要培养每一名士兵的能力，统一每一名士兵的思想，就可以达成步调一致的目标。

但是，如果你手下有 10000 名士兵，仅靠你一个人的力量，就肯定无法照顾到每个人了，你只有建立管理体系，并从士兵中挑选出一些人作为管理者，让他们去管理团队，而你去管理这些管理者，才能实现管理体系的落地。你要做的事情也不仅仅是培养士兵，而是必须培养这些管理者，让他们能够从士兵的角色顺利转换为管理者的角色，这样才能让整个队伍步调一致。

把士兵换成销售人员，道理也是一样的：很多企业都会面临这样一个问题，就算设计出了行之有效的销售管理体系，但是销售人员就是不按照这个体系去行动，应该怎么办？每个人都有每个人的想法，每个人都有每个人的习惯，尤其是销售人员，天生就比较“野”，更是很难完全按照企业的规范来执行。这时要想让销售团队的步调一致，光有管理体系是不够的，还必须有管理者的执行落地。管理者执行的覆盖度、管理的触达度，以及管控能到达的深度，都决定了你的销售军团能不能按照正确的指令去行动。

但是，企业在落地销售管理的过程中，还会遇到另外一个问题：销售规则制定好了，管理者也开始执行，但执行起来是“八仙过海”，执行的结果也变得五花八门。这是因为，管理者的管理能力是参差不齐的。很多企业都会认为把一个人提拔到管理者的角色上，他就天然地能把管理者的事情做好，实际上并不是这样。哪怕这个人是顶尖的销售人员，但作为管理者其实还是“小学生”。

他可能压根还不是管理者的思维，虽然屁股坐在管理者的位置上，但做的还是一个“大销售”的事。他没有带领团队达成业绩的意识，做的主要还是“球场明星”的事，而不是“球队教练”的事。在销售团队做项目遇到问题的时候，他经常就会披挂上阵，而不是指导他人。因为对于一个“大销售”来说，自己做项目比带人做项目容易多了，这就导致很多企业的销售管理者甚至销售总监，做的事情都是跑偏的。他们不是去管理整个团队的销售过程，不是去带领整个团队达成业绩，也不去辅导整个团队的能力提升，而是只盯着当年的业绩目标，经常把自己投身于一两个大项目中，疲于应对当年的业绩考核，对打造长期稳固的基本盘鲜少有认真的思考，甚至直接把长期扔到一边。这样的管理者可能会带来一年两年的业绩增长，但并不是做成了一个稳固的基本盘，无法实现长期的稳定的业绩增长。

此外，即使是已经做过很多年的销售管理者，由于销售团队之前大部分都是“散养”状态，在企业要落地销售管理体系的时候，他们也可能会因为认知高度不够，不理解企业销售管理体系的底层逻辑，还是按照自己之前的经验和感觉去做事。因此，如果只是对销售人员进行管理，却不去管控销售管理者的行动，也不去提升销售管理者的能力，最后就会发现，所有有效的销售体系和策略，在基层落地的时候都走了样。

因此，企业在制定出销售管理体系之后，如果想让销售团队真正按照管理体系去做事，就**不仅要对销售人员进行管理，还要对销售管理者进行管理**。既要制定出销售人员标准化的行军路线，也要制定出销售管理者标准化的监督机制。既要对销售人员的销售能力进行辅导和提升，也要对销售管理者的管理能力进行辅导和提升。这样才能打造真正有效的管理体系，实现企业业绩的深度增长。

可以说，绝大多数企业对销售管理的理解，都还停留在初级认知的层面上，即管理销售人员这一个层级。但只有掌握了复式管理，既对销售人员进行管理，也对销售管理者进行管理，使之掌握销售管理的高级认知，才能真正打通销售管理的“任督二脉”。每一层的管理都是一个“面”，把这几个“面”叠加起来，也就形成了“体”的概念。这也就是**复式管理**的精髓。只有掌握复式管理的这个精髓，才掌握了打造销售管理体系的真正核心，才能从内部突破整个管理体系，让老板再也不用整天被企业内部的管理缠绕，从而真正走出去，去做那些社会资源整合的事，企业才能真正地向外拓展，才能从小企业真正走向大企业，才能从生存期真正过渡到成熟期，才能从小门小户真正成长为商业帝国。

2.2 业绩航标：从突破无力到精准发力

在上文中，讲到了“深度增长销售漏斗”，以及由此延伸出的整个销售管理体系。但是到这里，企业还有一个最关键的问题需要解决：**企业当年的业绩目标，究竟怎么达成？**

《庄子》中有这样一个故事，说有个农民发现一条快被渴死的鱼，他跟鱼说你坚持一下，等我挖条水渠来救你，鱼听了赶紧说你现在给我一瓢水就行，等你把渠挖好了，我早就干死了。

这个故事中的现象其实也存在于许多企业之中。市面上虽然有很多销售咨询公司，但他们干的往往是帮助企业搭建销售管理体系的事，而不是达成业绩的事，他们认为企业关注当年的业绩是一种短视的行为。但是，在当下竞争激烈的市场环境下，如果企业业绩不好，活都活不下来，又哪来的长期发展呢？销售咨询公司的这种说法，表面上是为企业的长期发展着想，实际上是把他们没能力带来业绩增长的问题，转嫁到了客户身上。很多销售咨询公司擅长干的是搭建体系，但中小企业要的是业绩，而且一套销售管理体系从开始建设到完整落地，通常需要三年左右的时间。如果只注重体系的建设，却忽略当年的业绩，企业就会在越来越大的业绩压力面前，要么被迫放弃，要么销声匿迹。

但是，如果企业只注重当年的销售业绩，而不去建设销售体系，显然也是不行的，这样只会在越来越激烈的市场竞争中难以为继。因此，企业真正需要的，是**既要兼顾长期，又要兼顾短期；既要建设完整的销售体系，又要有效达成当年的业绩**。要想达到这个效果，关键就在于**要明确销售体系建设的顺序**。正如《大学》中所提到的：“物有本末，事有终始，知所先后，则近道矣。”这个“先后”之道，正是解决问题的关键所在——**将体系建设的长期工程，拆解为每年业绩的达标路径**。

我们与其他销售咨询公司最大的不同，就在于我们为每家企业建设销售管理体系时，都会为企业找到这样一个业绩航标，让企业**每一年都把关键的资源，投入在最能让业绩提升的动作上**。企业只要把关键动作做到位，业绩目标就可以有效地达成，销售管理也可以有效地落地。每打通一条业绩路径，业绩都可以得到大幅增长，每年打通一条业绩路径，三年就可以建成整个销售体系。只有就这样持续地外部找策略，内部找节奏，实现长期的体系建设和短期的业绩目标的平衡，才能最终打造既有市场份额，又有核心竞争力的企业，才能真正实现业绩的深度增长。

但是，每家企业都是不同的，如企业的目标不同、环境不同、阶段不同、资源不同，影响业绩增长的因素也不同。那么，企业要如何找到业绩航标呢？关键是要穿透这些纷繁复杂的表象，**找到影响业绩增长的杠杆点**。

什么是杠杆点？阿基米德有一句名言：给我一个支点，我能撬起整个地球。**业绩增长的杠杆点，就是类似于杠杆的支点那样，花费最低的成本，带来最高的业绩增长点**。这里放大的比例可能不止一倍，而是五倍、十倍，甚至几十倍。企业只要在杠杆点上投入足够多的资源与精力，把这件事落地得足够扎实，就可以取得数倍的业绩回报。

如何找到杠杆点？寻找杠杆点的底层逻辑，就是**根据“深度增长销售漏斗”，对企业的销售过程逐层梳理**。具体来说，杠杆点主要有以下三种类型。

1. 扩池塘：扩大商机基本盘，实现业绩结构化增长

杠杆点的第一种类型是“**扩池塘**”，顾名思义，就是增加“销售漏斗”中客户池或商机池的数量。

有些企业的业绩难以增长，可能是因为客户数量太少，也可能是因为商机的数量太少。客户和商机是一切业绩的来源，因此对于这类企业来说，增加客户或商机的数量，就是实现业绩增长最关键的杠杆点。

这句话听起来似乎很容易，但实际做起来，还有很多要注意的细节。首先，

什么样的企业适合以“扩池塘”为杠杆点？一个最关键的因素，就是**市场必须有足量的增长空间**。如果一家企业已经占据了某个市场的大部分份额，那么即使吃下剩余的所有份额，对业绩的增长也是非常有限的。这个时候企业就有两种选择：一种是选择其他的杠杆点，另外一种就是选择有增长空间的其他市场。

选择其他的杠杆点，这个会在后面的章节中继续说明。那什么叫选择有增长空间的其他市场呢？根据企业现有的客户和市场分布，大体可以分为以下几种类型。第一种，是**选择其他区域**。如果企业在本省已经占据了大部分的市场份额，就可以将业务范围扩展至外省，开拓新的区域市场。第二种，是**选择其他行业**，如果企业在某个行业已经占据了大部分的市场份额，就可以根据产品的使用场景，开拓其他行业的客户。第三种，是**选择其他类型的客户**，如果企业之前只是通过渠道进行销售，如经销商、代理商、集成商等，就可以让销售团队直接去开发终端客户，拓展新的业绩来源，这些都可以带来比较大的增长空间。

当然，在“扩池塘”的选择上，也并不是只有扩大客户池这一个选择。例如，如果企业在一个市场上已经与大部分客户建立了联系，但整体的商机产出很少，这就代表销售人员和客户的联系还不够深入，还没有深入具体谈事的环节。这时，**增加商机池的数量**，就是达成业绩增长的关键杠杆点。再如，如果企业在一个市场上与大部分小客户都建立了合作，但还有少数几个大客户没有攻克，那么如果能够拿下这几个大客户，即使客户池的数量没有增加多少，对业绩的提升也是非常大的。这时，**调整客户池的结构**，就是达成业绩增长的关键杠杆点。

但这里要注意的是：具体做出什么选择，是企业必须深思熟虑的事情。因为**所有对新市场的开拓，都必然伴随着成本的投入**。因此，虽然开拓市场的选项有很多，但要想真正选出业绩路径的杠杆点，还必须考虑企业的现状。

例如，如果企业的销售团队大部分都是入职 3～5 年的员工，冲劲还比较足，开拓新市场的能力也比较强，那么适合采用开拓新区域市场的方式。但如果大部分都是 5～10 年的老员工，已经在地盘上盘踞了好几年，和老客户关系处得非常深，基本上处于养老的状态，企业既担心这些老员工离职，又不愿招聘新人增加成本，那么不太适合使用这种方式。

同理，如果企业的技术和研发能力比较强，能够针对其他行业的使用场景，快速研发出在新行业内有竞争力的产品，或者企业的产品泛用性比较高，即使跨行业也能够满足客户的需求，那么比较适合采用开拓新行业的方式，反之则不适合。如果企业销售团队的能力比较强，能够独立开发终端客户并运作 To B 客户的项目，或者能培养销售团队这方面的能力，那么适合采用开发终端客户的方式，反之则不适合。

由此可见，在选择业绩路径的杠杆点的时候，必须同时考虑两个条件：**一是，业绩有没有较大的增长空间；二是，对企业来说好不好实现。**这两个条件如果有任何一个不满足，企业就都需要重新考虑：究竟换一条路是更好的选择，还是下定决心集中资源突破？

案例分享

我们曾服务过一家建筑工程类企业 E 企业，用一年的时间，成功帮助这家企业突破了 30 亿元的业绩瓶颈。

【挖商机：突破业绩瓶颈的关键开局】

E 企业的总经理，曾担任的是企业技术副总，对销售管理体系并不熟悉，对整个企业的销售管理也比较困惑。当时企业的平均年销售额大约在 26 个亿，而且经常出现一年业绩好，一年业绩不好的情况。他们之前也请过某为的老师建立 LTC 管理体系，虽然制度和体系都有，但不知为何落地起来总是不顺畅，业绩也长年无法突破 30 亿元的瓶颈。

其实这样的问题并非个例，在我做销售管理咨询的这些年，很多企业都有类似的情况。在引进 LTC 管理体系之后，企业只是简单地将其作为管控工具，要求销售人员按照标准去拜访客户和填写信息，但这并不能称为落地。判断 LTC 管理体系是否落地，关键要看它为销售团队是增加了负担，还是提供了帮助。销售人员业绩提不上来，往往缺乏的是方法，而不是管控。如果每周销售主管只是盘点项目，而不能给销售人员提供具体的辅导和帮助，那么 LTC 管理体系就成了销售团队的负担。要想让 LTC 管理体系真正落地，关键不在于信息的填写，而是销售主管要根据填写的信息，与销售人员共同制订计划，寻找策略。

带着这样的思路，我开始分析他们往年的销售数据。发现在每年年底时，他们第二年的商机储备量总体上是不足的，也就是大几十亿元的水平。想要提升销售额，关键是要有足够的商机。如果想要让业绩突破 30 亿元，那么商机额至少要达到 150 亿元，才能比较稳妥地达成目标。

那么，要如何让商机快速突破 150 亿元呢？当时正好是大年初六，这是一个非常好的时机。我就果断组织他们的销售团队，开启了一场为期半个月的“挖漏斗大赛”。所有的销售人员全体出动，大量去拜访客户，不管是友商报的商机，还是企业自己谋的商机，全部把它们挖出来，以达到 150 亿元的目标。

为什么要安排这样一场活动？是为了抓住年初的节奏。首先，年初客户的项目资金预算还没有批回来，很多项目还没有启动，正是提前布局的最好时机。其次，销售人员过完年回到企业，正好也要大量拜访客户，给客户拜拜年，加深一轮客户联系。对于 To B 的企业来说，年度的节奏非常重要，年度的节奏就像鱼群，如果你不知道鱼群的轨迹，可能费了很大的劲，就只能捕到一些小鱼。

此外，这场活动的时间为半个月，也有几个考虑因素。如果只有一周，那么时间就太短了，缺少复盘和改进的时间。但如果安排一个月，在挖商机这件事上投入的时间又太长了，缺少项目运作和分析的时间，半个月的时间就刚刚好。

【改策略：提升商机挖掘效率与数量】

当开启“挖漏斗大赛”活动后，在第一周对商机数据进行盘点的时候，我发现数据非常不理想，挖到的商机只有 40 多个亿，离 150 亿元的目标还相差甚远。经过与销售团队深入沟通发现，原来他们挖漏斗的方法都是跑到直接客户那里，一个项目一个项目地问，受制于拜访量，整个商机挖掘的结果和效益就很差。还有一部分人是没有进入状态，尤其是管理者对这件事情的重视度不高，所以商机的数据才很不理想。

当商机不够的时候，企业往往是把商机池的问题放任，而不是去思考有什么策略能够解决商机池数量不足的问题。但要想真正达成业绩目标，就必须紧盯商机池的目标，挖掘问题的原因，找出解决的办法。因此，为了解决这些问题，我立刻带领销售团队做出了一系列的改进措施，具体来说包含三个方面：**调状态，捋思路，促行动**。

首先，必须解决销售团队状态不佳的问题，于是在第二周开始之前，我们专门召开了一场半程会议，跟所有销售团队再次强调了挖掘商机的重要性：如果商机数量不足，整个销售团队的信息和资源就会不足；如果商机数量充足，我们不仅能够集中精力专注于那些关键的重点项目，还能够进行筛选，淘汰那些不够优质的项目，保障整个企业业绩的健康度。最终，让整个销售团队再次理解挖商机活动对他们全年业绩目标达成的重要意义。

其次，必须解决销售团队挖掘商机效率不高的问题，改进他们挖漏斗的思路。基于销售人员一个项目一个项目地问效率不高的问题，我们就对销售团队进行策略上的辅导：挖商机不一定非要去终端客户那里，也可以去找渠道或平台。例如，找到一个当地的大型经销商，它手里可能就有 20 个客户的预算动向。再找一个当地的设计院，它手里可能有 30 个行业客户的项目动向，找到相关的资源平台，可以大大提升挖掘商机的速度。同时还可以拿着商机去另一个地方做验证，既能够提升可靠度，也能提升商机挖掘的效率。

最后，还需要提升销售团队行动的积极性。在第二周的过程中，我们还做出了每天晒数据的动作，每天都会在管理者的小群里发布团队的数据状态，并对各个小组的数据进行排名。一旦明确意义，瞄准目标，销售人员的斗志就被激发了。

最终，通过一系列改进措施的落地，整个销售团队在两周内总共挖到了 185 个商机，总金额达到 155 个亿，成功达成了年初商机池的目标，也对完成当年的业绩起到了非常关键的作用。他们的销售管理者还感慨说，这短短两个月挖掘的商机数量，甚至已经超过他们之前几年挖掘的商机量。

【强运作：提升商机转化率与成功率】

当商机挖掘完成之后，接下来销售团队就面临一个新的问题：商机的数据是上来了，但是要怎么让这些商机尽可能成为自己的呢？

任何一个项目要想运作成功，都需要大量时间和精力的投入，尤其是一些大型的重点项目。但销售人员的时间和精力是有限的，再加上商机数量突然变多，如果销售人员还是按照之前的惯性去做项目，很可能就会“撒胡椒面”，每个项目都参与一点，每个项目都做不透，最后依然是“竹篮打水一场空”。因此，业绩想要真正提升，不仅要增加商机池的数量，还必须提升商机的成功率。为此，我们就进一步设计了项目成功率提升的方案。

首先，要解决销售人员精力不足的问题，这就需要对每名销售人员的商机进行盘点，对商机池的数据挤水，再从商机池当中挑选出一些优质的，需要在当年重点跟进的项目，并且这些项目的总金额必须大于两倍的业绩目标，保障每个人手里的商机不仅数量对，而且结构也是对的，确保能够支撑业绩的完成。

其次，还要解决销售团队商机成功率的问题。我们根据项目的金额设置了一个分界线，项目金额超过 2000 万元的就算作大型项目，所有的大型项目每两周必须开一次项目分析会，分析销售人员跟进的情况如何，项目的进展如何，并和销售人员共同谋划攻单的策略。到年中 6、7 月项目最多的时候，每个月有 50 个以上的项目要过项目分析会。

最后，为了保证小项目也不丢，我们还带领销售团队整理出了《客户常见 100 问》，把销售人员拜访时客户经常问到的问题，以及销售人员回答这些问题的参考话术都整理出来，以帮助销售人员解决话术不够精准的问题。这样销售人员在运作一些小型项目的时候，即使没有销售管理者的辅导，也能获得客户的认可，提升项目的成功率。

最终，通过这样一系列的管控和赋能措施，在当年年底，我们带领销售团队实现了 35 个亿的销售业绩，不仅一举突破 30 亿元的瓶颈，还为销售团队建立了全年销售管理的一整套节奏。不仅实现了业绩突破，更实现了业绩的深度增长。

2. 增转化：突破大项目瓶颈，驱动业绩倍速增长

杠杆点的第二种类型是“**增转化**”，顾名思义，就是提升“销售漏斗”中客户池或商机池的转化率。

什么样的企业适合以“增转化”为杠杆点呢？一个基本条件是**企业各个池子的数量要足够**。有些企业的客户数量非常多，但是真正能产出商机的没有多少。或者商机池里的商机数量很多，但是真正能运作成单的没有多少。对于这类企业来说，提升“销售漏斗”环节之间的转化率，就是实现业绩增长的关键杠杆点。但如果池子的数量不足，即使转化率再高，对业绩增长的作用也很有限，这种情况下就要首先考虑以“扩池塘”作为杠杆点。

还有一种情况，就是**企业所在的行业中有很多大客户和大项目**，大项目能够提供的业绩，往往比小项目要高很多，但运作的复杂度和难度也比小项目高很多。销售人员往往不缺运作小项目的能力，但遇到大项目就很容易避而远之。如果商机池中有一些大的项目，一年只需要完成几十个这样的项目就可以带来很大的业绩提升，而销售人员却主要靠小项目的量去冲业绩，这样的企业也是适合选择“增转化”作为关键杠杆点的。

如果选择“增转化”为关键杠杆点，重点要解决的是销售团队能力方面的问题。环节的转化率低，通常是因为销售团队的能力不足。例如，如果销售团队挖掘商机的能力不足，那么从客户池到商机池的转化率就会很低；如果销售团队运作项目的能力不足，那么从商机池到项目池的转化率就会很低。因此，选择“增转化”作为关键杠杆点，是要诊断销售团队能力的卡点，并针对卡点对症下药，有针对性地提升销售团队的能力，辅导销售团队提升转化率。

案例分享

“张老师，我今天让我朋友从内蒙古整回来一头羊，咱们今天上完课，我们现杀现烤！”

和我说这句话的，是一家企业的老板。在我辅导他们的那一年，这家企业用短短一年的时间，年销售额就从 7500 万元，一步跃升到了 4.5 亿元。

【增转化：锚定增长新方向】

这家企业是一家生产热力管道的公司。当时这家企业的老板找到我，希望我能帮他们解决的问题是：“我们好不容易研发出了一款好产品，要怎么卖出去？”

经过和老板的深入交流，我发现他口中的“好产品”，是真的解决了困扰着整个热力管道行业的一个世界性难题。当时，整个行业普遍采用的是焊接钢管，也就是用焊接的方式，把一段一段管道连接起来。但由于焊缝处是整个钢管的性能薄弱点，大部分的安全事故，往往都出现在焊缝的位置。整个行业花了多年的时间，也没能完全解决这个问题。但当这个老板看到这个问题后，就下决心要解决它，于是他高薪聘请国内的顶级专家，把自身所有的时间和精力都投入进去，夜以继日地奋力研发，终于成功研制出了一款真正意义上的无缝钢管。

但产品刚刚研发出来，问题就来了：这么好的产品，要怎么卖出去呢？现在早已不是酒香不怕巷子深的年代，就算产品再好，也需要让客户认可才行。况且企业在这款产品的研发上投入了太多的资金，如果不能用这款产品快速攻占市场，不能给企业的业绩带来质的飞跃，企业的运转就会陷入困境。

为了找到这家企业的业绩增长路径，我就带着这些问题，对企业和市场开展了深入的调研。

首先，我通过对市场的调研发现，该行业有很多规模较大的头部客户，如华能、华电等，这些客户单个的项目金额也很大，在几千万元到上亿元之间。其次，通过对企业内部的调研发现，该企业只有 5 名销售人员，都是有着 3 年以上经验的成熟销售人员，客户拜访的能力完全过关，但是运作项目的能力还有所欠缺。最后，企业上一年的业绩是 7500 万元，每个项目的金额大约在几百万元，虽然销售人员能看到市场上有很多大项目，但就是拿不进来。

根据这些信息综合分析，我们要去寻找最有效的业绩增长点。也就是牵动哪个“销售漏斗”里的要素，能对业绩产生较大的撬动。最终找到的业绩增长路径是**“增转化”**。

为什么是“增转化”？首先，这个行业内有很多的大项目，单个项目的金额就能达到几千万元甚至上亿元，这也就意味着，只要能够稳扎稳打地拿下这样的几个大项目，就可以完成上亿元的销售额，给业绩带来有效的增长。

其次，该企业的销售团队人数较少，如果盲目去增加客户和商机池的数量，每名销售人员的时间和精力有限，反而哪个都无法做深做透，因此不适合采用“扩漏斗”的策略。

最后，该企业上一年的业绩只有 7500 万元，本身金额就不大，再加上这个行业都是按项目采购的，“促复购”的策略显然也无法达成业绩目标。

因此，对于这家企业来说，“增转化”就是在当前的行业和资源下，为达成业绩目标最有效的业绩路径。

当业绩路径已经选好时，下一步就是要将其拆解成具体的指标，让每个人都知道自己应该做什么，让团队对齐目标。

首先，我让销售团队把市场上所有当年要采购的项目列出来，对其分层分级，从中挑选出 30 个重点商机，作为当年项目的靶点。其次，我根据销售人员的能力和所在的区域，为每个人分配了 5～6 个重点项目，也包括他们的董事长在内。董事长负责牵头最重要的大客户项目，销售团队负责其他的重点项目。确保每名销售人员的精力能够兼顾，既不会因项目过多而精力分散，深入不到项目里面去，也不会因项目过少而导致漏斗金额不够。并要求在这一年内，每个人必须盯紧自己的项目，集中全部精力将这些项目拿下来。

那么，要如何保证销售人员能够集中全部精力把这些项目拿下来呢？这就还需要根据团队的实际情况，配套一系列的策略与管理动作，才能确保达成目标。

【“后出王”：重塑销售新心态】

对于这家企业来说，我首先要解决的，是销售的心态问题。由于他们的销售人员之前做的都是小项目，去见小企业的老板没问题，但一旦要让他们去见大客户的老板，往往就会畏惧和退缩。总觉得自己的级别还不够，总觉得这样的项目应该让董事长去干，至少也要让董事长带着自己去见客户才行，但这样就相当于把责任甩给了董事长。如果放任这样的情况不管，很容易出现董事长整天忙得脚不沾地，而销售人员都等着董事长带自己去见客户的情况。

因此，我对团队强调，从现在开始，每个人都必须独立对自己的项目负责。并定下一条制度：任何销售人员，在自己没有拜访到客户董事长三次之前，不允许邀请自己的董事长去见客户。销售拜访客户就像打扑克一样，自己的董事长就像大王，大王出场的时候，就应该是一锤定音的时候，怎么能随随便便就出了呢？

【“炸药包”：凸显产品新价值】

接着，我还需要解决的是销售的策略问题。当销售人员都开始行动起来去拜访客户之后，我每周都会对销售人员拜访客户的情况进行辅导和盘点，从中又发现一个问题：无缝钢管究竟好在哪里，很多销售人员面对客户是说不清楚的。因为无缝钢管是这家企业研发出来的新产品，销售人员并不熟悉，很难说清楚这款产品到底能给客户带来什么样的价值。这就需要我为销售团队提供一套说价值的话术，而且话术还必须简单易懂，有画面感，太复杂的话术不仅销售人员记不住，讲出来客户也听不懂。

为找到这样的话术，我就把传统钢管和无缝钢管做了详细的对比，发现两者最关键的区别，就在于传统钢管的焊缝处很容易出现安全问题，而无缝钢管则完全避免了这个隐患。那么问题来了，我能不能用更形象，更有画面感的语言描述出来呢？一旦钢管的焊缝处出现问题，会导致什么样的安全事故呢？我瞬间联想到的一个词就是“炸药包”，于是顺着这个思路，我为销售团队提供的话术如下：

“您现在使用的管道，如果用传统的模式，那么每隔 11 米就会有一个接缝。咱们都知道接缝处是整个管道最薄弱的地方，这就像在这个地方埋了一个隐形的‘炸药包’，咱们整个管道的长度大约是 50 公里，这样的接缝大概有 5000 多个，这就相当于在整个管道上埋了 5000 多个‘炸药包’。这些‘炸药包’在什么时候炸，在哪里炸，都是一个未知数，只能全靠运气。现在咱们项目都是终身责任制，管道一旦出现问题，哪怕只出现了三五处，到时候追究起来是谁的责任，这炸的可不是管道，可是您的前程啊。如果在不增加额外花费的前提下，您换成我们的无缝钢管，就相当于把所有的‘炸药包’进行了一次扫雷，到时候您就安稳了嘛，因为我们的管道全部都是无缝化的。而且我们的管道已经通过了国家金属管道验收规范的最高标准，如果在两个管道的两头拉，传统管道都是焊缝处最先被拉开的，而我们的无缝钢管就算管材被拉断了，焊缝都不会开，而且测试的通过率是 100%，即使通过率是 95%都算不合格，这也就为咱们规避了很多的风险和隐患。”

当制定了以上的话术之后，我就要求销售团队，每个人必须把这套话术背下来，只要见到客户，就必须把这套价值传达到位。

【破卡点：提升项目成功率】

最后，我需要解决的就是销售的能力问题。由于团队里都是 3 年以上的成熟销售人员，拜访客户的能力是过关的，但运作大项目的能力还有所不足。所以管理的重点，就是把项目的运作节奏和运作方式控制住。大项目的运作一旦错过了关键时机，后续就很难再补救回来。

为此，我在企业中建立了“项目盘点”制度和“项目分析会”制度，每周都要对所有项目进行盘点，明确销售人员跟进了哪些项目，有什么进展，遇到了什么困难，下一步的计划是什么。同时对于每个项目，每两周至少要开一次项目分析会，帮助销售人员分析各个项目的情况，现在进展到了什么阶段，应该去拜访客户的哪些关键角色，应该与哪些人一起共同谋事，谋什么事，这些都是仅凭销售人员自己很难把握好的。同时，董事长在专注自身负责的大型项目同时，也会配合销售人员开展一些关键的大项目工作，充分发挥团队协作力量，突破项目运作中的卡点。

通过以上的销售策略与管理手段，从项目运作的第 7 个月开始，销售团队开始捷报频传，先是中标了一个 1.65 亿元的大项目，紧接着又中标一个 7500 万元的大项目，有了这两个项目的成功，整个团队的士气就和最开始的时候截然不同了。整个团队乘胜追击，一鼓作气，到当年年底的时候，销售金额已经达到了 4.5 亿元，远远超过了当年年初我们定下的 2 亿元的销售目标。

3. 促复购：锁定高价值客户，保障业绩可持续增长

杠杆点的第三种类型是**“促复购”**，顾名思义，就是对于“销售漏斗”中已经成交的客户，促成二次采购或多次成交。

什么样的企业适合以“促复购”为杠杆点呢？一个基本条件就是，企业的**大部分业绩都来自老客户的复购**。例如，企业主要面向经销商销售，这些经销商通常会定期向企业批量采购产品。再如，企业为客户提供周期性服务，客户

会在每个服务周期结束时续订下一期服务。再如，企业与客户签订长期供货合同，客户依据合同约定，每年都会从企业采购固定数量的产品等。如果由于竞争激烈等因素，客户的复购率不高，或者老客户流失比较明显，这时就比较适合选择“促复购”作为业绩提升的关键杠杆点。

如果选择“促复购”为关键杠杆点，关键是要提升老客户的满意度。例如，如果企业提供的是产品，那么可以从**提升产品品质**入手，打造出有差异化竞争力的核心产品。如果企业提供的是服务，那么可以从**提升服务价值**入手，使给客户提供的服务更加精准匹配需求，价值更加可视化。

当然，以上两种方式都需要企业产品或服务的升级，难度相对高一些，还有一种更加“万金油”的方法，就是**强化售后服务**，通过明确售后服务的标准，打造完善的售后服务流程，给客户的业务赋能，强化客户的售后服务感知，让客户感知到企业不仅在卖产品，还非常重视他这个人，也可以有效提升老客户的忠诚度，进而推动企业业绩的持续稳定增长。

案例分享

以 Q 企业为例，该企业的产品主要应用于建材行业，如门框填充等。Q 企业主要通过经销商进行销售，年销售额约为 1.2 亿元，但毛利较低，仅在 5%左右。2022 年底，他们找到了我们，希望能找到业绩提升的突破口。

【细分级：精准定位促管理】

在第一次与我的沟通中，他们就提出了一个关键的问题：**经销商流失严重**。在过去的一年里，他们的销售团队一年开发了约 400 个经销商，但同时也流失了约 400 个经销商，呈现出“开多少流多少”的局面。面对这种情况，要想提升业绩，必须先解决客户流失的问题。这些问题就像一个一个的漏洞，只有先把这些漏洞一个一个地堵上，才能有效减少客户的流失，带来业绩的提升。于是，我就为 2023 年的业绩航标定下了一个形象的主题：“堵漏工程”。

为了堵上漏洞，首先要看清这些漏洞，因此，前期的充分调研是必不可少的。由于企业的客户总量有 3800 多个，并不是每个客户的价值都是一样的，因此解决问题的第一步，就是要对客户分层分级，才能进行精细化管理。

首先，我们详细分析了企业 2019—2022 年的销售数据，包括每年的销售额、采购额、销售量变化及平均单支毛利等。通过反复的对比验证，发现年销量在 30 万元以上，且单支毛利在 0.3 元以上的客户，对企业的业绩贡献最大，因此我们按照这个标准，将超过该标准线的客户评定为 A 级客户，大约占总客户数的 3%，这些客户就是企业需要严格维护的重点客户。

对于 A 级以下的客户，我们也进行了进一步的细分。比 A 级稍低一级的是 B 级客户，我们对 B 级客户的定义，是增长潜力比较大，具有较大业绩提升空间的客户。根据客户业绩特点，我们又将其细分成 B1、B2、B3 级客户，如表 2-1 所示。

表 2-1　根据客户业绩特点进行的客户细分

级别	年销售额/元	平均单支毛利/元	本企业品牌销量占比	参　考　项
B1	—	—	>60%	客户年销售额提升空间>300000 元
B2	>300000	<0.3	—	高端产品销量占比<20%
B3	>600000	—	10%～50%	—

首先，B1 级客户是对企业较为忠诚，业绩增长潜力比较大的客户。由于每个经销商都不只卖一家厂商的产品，如果一个客户卖企业产品的比例达到 60% 以上，而且老板相对比较年轻，比较有干劲，可以带来比较大的业绩增长（年销售额提升 30 万元以上），对于这类客户，重点就要集中在帮他们提升业绩上。

其次，B2 级客户是销量本身比较大，但产品毛利不高的客户。企业的产品主要分为低端和高端两个大类。低端产品的毛利较低，客户对价格也比较敏感。而高端产品的毛利较高，客户更加看重产品的质量。因此，低端产品的价格战往往非常惨烈，经销商本身的利润空间也很低。如果客户的高端产品销量占比很低（<20%），对于这类客户，重点就要集中在帮他们转型上。

最后，B3 级客户是本身的销量非常大，但卖企业的产品占比相对较少的客户。说明客户和竞争对手的合作更加紧密，对其他品牌相对更加忠诚。对于这类客户，重点就要集中在加强与经销商的关系上，为经销商提供更加有竞争力的价格与服务，争取把竞争对手的份额抢过来。

在 B 级以下，还有 C 级和 D 级客户。其中，C 级客户指的是转化成功率比较高的客户，包括之前合作过已流失的客户，以及未合作对企业有意向的客户，而 D 级客户指的是本身销量不大且比较稳定，只要正常维护就可以的客户。

当对客户分层分级完成之后，我们就采取了两项措施。一项是基于客户的级别，确定市场调研的客户名单。另一项是根据客户的级别，制定相应的服务政策。

【抓改进：提升质量稳信心】

基于客户分级的结果，我们确定了调研客户的名单，重点选择了过去一年内级别发生明显变化的客户，例如升级的客户、降级的客户、新增的客户，以及部分已流失的客户，以全面了解不同客户群体的反馈。

接下来，我们用了一周的时间，带着企业的董事长、销售总监和销售团队，逐个拜访了这些客户。在拜访过程中，我们详细记录了客户的问题和需求，包括产品质量问题、售后服务问题等。最后我们发现，导致经销商流失的最主要原因，并不是某个层面的大问题，而是频繁遇到小问题，如罐子外包装脏、包装袋设计不合理、交货期太长等，这些问题虽然单个影响不大，但如果短期内连续遇到，就会严重影响客户对产品质量的信任，进而导致客户流失。

因此在拜访结束后，我们整理了所有记录，将问题分类汇总，并详细列在一张表上，如表 2-2 所示。随后组织了多次跨部门会议，邀请生产部门和研发部门的负责人参加。在会议上，我们详细讨论了每个问题的原因和改进措施。例如，针对罐子外包装脏的问题，生产部门决定升级生产线，确保生产线上没有导致罐脏的因素。再如针对交货期太长的问题，内勤部门决定优化出厂与物流的配合流程，确保按时交货。我们制订了详细的改进计划，明确了每个问题的改进标准、责任人、检查人和时间节点。要求在当年 3 月之前完成大部分问题的解决。我们还建立了跟踪机制，定期检查改进措施的执行情况，由专人负责监督，并在后续两个月内由销售人员反馈问题的解决情况。

通过这些措施，不仅 3 月所有的改进计划都按时完成，到当年 6 月底时，销售人员反馈这些问题的出现概率也大幅降低。经销商在销售过程中遇到的问题减少了，也就增强了经销商对企业产品的信心。

表 2-2 问题分类汇总

类型	问 题	原 因	改 进 措 施	检查清单/检查标准	负责人	检查人	完成时间
配件质量问题	螺旋圈拧枪的时候掉枪	1. 产品分冬夏季，热胀冷缩。 2. 没有砸到位，压不紧。 3. 产品有杂质	生产做保温房放置螺纹圈，螺纹圈质量问题联系供货商（罚款）。生产每个月跟踪质量问题记录，如螺纹圈有多余毛刺和废料出现，有裂纹	检验记录，上设备检测，每个模具号抽检 1%	刘**	杨**	202×年 2 月 1 日
	导流管打胶的时候掉头	供应商产品质量问题（没有插紧，导流管粗。有沙眼导致漏胶）	叮嘱供应商插紧，导流管粗细配套，发现质量问题罚款或者没收供货商货物	人工检查十袋抽查一袋。一袋抽三把，用手检测松紧，卡尺测量粗细	刘**	杨**	202×年 2 月 1 日
生产交期问题	生产到一半发现罐子、箱子不足	包装颜色不统一	统计色差和库存并处理，提供样罐和色号，要求供应商保证颜色无限接近	在供应商感觉可以后，人工过去检验	郑*，刘**	刘**	202×年 2 月 10 日
	生产到一半发现液体原料不足	采购供货不及时，生产发现不及时。物流不能到。财务打款不及时，供应商发货不及时	要求供应商及时发货，原材料计算时有余量，保证原材料有安全库存。原材料降价排到第三位，先考虑保证生产交货	每天巡查一次	郑*	何**	202×年 2 月 1 日
	产品从入库到出库，中间耽搁时间较长	原材料不足，有特殊订单生产，没有收到尾款，客户不着急发，物流找不到车运费高	增加“拟入库”状态：生产提前一天根据排产计划，将明天生产的产品拟入库，让业务员可以提前沟通客户打款，并提前沟通物流	—	蓝**	何**	202×年 3 月 15 日

（续表）

类型	问　题	原　因	改 进 措 施	检查清单/检查标准	负责人	检查人	完成时间
生产交期问题	要发货的当天，运货车坏了导致无法发货	车辆验车或损坏	提前检查车况，避免第二天要发货才发现车有问题，有情况租车	—	郑*	何**	202×年2月1日
质量细节问题	瓶身和瓶底经常是黑的	机器需要添加润滑油，爆罐导致	擦拭润滑油分段承包，联系厂家升级生产线，准备备用链条	每天巡查一次	杨*	何**	202×年2月1日
	罐底喷码的生产日期和箱子标签的不一致	标签先打印出来，第二天生产所以有出入	按标签打喷码	每批出库前抽 1 支检查，填写检验记录	王**	杨**	202×年2月1日
	部分产品生产灌料的过程中，瓶口没有处理干净，有漏料	冬天有拉丝料粘，机器温度不够	改进灌料头或者调慢速度	装箱前人工检查	郑**	杨**	202×年3月15日
	产品克重不足，900 g 不加管实际重量在 895 g 左右，应不低于 897 g	罐子克重不准	每个供应商抽检 100 支罐子重量，取罐子平均值	加上管不低于 900 g，需要确定抽检频率和惩罚措施	刘**	何**	202×年2月1日

【定政策：差异服务增满意】

但是，解决客户遇到的问题只是防止客户流失的第一步，要想进一步提高客户的留存率，还必须提高客户对企业服务的满意度。在调研中不少客户也提到，其他竞争对手经常会为经销商提供一些扶持政策，而 Q 企业什么都没有，这也是导致客户流失的重要因素之一。

为什么企业没有给经销商扶持政策呢？通过企业内部的沟通与调研发现，关键原因就在于企业的毛利太低。绝大部分经销商的毛利润都不足 5%，只要稍微给一些价格上的政策，就很可能会导致亏损。再加上企业的客户数量比较庞大，如果每个经销商都给政策，企业更是承担不起。因此在这样的困境下，一个最可行的办法就是：针对不同级别的客户，制定差异化的政策。

首先，对于 A 级客户来说，由于这些客户是企业最优质的客户，必须尽全力避免这些客户的流失，因此对于 A 级客户来说，就应当给予最大力度的支持与优惠政策。包括但不限于：涨价锁货服务、降价提前通知、账期周转服务、押金退还、零定金订货服务、品牌增长扶持和运费补贴等。不仅要让客户感受到企业的重视，还能带来实际的好处。

其次，对于 B 级客户来说，由于这类客户的关键是带来业绩或利润的增长，因此就要根据不同的客户类别，提供不同的优惠和扶持政策。例如，对于有增长潜力的 B1 级客户，就提供适当的账期支持，帮助他们更快地扩大销售规模。对于需要产品转型的 B2 级客户，就提供对销售团队的培训服务，帮助他们更好地开拓重视产品质量的高端客户。而对于需要抢份额的 B3 级客户，则提供一些有价格竞争力的产品支持。这些政策的制定，旨在通过差异化的服务，在企业成本最低的情况下，带来客户的满意和业绩的提升。

但是，仅仅只是制定政策，还并不能达到效果。在政策的实施过程中，我们发现客户对政策的感知度不足。虽然政策已经出台，但客户并没有充分感受到企业的支持，反而会觉得“你们提供的别人家也都有”。而深挖这个问题背后的原因，其实在于销售团队与客户沟通时传递的价值感不足。例如，同样是降价提前通知，在客户下单前就告诉客户已经降价，和客户付款后还主动给客户退还差价，虽然客户少付的金额都一样，但两者给客户带来的感知是截然不同的。同理，直截了当地告诉客户“我们有这个政策”，和告诉客户“您是我们非常重要的客户，所以我们专门为您定制了这样的政策”，给客户的感觉也是截然不同的。

因此，为了加强客户对政策的感知，我们还加强了销售团队的培训，要求销售人员在与客户沟通时，不仅要传达政策内容，还要让客户感受到企业的重视，并给出了一些明确的服务标准和话术。通过这些改进措施，企业让客户的感知度显著提升，政策的实施效果也更加明显。

【设预警：提前防控减流失】

为了进一步强化防止客户流失的效果，我们在该企业还采取了第三项措施：**客户流失预警**。

当实施以上两项措施之后，为了检查措施起到的效果，我们每个月都会参加销售部门的月例会，查看销售团队在上个月的数据情况。在这个过程中我们又发现：虽然企业每月都会进行业绩数据和客户流失情况的盘点，但这种盘点属于“事后诸葛亮”式的，也就是说，只有在每个月盘点的时候，才能看到上个月有哪些客户流失了，但是已经为时已晚。如果真正想要避免客户的流失，就应该在客户流失之前主动预警，而不是等客户流失以后被动发现。

因此，我们在销售团队内部建立了“流失预警机制”。首先，我们统计了客户在过去 12 个月内每个月的下单周期和频率，并绘制了详细的数据透视表，如表 2-3 所示。接着根据这些数据，把最近 1 个月没下单、连续 2 个月没下单……直到连续 6 个月没下单的客户筛选出来（对于该企业来说，连续 6 个月未下单的客户，就视为已流失），并按照未下单月数从多到少的顺序，把所有近期未下单的客户列了出来，同时在每个客户旁边标注了客户的年销量和评级。最后，我们在销售部门每个月的例会上增加了一个环节：所有销售人员都需要按照这份预警名单，把上面的客户盘点一遍，分析这些客户没下单的原因是什么，下个月哪些客户需要重点激活，通过这种方式，我们让销售团队提前识别出那些可能流失的客户，并及时采取措施。

表 2-3　关于客户的下单周期和频率的详细数据透视表

业务员	客户名称	客户评级	连续未下单月数/个	去年总销量/元	今年总销量/元
闫**	王*	B3	5	31561.95	18762
闫**	张**	D	5	0	13599.9
闫**	林**	A	4	641370.6	280125
闫**	王*	D	4	0	1680
闫**	**胶业	D	4	0	11025.97
闫**	张*	D	4	17535	11737.5
闫**	戴**	B1	3	69450	34312.5
闫**	蒋**	B3	3	110421	57870
闫**	陈**	D	2	8883.22	14149.95
闫**	*先生	B1	2	13185	42982.5
闫**	*先生	D	2	0	22849.95
闫**	边**	D	2	0	5779.99

但是，在该制度执行到第二个月的时候，我们又发现了一个问题：销售团队在分析预警客户的时候，大部分都是在说问题和困难。例如，客户嫌运费太贵了，竞争对手比我们价格低，客户觉得我们家产品质量没别人家的好，客户自己也很难卖出去货……这样的抱怨情绪在团队中大量蔓延，导致销售人员认为客户流失都不是自己的问题，而是企业的问题，客户流失了他也没办法。

销售团队的文化绝不是一个可以忽略的问题。很多销售管理者在开部门会议的时候，往往都是只考虑事的维度，却忽略了人的维度。但实际上，如果销售团队的态度是负面的，都是以抱怨文化为主的，销售管理者管事也很难管好。因此当发现这个现象之后，我在第二次客户预警盘点的当场，就对销售团队提出了一个要求：所有的销售人员在分析预警客户的时候，不要提困难，而是要提解决方案。例如，如果客户觉得运费贵，不要说自己做这个客户有多难，而是要说企业需要给自己什么样的支持，才能让这个客户重新下单。只有让销售人员自己想办法，才能让销售人员从“提出问题”的思维，转变成“解决问题”的思维，从而逐渐改变整个团队的文化。

最终，通过上述一系列的措施，再加上全年对销售团队能力的培养和提升（如客户拜访能力、说价值“人人过关”、渠道工作五部曲等），到了当年 12 月，该企业经销商流失的问题得到了一定程度的解决。企业全年新开发了 400 多个经销商，而流失的经销商数量降低到了 150 多个，留存率大幅提升。这些成果不仅体现在数据上，更体现在企业团队能力和客户服务质量的提升上，为企业的长期发展奠定了坚实基础。

通过以上的几个案例，就能清楚地看到：找到业绩提升的杠杆点，只是找到业绩航标的第一步。业绩航标绝对不是大力丸，也不是只要知道了业绩航标，业绩就能立刻得到突飞猛进的提升。还必须有配套的销售策略，以及配套的销售管理体系。就像“深度增长销售漏斗”一样，必须有“点、线、面、体”四个层次的管理，才能将业绩航标走稳、夯实。

但是，具体要如何做好每个环节、每个层次的销售管理呢？在接下来的章节中，我将继续为你讲解。

精华小结

- 销售的结果是不能被管理的，只有过程才能被管理。
- 只有看到问题的根本原因，才能真正对症下药去解决问题。
- 选择“销售漏斗”最核心的关键指标，就是看“销售漏斗”切分销售阶段的维度和粒度。
- “销售漏斗”不是对销售阶段简单的拆分，而是整套销售管理落地的体系。
- 把“销售漏斗”的管理从“线”提升到“面”，其实就是帮助企业完成销售管理的“新基建”。
- 复式管理是销售管理的高级认知，是打通销售管理“任督二脉”的关键。
- 业绩增长的杠杆点，就是花费最低的成本，带来最高的业绩增长点。
- 杠杆点的三种主要类型：扩池塘、增转化、促复购。
- 杠杆点选择的两大条件：业绩有没有较大的增长空间，对企业来说好不好实现。

第 3 章 RTL：从资源到商机

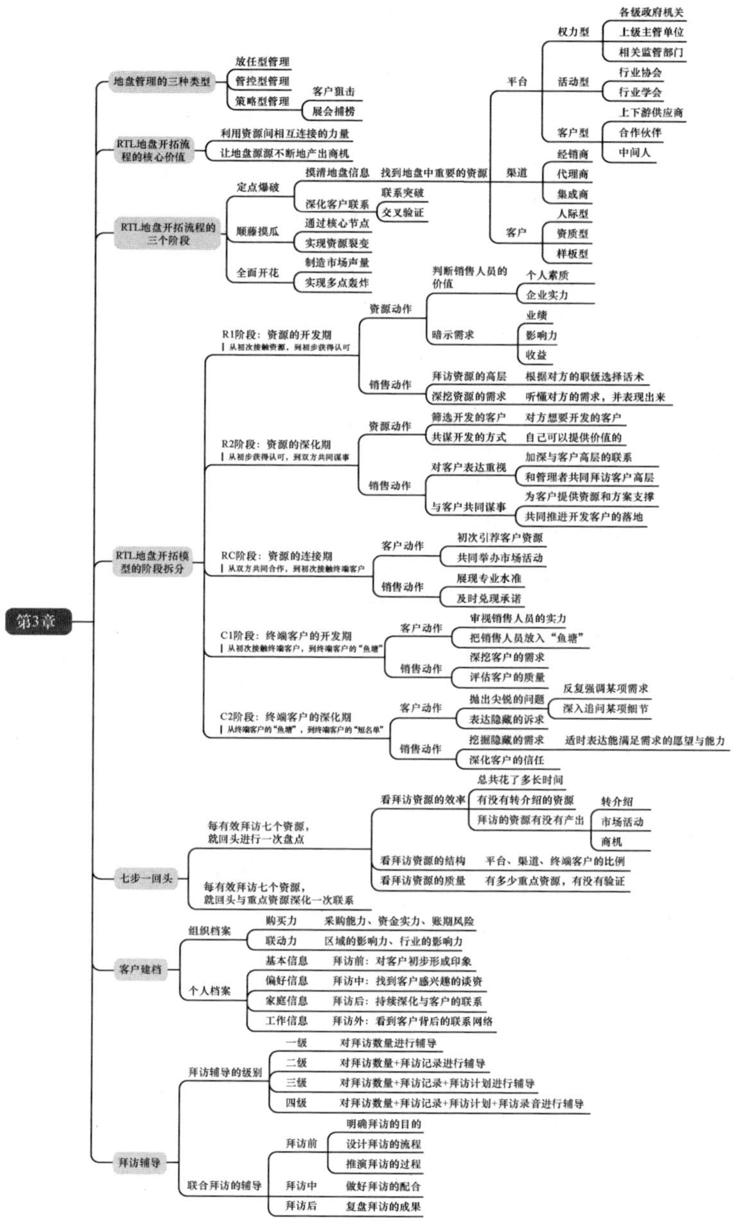

在开始本章的内容之前，先来思考一个困扰着很多销售团队的问题：

一个新的市场区域，究竟应该怎么开拓？

很多企业在开拓市场区域的时候，都容易遇到这样的问题：**销售人员辛辛苦苦跑了半天，却什么产出都没有。**看似每天都在辛勤地拜访客户，但效率非常低。客户是否优质不知道，客户那里有没有商机也不知道，拜访客户就像在开盲盒，不是见面没聊几句就被赶出来，就是聊了半天才发现对方什么都没有。好不容易碰上一个客户有商机，就像“饿久了的狼看见肉一样扑上去狠狠咬住”，顾不上“这块肉”在地盘上是大是小，也顾不上地盘上还有没有其他的客户，总之先把能看见的商机磨下来再说。结果却往往事与愿违，在同一个客户那里磨久了，客户反而会心生反感，看到的商机也丢了。结果看似一年忙忙碌碌，到最后什么商机也没抓住，反倒是竞争对手弯道超车拿下了好几个大项目，而自己直到这些项目要招标了才恍然大悟。

那么，对于地盘开拓的过程，销售管理者又该怎么管呢？根据销售管理者的经验不同，大体上可以分为三个段位，看看你自己处在哪一层。

第一层，叫**放任型管理**。这也是很多新手管理者在刚刚负责一个销售团队的时候，最先处在的段位。因为不知道怎么管团队，所以干脆就不管，既然销售团队是用业绩说话的，那就只看最后的业绩。业绩好皆大欢喜，业绩不好就只能对不起，该扣提成扣提成，该扣绩效扣绩效。但这样带来的结果，就是业绩完全不可控。一名销售人员能不能完成任务，只有到月底统计数据的时候才知道，地盘开得好不好，客户情况怎么样，销售管理者完全不知道。这就导致如果最后的业绩没达标，销售管理者也毫无办法。就算跟着销售人员一起跑市场，把自己干成了销售人员的“大保姆”，整天累得半死，销售业绩也很难有实质上的提升。

接下来，销售管理者就要痛定思痛了：既然放任这条路走不通，那该怎么办呢？就要上夹板！就要上管控！于是就进入到第二层：**管控型管理**。所谓管控型管理，就是对各种过程数据进行管控。上班打卡？管起来！客户拜访？管起来！工作日志？管起来！一天必须拜访五个客户，拜访必须写拜访记录，每天结束后还要写工作总结。管控项目加了一大堆，恨不得在销售人员头顶上加个摄像头，把销售人员出门的所作所为都看得一清二楚。结果把销售团队搞得苦不堪言，到最后甚至会变成应付考核：你不要数量吗？好，我每天就拜访够五个客户，什么？没拿到商机？对不起，我还要去拜访下个客户呢。看似每天都在拜访客户，但真正有产出的没几个，不仅没得到更好的业绩，反而让销售团队的效率更低了。

为什么会这样呢？是因为管控的真正意义，是为了**让销售人员把最重要的时间和精力，用在最重要的事情上**。但最重要的事情是什么呢？是大量拜访客户吗？是写销售记录吗？显然都不是。你让孩子一天做 100 道口算题，孩子就能考上大学了吗？你让销售人员一个月拜访 100 个客户，销售人员就能完成业绩了吗？显然都不是。**管控不是目的，管控只是达到目的的手段**。真正的目的，还是要找到地盘上的优质客户，从地盘上挖到商机，以达成销售业绩。要想达到这个目的，并不是仅靠销售人员的勤奋就可以的，还需要靠**地盘开拓的策略**。只有明确了地盘开拓的策略，所有的管控动作，才能真正产生效果。就好像孩子要想考上大学，必须得用正确的学习策略，明确各科的考点和重难点是什么，再针对考点去各个击破，努力才能真正产生效果。

当销售管理者悟到这一点的时候，恭喜你！你就已经踏入第三层的门槛了：**策略型管理**。在这个段位的管理者，已经看到了**单纯管控动作的无效性**，从而主动去思考一些地盘开拓的策略。而其中最常被想到和使用的两个策略就是：**“客户狙击”**和**“展会捕捞”**。

“客户狙击”，就是企业在销售人员下市场之前，通过市场调研等方式，把这个地盘上所有重要的客户都列出来，例如当地的一些知名企业、头部企业，或者预计能够产出大项目的客户，再让销售人员一个一个去拜访，以此提升客户拜访的精准性，避免大量无效的拜访。

而**“展会捕捞”**，就是企业通过参加行业展会、组织技术研讨会或举办产品发布会等方式，把同一个区域的客户快速聚集到一起，批量触达客户，批量捕捞客户线索，再让销售人员一个一个去回访，以此达到快速开拓市场的目的。

那么，这两种策略好不好用呢？好用，但又没那么好用。首先，对于“客户狙击”来说，最大的问题就是**客户开发的效率太低了**。虽然销售人员能看到有哪些重要的客户，但还是要一个一个去陌生拜访，而做过销售的都知道，陌生拜访的成功率是极低的。任何一个优质的客户，都被一群同行虎视眈眈地盯着，有时客户一天见到的销售人员，比销售人员一天见到的客户都要多。因此，在面对大部分陌生拜访的销售人员时，客户都是非常不耐烦的。销售人员不仅很难见到客户，见到了也很难深入地谈下去。最后往往是一个客户跑了好几次，差旅费花了一大堆，但就是见不到客户的高层领导，见到了没聊几分钟也就被赶了出来，投入了很多时间和成本，效率却不高。

其次，对于第二种策略——“展会捕捞”，则又会带来另外两个问题。第一个问题就是**路径依赖**。如果销售人员习惯了通过市场活动来获取客户线索，就不会自己去开发新客户了。如果让他完全自主地开发一个市场，但凡不认识一个人，连门都不敢进。如果没有市场活动带来的新的客户线索，就只能去维护一些老客户，但是哪有那么多老客户让你攻克，于是慢慢地就会沦为一个项目跟进的角色。如果有这样的人存在于销售团队当中，战斗力就折损一半了。第二个问题是**质量偏低**。通过展会、产品发布会这类公开的市场活动，获取到的客户线索往往良莠不齐，甚至大部分的质量都是偏低的。因为对于一个区域大型的、优质的客户来说，他是不需要通过市场活动去寻找厂家的，即使参加展会，往往也只是为了宣传自己，而不是为了寻找合作伙伴。这就和有些优质人才不喜欢在招聘网站上投简历是一个道理，要找到优质人才，就需要通过猎头去触达。同理，要找到高端客户，就需要通过一些高端的市场活动，例如私董会之类的活动去触达，而不能仅通过大型活动去触达。

因此，要想真正提高地盘开拓的效率，就需要找到这样一种地盘开拓的策略：它既能看到地盘上的优质客户，让销售人员有的放矢；又能提升客户拜访的成功率，让销售人员不必陌生拜访；而且还能大幅度提高地盘开拓的效率，让销售人员不仅能主动地批量触达客户，更能够批量开发高端客户。这样一种地盘开拓策略，是否真的存在呢？答案当然是存在！这个策略，就是使用我们首创的**地盘开拓流程——RTL 地盘开拓流程**。

RTL，全称为从资源（Resources）到商机（Leads），使用 RTL 地盘开拓流程是我们的销售管理与市面上其他销售管理最大的区别之一。RTL 地盘开拓流程的最大意义，就在于**它把整个地盘开拓的过程，变成了一套可落地、可管理、可复制、可传承的流程**。它不仅为销售人员提供了一整套地盘开拓的流程，让销售人员从以前的一个一个去“啃”客户，变成以整个地盘联动去开拓客户；还为销售管理者提供了一整套地盘管理的标准和工具，不仅能一目了然地看到每名销售人员开拓地盘的进度如何、问题出现在哪里、能不能完成业绩，还能够针对发现的问题，对症下药地进行管控与辅导，用最低的管理成本，去达成最大的业绩成效。这让销售管理者真正脱离不会管、管不了的旋涡，也让销售人员真正脱离不服管、不会干的困境；让销售团队从出门打猎的思维，变成深耕地盘的思维。从只要完成当年的业绩目标就可以，变成让地盘能够源源不断地产出商机。只有拥有源源不断的商机产出，才能带来业绩的深度增长。

那么，具体要怎么做呢？请扶稳坐好，以下即将开始这一趟激动人心的旅程。

3.1　RTL 管理：从单点作战到资源裂变

要想真正理解 RTL 地盘开拓流程，必须首先想清楚一个问题：

在一个地盘上，究竟有哪些资源，能够为销售人员所用？

在一个地盘上，所有与销售人员有关的资源，无外乎三个部分——**供、需、连**。供，就是供应商，是提供产品或服务的企业；需，就是终端客户，是需要产品或服务的企业。这两者都很好理解。大部分的销售人员在开拓地盘的时候，眼中也只能看到**供和需**两个部分。但事实上，大部分销售人员都忽略了，在市场上其实还有另外一股庞大的力量——**连**。

连，就是在一个区域当中，**虽然不一定会直接购买销售人员的产品，但是却在供需双方中都具有一定的影响力，可以帮助销售人员快速连接到大量客户资源的平台**，包括平台、行会、协会、渠道、中间人……

很多销售人员在下市场的时候，眼中都只有目标客户，拜访客户的时候，也只是看对方那里有没有商机，如果没有商机，销售人员就没兴趣与对方深入沟通了，事实上这样的想法是不对的。销售人员下地盘一个一个地“啃”客户，就像在做加法，开发完一个客户，下一个客户还是要陌生拜访。而销售人员如果能借助平台的力量，与平台建立合作，通过平台的资源去触达客户，则可以把开拓地盘从加法变成乘法，借助每一个连接平台背后的圈层关系，快速、批量、精准、深入地触达地盘当中的目标客户。就像下一盘跳棋，如果把棋子一个一个地挪到对方的大本营，效率是极低的。而如果能把其他的棋子当作跳板，就可以一次跳很多步，快速抵达目标。而且通过客户之间的介绍，每开发一个新的平台或客户，都可以加深圈层之间的连接，让销售人员在地盘上织出的这张联系网更加稳固，让地盘真正源源不断地产出客户和商机。这样才真正达到了深耕地盘的目的，让地盘开拓的狩猎型思维，真正转变成农耕型思维。

因此，RTL 地盘开拓流程的核心价值就是：**最大化地利用资源之间相互连接的力量，让地盘源源不断地产出商机**。这就意味着不仅要看到地盘上有哪些客户，还要看到地盘上有哪些平台；不仅要看到客户面前的项目，还要看到客户背后的圈层。在地盘上单点突破一个核心节点，再通过这个核心节点的联系遍地开花，这就是地盘开拓最根本、最核心，也是最有效的策略。

基于以上策略，RTL 地盘开拓流程主要可以分为三个阶段：**定点爆破、顺藤摸瓜、全面开花**。

1. 定点爆破：从陌生拜访到关键人破冰

定点爆破，是 RTL 地盘开拓流程的第一个阶段。所谓**定点爆破，就是在地盘中找到关键的资源节点，快速突破与对方的联系，以此作为支点，来撬动地盘中的更多资源**。当销售人员初次来到一个市场的时候，往往是什么资源都没有的，如果没有瞄准关键的资源去爆破，而是“撒胡椒面式”地拜访，最后的结果往往是客户拜访了一大堆，但和哪个客户的联系都不深。如果在当地没有一个可靠的支点，则一切的策略与路径都将是空谈。

为了实现定点爆破，销售人员需要做到两件事：**摸清地盘信息，深化客户联系**。摸清信息才能定点，深化联系才能爆破。

先要**摸清地盘信息**。摸清地盘信息最主要的目的，就是找到地盘中重要的资源，避免盲目拜访。俗话说，一鼓作气，再而衰，三而竭。销售人员在刚刚进入一个区域的时候，斗志往往是最足的，如果能尽快明确拜访的目标，明确这些目标能对区域开拓带来什么样的价值，克服困难的决心就会比较坚定。但如果没有摸清地盘信息，只是盲目地去拜访，就很容易把大量宝贵的时间和精力浪费在许多低价值的资源上，不仅严重降低了地盘开拓的效率，而且即使发现了重要的资源，也很难有时间和精力再去跟进了。

注意，在这里所说的"资源"，指的不仅仅是目标客户，更多的是"供需连"中的"连"，也就是可以帮助销售人员连接到客户资源的平台。就如同之前所说，销售人员在拜访客户的时候，如果仅仅靠陌生拜访，敲开客户门的难度会非常大，但如果之前有熟人介绍，或者之前在某些活动中见过面，那么拜访客户的成功率就会高得多。因此，在定点爆破的阶段，销售人员一定不要把目光局限在终端客户上，而是要看到所有能够帮助自己连接到客户的资源，一个资源在当地的影响力越大，能够连接到的客户越多，这个资源就越重要。如果能够成功获得某个重要资源的支持，地盘开拓的效率就会事半功倍。

那么，在一个地盘当中，销售人员要去寻找哪些可以帮助自己连接到客户的资源呢？主要分为三个大类：**平台、渠道、客户**。

首先是平台，平台指的是**在一个区域当中，虽然不一定会直接购买销售人员的产品，但是在目标客户中具有影响力的组织或机构**。具体来说可以分为三种：第一种是**权力型平台**，主要以政府单位为主，如各级政府机关、上级主管单位，以及相关监管部门等。可以通过下发政策文件、为品牌提供背书的方式，提升品牌在市场上的影响力。第二种是**活动型平台**，主要是以行业协会或者学会为主，这些平台对市场的影响力，主要是靠组织活动来实现的，例如展会、行业研讨会等，这类平台虽然不如权力型平台更有权威，但普遍有着较大的影响力，可以帮助销售人员快速制造市场声音，提升市场影响力。第三种是**客户型平台**，也就是可以帮助销售人员介绍客户的平台，如上下游供应商、合作伙伴、中间人等。客户型平台的影响范围是最小的，但影响的客户往往会更加精准。这三类平台没有绝对的优劣之分，可以根据企业的资源和目标，决定从哪一类或哪几类平台切入。

其次是渠道，渠道指的是**在一个区域当中，能够帮助销售人员更好地连接**

客户、成交客户、服务客户的中间机构。渠道与平台最核心的区别，就在于渠道是直接向客户销售产品或服务的，而平台通常情况下不会直接参与交易。渠道具体也可以分为三种：第一种是在当地有实力、有影响力的**经销商**，第二种是能够与销售人员签订代理协议的**代理商**，第三种是做客户总包项目的**集成商**。这三者都是销售行业的常见渠道，在这里不再展开赘述。

最后是客户，虽然客户是销售人员的最终目标，但是在定点爆破的阶段，销售人员需要找到的不仅是能给自己带来商机的客户，还是能帮自己连接到其背后圈层，或者在当地建立影响力的客户。具体也可以分为三种。第一种是**人际型**，也就是在当地深耕多年，在当地资历较老，有着深厚的人际资源，在同行当中很有号召力的客户。第二种是**资质型**，也就是在当地资质较深，拥有行业标准制定的话语权，在制定行业标准时发挥着核心作用的客户。第三种是**样板型**，也就是拥有样板项目，能够在当地为销售人员树立项目标杆、提升在目标客户群体当中的影响力、建立信任背书的客户。如果销售人员能够找到这三种客户，并与其深化联系，哪怕不一定产出商机或订单，只要能帮自己打入当地的客户圈子，就已经发挥很大的价值了。

那么，为了找到这些资源，销售人员具体要怎么做呢？第一步就是要进行**资源列名**。也就是在初下市场之前，初步了解这个地盘有哪些资源，资源的实力如何，在地盘中有多大的影响力等。以此初步确定在这个区域有哪些资源是要重点攻拿的，哪些资源是切入当地市场的关键。

在资源列名的时候，可以获取信息的渠道有很多，例如在**政府采购网、招投标网站**等，可以找到项目的招标、中标信息，以此判断哪些客户的项目比较多、金额比较大；在**当地行业协会的官网**上，可以找到协会的会员名单，举办的活动、展会等，以此判断该协会在当地的影响力大小；在**目标客户的官网**，也可以找到客户的企业信息、项目信息和企业动态等，以此判断目标客户的规模与实力；此外，如果销售人员在这个区域已经有一些人际资源，也可以利用这些人际资源，去打听这个地盘上有哪些资源的影响力比较大。虽然从这些渠道获取的信息很可能是初步的、不够准确的，但也足以为最初下市场的目标打好基础。把它们设置为拜访目标，再一个一个去拜访，就比盲目去开拓市场要好得多。

当做完初步的资源列名之后，接下来就要去实际拜访这些资源了，也就是**深化客户联系**。这部分会在下一节中详细讲解。如果销售人员拜访的能力过关的话，通常在拜访到 14 个左右资源的时候，就已经和一些重点资源建立起良好的联系，并达成初步的合作了。在深化客户联系的时候，有一点特别要注意的就是要**交叉验证**。也就是通过多方面获取到的信息，销售人员去验证一个资源是否真的有实力。因为从单方面获取到的信息往往是不准确的。从客户官网搜索到的信息，可能是客户为了宣传自己而特意发布的；与客户当面沟通获得的信息，可能是客户为了利用销售人员而故意夸大的；从客户同行那里侧面打听到的消息，也有可能是他从别人那里道听途说来的。因此，只有通过这些不同来源的信息结合起来交叉验证，才能得出相对比较可靠的结论。

当销售人员在地盘上和重点资源建立了联系之后，在地盘上就有了支点，接下来就可以进入到 RTL 地盘开拓流程的第二个阶段：**顺藤摸瓜**。

2. 顺藤摸瓜：从单点突破到圈层辐射

顺藤摸瓜，是 RTL 地盘开拓流程的第二个阶段。当销售人员在区域当中已经与重点资源建立了联系，得到对方的认可之后，就可以顺着对方的资源，让对方给自己引荐客户，或者与对方共谋品牌活动，以达到快速突破客户，或者扩大区域影响力的目的。

这个策略为什么会有效？因为在一个区域的平台、渠道和客户之间，往往都拥有着“一对多”的连接关系：每个客户都有多家合作的渠道，每个渠道也有多家合作的客户，而这些渠道和客户往往又和当地的平台保持联系。**顺藤摸瓜的原理，就是利用资源之间的联系，通过核心节点连接到更多的资源，并让资源形成裂变，从而快速开拓地盘和扩大影响力**。

为了更形象地理解顺藤摸瓜的思维方式，以下用图形展示下这些资源之间的关系，如图 3-1 所示。

从图 3-1 中可以看到，一共有三种形状的图案，每种图案代表区域当中的一类资源，其中，方块代表平台，三角代表渠道，圆圈代表客户。这些图案有大有小，说明每个资源的质量是不同的。越大的图案，说明该资源的质量越高，可能是商机更多，也可能是资源更广。在每类资源当中，还可以看到两种颜色的图案，灰色代表销售人员与对方的联系不够深入，金色[1]代表销售人员与对方的联系足够深入。**在一个地盘当中，只有一个资源的自身质量足够好，并且与销售人员的联系足够深入，才能给销售人员带来更大的产出。**

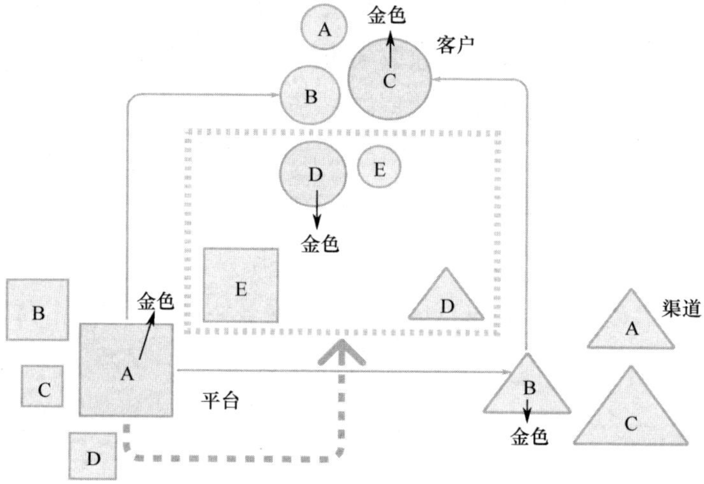

图 3-1　资源之间的关系

在图案之间，还可以看到一些箭头，这些代表的就是转介绍。可能是对方知道哪个客户哪里有商机，告诉销售人员应该去找谁。也可能是对方与某个客户的关系不错，帮助销售人员去引荐。从图中可以看到，当地最大的平台 A 和销售人员的联系非常深，就给销售人员转介绍了渠道 B 和客户 B，虽然渠道 B 的规模并不大，但和销售人员的联系足够深之后，又给销售人员介绍了当地最大的客户 C，这种一层一层转介绍的方式，对地盘开拓来说威力是巨大的，也是顺藤摸瓜最主要的效果所在。

最后，在图 3-1 中还可以看到一个虚线框，里面包含了客户 D、E，平台 E 和渠道 D。这个虚线框是什么意思呢？就是销售人员和平台 A 共谋出来的市场

1 金色：因为本书为黑白印刷，无法使用颜色，所以用标注形式体现金色，下同。

活动。如果说转介绍是一对一的，就像用子弹精准打点一样，那么市场活动就是一对多的，就像用炸弹集中轰炸一样。注意这里的“市场活动”是广义上的，不仅仅是传统意义上的展会或产品发布会，也可以是一次访厂参观、一次行业沙龙，或者一次高端聚会等。市场活动的目的，也不仅仅是获取客户线索，也可以是加深与客户的联系、建立与客户的信任，甚至是推进商机等。通过市场活动，销售人员就可以一次性触达该地盘当中的多个客户、平台或渠道。而在新触达的这些资源当中，销售人员又可以继续顺藤摸瓜，达成新的转介绍或市场活动，以达到快速突破、遍地开花的目的。

3. 全面开花：从零散订单到批量成单

当销售人员与地盘上很多资源都建立了深度联系，积累了一定的势能之后，就可以进入到 RTL 地盘开拓流程的第三个阶段——**全面开花**。

全面开花，就是指有节奏、有规划地与当地多个资源共同开展市场活动，持续制造市场声量，实现多点轰炸，制造此起彼伏的效果，批量触达市场资源，迅速提升品牌影响力。

为了更形象地理解全面开花的节奏，以下面这个例子来说明。

假设销售人员要开拓一个市场区域，在这个区域当中，分布着多个平台、渠道和客户，如图 3-2 所示。

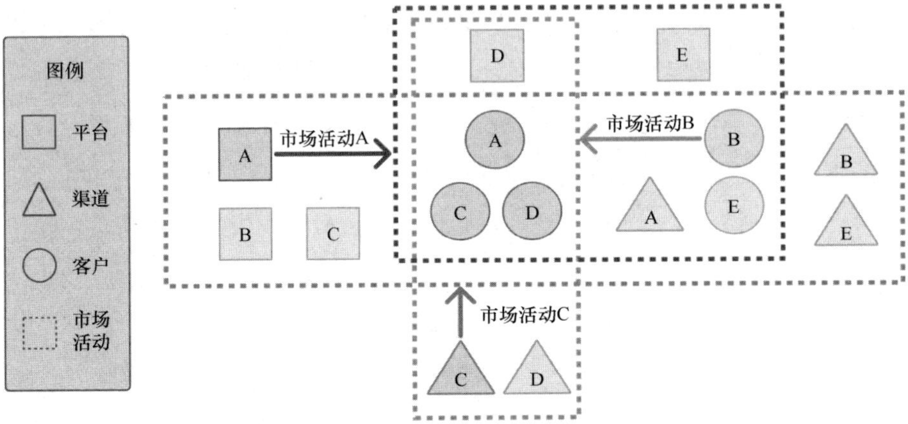

图 3-2　销售人员要新开拓的市场区域情况

通过前期的调研，销售人员发现，平台 A 在当地具有较大的影响力。因此，当销售人员与其加深联系并建立合作之后，就可以共同策划一场市场活动 A，例如技术交流会。在这场活动中，销售人员就可以接触到平台 D、E，客户 A、B、C、D、E，以及渠道 A（如图 3-2 市场活动 A 指向的虚线框所示）。

通过进一步的交流，销售人员发现客户 B 与当地几个目标客户的关系都很好，就可以与其继续建立并深化联系，随后再共同策划一场市场活动 B。活动的规模不一定很大，例如把圈子里关系好的客户邀请到一起做探讨，在这场活动中，就可能会接触到平台 D，客户 A、C、D，以及渠道 C、D（如图 3-2 市场活动 B 指向的虚线框所示）。

接着，通过与渠道 C 进一步交流发现，它在当地客户的资源也比较丰富。因此就可以继续与渠道 C 建立并深化联系，继续共谋市场活动 C。这里的市场活动不一定是销售人员的企业举办的，也可以是其他组织举办的，例如渠道商 C 告诉销售人员当地即将举办一场行业展会，销售人员就可以通过为展会提供赞助的方式，并作为活动的嘉宾在现场进行演讲。在这场展会中，销售人员就有可能会接触到平台 A、B、C，客户 A、B、C、D、E，以及渠道 A、B、E（如图 3-2 市场活动 C 指向的虚线框所示），不断扩大自己的影响力。

通过这三次市场活动，销售人员其实已经同时与客户 A、C、D 进行了三次接触与交流。而如果一个一个去拜访，每个客户拜访三次，这三个客户就需要拜访九次，还不一定能达到同样的效果。因为在单独拜访客户时，通常是以与客户建立联系和了解对方需求为主的，很少有机会完整地讲解企业的价值。而在市场活动中（尤其是展会），通常就可以有一个专门的时间用 PPT 对企业进行完整的讲解，不仅让这些客户了解企业的价值，还能够深化同客户之间的联系。而平台 A、客户 B 和渠道 C，因为他们和销售人员共同组织了活动，相当于为销售人员站台了，所以在后续也更容易支持销售人员。

因此，全面开花的思维方式，就是利用客户背后的圈层联系，把一个区域当中的**平台、渠道和资源，**通过**转介绍或品牌活动**连接起来，把陌生拜访变成熟人引荐，把单独拜访变成批量奔现，通过一个资源连接到多个资源，让资源形成裂变。这样做不仅能使销售人员快速开拓一个地盘，还能与地盘的资源联系更加紧密，为地盘源源不断产出商机打下坚实的基础。

案例分享

如果将市场比作棋盘，那么成熟的市场区域就像一盘已经进行了多轮的棋局，拥有稳固的客户基础和销售业绩。在这样的市场区域，销售的重点在于维护现有客户联系，提升客户满意度和忠诚度，同时寻找新的增长机会。而待开拓的市场区域则如同一盘尚未开始的棋局，销售人员初来乍到，面对未知的棋局，不知道走哪步棋才能打开局面，更不知道棋子要如何布局，才能形成制胜的局面。

因此，比起成熟的棋局，新棋局到底应该怎么下才能出彩，是更让销售管理者和销售人员头疼的问题，接下来，就让我以一家曾服务过的财务软件公司 M 公司为例，详细分析到底如何下好这盘棋。

M 公司属于行业内的头部企业。在制定销售战略时，我们决定要开拓新市场以追求更高的业绩。但是在实际执行的时候，由于销售人员在新地盘初来乍到，缺乏资源和有效的策略，经过一周的摸爬滚打，也没有获得多少有效的信息。因此，在随后的辅导过程中，我就手把手地带着这名销售人员，帮助她全面打开市场局面，把整个地盘做到了全面开花。

【定点爆破】

首先，销售人员刚到一个新地盘，在没有资源的情况下，到底该怎么撕开一道口子呢？首先就是要找到能够帮助她快速突破地盘的核心节点。

为什么要先找到核心节点？如果仅从单个客户入手，虽然也能用公司的产品质量打开市场，但效率极低，很容易陷入某一个客户当中，而忽视了市场的整体优质客户资源。因此，必须思考，到底从什么样的资源入手，才能够帮她快速看清整个地盘的客户格局，还能够让客户之间形成联动效果，快速开拓多个客户？

经过对地盘资源的盘点分析，我们发现当地的行业协会是一个很好的目标，因为它在当地扮演着关键角色，拥有丰富的企业资源和广泛的行业影响力，是打开市场的最佳切入点。

但需要注意的是，并不是所有的协会都能积极有效地推动业务合作。因此，我们必须精准识别那些真正务实、在企业和会员单位中威望较高的协会，这才是打开市场突破口的关键。这一过程不仅需要依赖广泛的人际关系获取关键信息，还需要深入的市场调研，以筛选出最具潜力的合作对象。

最终，通过对信息的收集和交叉验证，我们选定了当地的防腐保温协会作为爆破对象。原因在于该协会会员多为 To B 客户，企业规模较大，而且该协会会长经营协会多年，会员单位质量极高。此外，该协会还帮助企业引进博士后流动站等资源，在当地树立了很高的威望。因此，若能与该协会建立联系，就有了迅速与 600 个会员单位建立联系的桥梁。

当爆破目标明确之后，接下来的问题就是：该怎么联系这个协会？当销售人员首次去拜访该防腐保温协会的会长时，吃了一个结结实实的闭门羹，会长对她完全爱搭不理。回来后分析原因才发现，原来该防腐保温协会已经跟另一家财务软件公司 F 公司建立了长期且深入的合作关系，因此，该协会会长对于引入新的合作伙伴这件事非常谨慎，担心两家财务软件公司在同一个平台上，很有可能引发内部不必要的竞争和业务冲突。

一般来说，当销售人员发现竞争对手已经捷足先登的时候，内心就已经产生了一些打退堂鼓的想法了，这也是很多销售人员在遇到困难时的第一反应，销售管理者必须及时发现并介入辅导，这也就是销售管理的核心价值所在。我通过与销售人员的对话，帮助她树立了一定要克服困难的决心，同时为她设计出了两条策略。

第一，定位想清楚。为什么要把定位想清楚呢？因为该协会会长拒绝她的最主要原因，就是担心两家财务软件公司会产生不良竞争，所以首先要解决该协会会长担心的问题。M 公司和竞争对手 F 公司虽然在同一领域存在竞争，但是各自的核心竞争力和擅长的业务领域一定有所不同。基于此，我教销售人员如何与该协会会长沟通，并精心策划了一份详细的合作方案，向该协会会长讲述清楚 M 公司进入该协会，不仅不会造成冲突，反而能够为会员企业提供更加丰富、更加多元化的财务解决方案，满足会员企业在不同发展阶段的个性化需求，特别是让会员企业能够感受到该协会强大的支撑力度，增强会员企业的黏性。

第二，宣传干到位。单单是给该协会会长讲清楚，价值还是不够，还需要再上一些策略。例如：考虑到该协会为社会所做出的卓越贡献，以及在行业内的影响力，可以建议该协会通过拍摄协会宣传片的方式扩大社会影响力。这不仅能够全面展示该协会的发展历程和社会价值，还能进一步提升该协会在行业内的知名度和美誉度，增强会员单位对该协会的认同感和归属感。

当销售人员带着这两条策略再次去拜访该协会会长时，就成功打消了他的顾虑，并且他对拍摄宣传片的想法非常感兴趣，表示愿意尝试，同时对销售人员的用心和专业表示高度认可，也由此愿意与 M 公司开展进一步的合作。

【顺藤摸瓜】

在成功实施定点爆破策略，与防腐保温协会建立深度合作关系后，为了继续达成地盘开拓的目的，就必须充分用好该协会这个资源。因此，我们继续为销售人员提供了后续地盘开拓的一系列策略。

首先，我们和防腐保温协会一起，共同策划了一场管道产业的会议活动，并邀请当地行业的龙头企业参加。通过这场活动，我们就摸清了在当地有哪些企业的影响力比较大，谁在行业里面的话语权比较重，找到行业内的“大哥”，也就是精客，然后再重点突破就更加精准了。

当确定了重点拜访的目标之后，为了提升开拓客户的效率，我们又和防腐保温协会的会长共谋了一场“专家走访”的活动，联合几名在营销、财务、人力等不同领域的专家，以专家走进企业的方式，邀请当地工业和信息化局（以下简称工信局）的局长一起走访。其间我们直接与几个龙头企业的负责人面对面地沟通，解答企业在财务方面存在的问题，还邀请了当地工信局的局长发言。在专业的答疑和强力的背书下，成功获得这几家企业对 M 公司的认可，快速建立了与客户的联系。

【全面开花】

会后，我们又单独回访了当地的工信局局长，因为在区县级别的工信局，特别希望能够给当地产业和企业做一些实事，但是这一类资源的对接比较稀缺，而且请老师的费用比较昂贵，又很难分辨出老师的水准，这时候M公司作为行业内知名的财务公司来提供一些专业师资进行授课，工信局肯定乐见其成，对于提升当地企业的财务管理水平也至关重要。

跟防腐保温协会会长、当地的工信局局长沟通过之后，我们提出：M公司可以给当地企业提供一些与财务相关的培训支撑，如给工信局提供一场财务合规的培训，或者给当地的企业做财务合规的培训。当地的工信局局长表示非常欢迎。

在举办完给当地企业的培训之后，工信局对于我们的培训效果和专业程度都非常认可，还主动给我们介绍了隔壁其他几个区县的工信局局长认识。而且每个地区都有各自的特色产业，在跟其他区县的工信局交流的过程中，我们了解到除了管道产业，其他箱包等产业也有与财务相关的培训和软件采购需求，所以我们继续采用上面的策略，迅速实现多区域、多行业协会的全面开花。

很多销售一进入地盘里，要么是绕着一个点兜圈子，要么是摸不清楚地盘只做表面功夫，这两种方式都只会让企业损失抢占地盘的时机。我们通过定点爆破和顺藤摸瓜的方式，辅导销售人员在半年内成功与五个区县的工信部门建立了长期合作关系，与六家行业协会建立了合作伙伴关系，举办了各类活动11场，成功连接了500家企业，真正实现了市场的全面开花和业绩的大幅提升。

由此可见，建立RTL地盘开拓流程的意义，就是使“销售团队开拓一片区域市场的打法”，实现从无序到有序，从单点到全局，从“加法”到“乘法”的转变。首先，通过**定点爆破**，摸清当地有哪些重点资源，包括平台、渠道和客户三类，重点要看到资源背后的圈层连接，并有针对性地与其加深联系。其次，通过**顺藤摸瓜**，借助已开发的资源支点，通过转介绍和市场活动的方式，快速连接到更多高质量的资源与客户，并实现商机的产出。最后，通过**全面开花**，按照节奏策划品牌活动，尽可能密集地覆盖到目标客户，与客户的圈子保持紧密的联系，扩大品牌的影响力和权威性。如此，才真正实现了对地盘开拓工作的全面落地，在成倍提高地盘开拓效率的同时，也能让地盘源源不断地产出商机。

3.2　RTL 地盘开拓模型：从无序开拓到阶段可控

在上一节中，讲到了 RTL 地盘开拓流程。但是，任何一项流程，要想真正把它变成销售团队的有力武器，让它真正在销售团队中执行落地，还必须实现工具化、模型化。只有拥有模型化的工具，才能让整个销售团队以同一套标准去做事，才能让销售管理者以同一套标准去管理，才能真正实现销售团队经验的可复制、可传承。

因此，在这一节当中，将在 RTL 地盘开拓流程的基础上，把它进一步深化为 RTL 地盘开拓模型。这也是我们首创的模型之一，如图 3-3 所示。

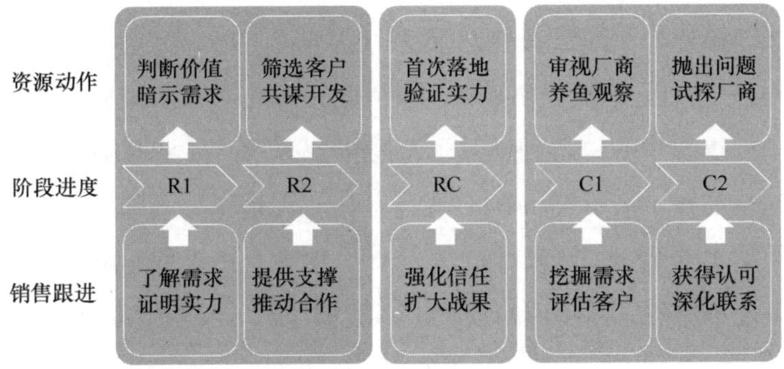

图 3-3　RTL 地盘开拓模型

这个模型的意义，就在于把地盘开拓的整个流程，从销售人员自己的悟性，提升到了销售管理的模型上。这让销售人员地盘开拓的过程不再是一个黑盒子，让销售管理者管理地盘开拓的过程也不再是一个黑盒子，让销售人员的动作真正做到有据可依，让销售管理者对地盘开拓的过程真正做到可控，**让地盘开拓从一门艺术，真正变成了一门科学**。

在图 3-3 中可以看到，整个 RTL 地盘开拓的过程，总共分为三个大的环节，**R 环节—RC 环节—C 环节**，其中，前两个为 **R 环节**。R 代表的是地盘当中的**资源**，也就是“供需连”中的“连”。在上一节讲到，为了提高地盘开拓的效率，销售人员应当首先在地盘上找到那些能够帮助自己连接到客户的资源，其中 R1

和 R2 两个环节，代表的就是销售人员与这些资源深化联系，以谋求共同合作的过程。

最后两个为 **C 环节**，C 代表的是地盘当中的**客户**，也就是“供需连”中的“需”。客户是一切商机和订单的来源，也是销售人员地盘开拓最根本的目标。其中 C1 和 C2 两个环节，代表的是销售人员得到客户的初步认可，并从客户那里挖掘出商机的过程。

但是，如果销售人员一上来就去陌生拜访，成功率往往是极低的，往往花费了很多时间和费用，也不见得能攻下一个客户。因此，在 R 环节和 C 环节之间，还需要一个非常重要的环节做连接——**RC 环节**。顾名思义，就是资源 R 为销售人员介绍客户 C 的环节。RC 环节的作用，就是通过资源为销售人员转介绍客户，或者与销售人员共同组织市场活动，来帮助销售人员快速获得目标客户的信任，或者快速扩大地盘影响力。

因此，整个 RTL 地盘开拓模型，就涵盖了销售人员从最初下市场，到单点突破市场中的重要资源，再到通过资源连接到客户，最后取得客户信任，并获得商机的完整过程。它不仅和 RTL 地盘开拓流程是完全一脉相承的，而且还对每个环节的动作都做出了清晰的定义。RTL 地盘开拓模型的出现，真正把地盘开拓流程变成可落地、可管理的模型，接下来，就对模型中每个环节进行讲解。

1. R1 阶段：了解需求，证明实力

R1 阶段，是资源的开发期，就是从初次接触资源，到获得资源认可的阶段。也是销售人员在地盘中陌生拜访任何一个资源的时候，最先进入的阶段。

在这个阶段，很多销售人员最容易犯的一个错误，就是**操之过急**。还没有与对方建立信任，还没有了解对方的需求，就急于跟对方谈项目谈合作，这样做很容易招致客户的反感，导致关系僵化。无论是平台、渠道还是客户，在初次接触到一家企业的销售人员的时候，往往是充满戒备和不信任的。所以在这个时候，对方最先做的事情就是**判断价值**。也就是判断是否有与销售人员合作的价值，以此来决定是进一步和销售人员聊下去，还是找个借口把销售人员赶出去。

客户对销售人员价值的判断，通常会从**个人素质**和**企业实力**两个方面进行。个人素质，就是看这名销售人员的言谈举止和思维方式。如果销售人员的穿着打扮看起来非常业余，客户在第一印象时就会给销售人员打个低分。如果销售人员在行为上缺乏基本的商务礼仪，客户就会认为该销售人员所在的企业缺乏管理，不值得深入合作（尤其是政府性质的客户）。如果销售人员一张口就是介绍企业或者产品，客户就会觉得这个人过于急于求成，不愿意再深入地聊下去。可以说，销售人员的个人素质，决定了给客户留下的第一印象，如果第一印象很差，后续再想扭转过来就难上加难了。

当个人素质过关之后，客户接下来就会判断企业实力，这里主要看销售人员能不能几句话把企业的核心价值和差异点讲清楚，讲到客户的心坎里去，让客户产生兴趣。如果销售人员讲了半天，客户也没听明白能为他提供哪些独有的价值，和销售人员的关系往往也就会止步在个人交情，很难深入到具体的合作中。如果能引起客户的兴趣，后续销售人员就有可能通过邀约客户访厂的方式，使客户进一步了解和验证企业实力。

当客户初步认可了企业实力，也认为面前的这名销售人员比较靠谱时，接下来往往就会进入到下一步：**暗示需求**。之所以叫作暗示，是因为这个时候对方往往不会明说自己有什么需求，而是有意无意地给销售人员设置各种考验，以此来评价销售人员是否能满足他们的需求。这时销售人员必须抓住对方的心理，快速通过对方的考验，获得对方的认可。如果 2～3 次都没有通过考验，往往就不会再有下次的机会了。

那么，客户通常有什么需求呢？不同类型的资源，需求往往有很大的差别，但核心一定是**客户关心的价值**。

对于活动型资源平台（媒体、协会、学会、同乡会、自驾圈）来说，他们更关心的是**影响力**，可能是为了推进某些愿景的落地，可能是提升会员服务的满意度，也可能是满足自我实现的需要。因此，要想让活动型平台为销售人员所用，就要了解客户举办活动的目的是什么，他们关注的是什么，帮助他们策划活动方案，推进活动方案的落地，实现他们想要达到的效果。

最后对于客户型平台（上下游供应商、合作伙伴、中间人等）来说，他们更关心的是**收益**。这里就要了解对方的预期是什么样的，多去问对方的想法和意见，并提前准备好收益分配的方案。

由此可见，不同类型的资源，需求往往有着很大的差别，因此销售人员必须做到换位思考，不仅要去当面了解对方的需求是什么，还要在平时多下功夫，了解对方的工作岗位是如何开展工作的，对方最关注的是什么，而不是以己度人，只和对方聊自己关注的话题。

这里还要强调的一点就是，销售人员在拜访资源的时候，**一定要尽可能拜访客户的高层领导**，例如董事长、总经理、总监等，如果是平台类型的资源，也要是协会会长、副会长等。因为高层领导才有着更大的决策权，也掌握着更多的资源。

总结一下，在资源开发的 R1 阶段，客户最主要的行为，就是对销售人员进行审视，判断销售人员价值，验证销售人员能不能满足他暗示的需求。因此这个阶段销售人员最主要的动作，就是提前做好拜访准备，在拜访中了解客户的需求，以及向客户证明自己有能够满足他需求的实力。R1 阶段开拓到位的标志，是**客户认可销售人员能够满足他的需求**。

2. R2 阶段：提供支撑，推动合作

当 R1 阶段过关之后，就可以推进到 R2 阶段——**资源的深化期**。

深化期，就是初步从获得资源的认可，到能够与资源共同谋事的阶段。这时销售人员已经通过了对方的初步考验，对方会透露一些信息给销售人员，但还不确定销售人员的实力究竟如何，因此只会给销售人员放出一些信息，如告诉销售人员哪些客户有商机，哪些人在当地的影响力比较大，他和哪些人的联系比较紧密，或者他想要做什么样的事情等，但并不代表就会与销售人员合作。如果销售人员想要继续与客户推进关系，就需要抓住这些机会，与客户深化联系、共谋事项。

很多销售人员在开发资源的时候，和谁的联系都不深不浅，表面上和很多资源的联系不错，实际上谁也不帮他，这就是深化期没有开发到位的表现。任何一个好的资源，都是“兵家必争之地”，与资源的联系深度，比资源的数量更

重要。要想在深化期把联系开发到位，需要同时从人和事两方面去抓，也就是对客户**表达重视**，与客户**共同谋事**。

从“人”的方面来说，销售人员可以通过多次拜访，或者日常交流的方式，加深与客户高层的联系。在企业层面，也可以邀请销售管理者和自己共同拜访客户高层，让对方感受到销售人员所在企业的重视。

从“事”的方面来说，销售人员在与客户联系推进到一定程度的时候，一定要敢于与对方谋事。因为联系都是相互“麻烦”出来的，你只有与对方共同谋事，你才能真正为对方提供价值，才能向对方展现出你的专业能力。销售人员要做的不是顺从对方，而是要征服对方。销售人员加深客户联系最好的方式，不是对对方言听计从，而是要和对方一起打胜仗。人们都喜欢和厉害的人合作，所有的资源也不例外。因此，销售人员一定要敢于直接提出自己的想法，敢于与对方谋事。如果对方嘴上这么说，但却不愿与你谋事，要么是对你不够信任，对你的实力和为人还不够放心；要么是逢场作戏，卖你个虚假的人情。销售人员一定要通过与对方共同谋事，验证对方的真实想法，看是需要继续与对方深化联系，还是终止联系或维持现状。

与客户共同谋事的过程，其实也是对客户进行验证的过程。很多客户表面上对销售人员的态度很好，看上去对销售人员也很认可，但实际上只是表面上的客套而已，并不一定真的会合作。很多销售人员面对客户的这种态度，都抱有一种乐观甚至是侥幸的心理，觉得对方只要跟自己说了就一定是真的，不敢去验证甚至不愿去验证，万一他说的是真的呢？万一事情能够做成呢？一直抱着虚假的希望去做事，生怕发现对方说的是假的导致希望幻灭。这种想法是非常不成熟的，也是不负责任的。当客户说出一件事，说可以和销售人员合作的时候，销售人员一定要更进一步，直截了当地与对方提出来：“这件事我想参与进去，你看咱们要怎么一起合作？”

总之，R2 阶段开拓到位的标志，是**客户与销售人员共谋具体的事项**。可以是共谋一场市场活动，也可以是共谋开发哪些客户。在深化期，客户虽然不再把考验销售人员作为主要目标，但销售人员对客户的重视，销售人员所体现出的专业能力，销售人员敢于与客户谋事的态度，都会决定客户对销售人员的印象和愿意与销售人员谋事的程度。只有与对方共同谋事，资源才能真正为销售人员所用，否则销售人员就是为他们所用。

3. RC 阶段：强化信任，扩大战果

与客户联系更进一步，就进入了 RC 阶段，也就是**资源的连接期**。RC 阶段的开拓成功标志，就是客户真的拿出了资源，与销售人员共同合作。可能是为销售人员初次引荐客户，也可能是和销售人员共同举办了一场市场活动。在连接期最重要的一件事情，就是让资源对销售人员**放心**：不仅是对销售人员的实力放心，也对销售人员的人品放心。

对销售人员的实力放心，来源于销售人员在合作过程中所展现的专业水准，这一点是大部分销售人员都能意识到的。但销售人员没有意识到的是，这个阶段还必须让资源对销售人员的人品放心。很多销售人员在这个阶段都会做一件事，就是“过河拆桥”。好不容易通过资源平台接触到了终端客户，就一门心思扑到客户身上，反而把资源平台晾在一边，这样做是非常不对的。虽然销售人员并非有意为之，但会让资源平台有一种被利用的感觉。

在资源和销售人员合作的初期，不清楚销售人员做事的真正实力如何，因此为销售人员引荐的通常都是一些非核心客户。如果让资源平台感觉销售人员只是在把他当作一个临时的跳板，后续的合作就很容易断掉。另外，资源平台和客户之间往往也有着千丝万缕的联系，一旦对方在客户那里说几句销售人员的坏话，客户也会对销售人员产生顾虑，非常不利于与客户开展后续的合作。

因此，即使销售人员和客户建立了合作，也一定不要忽略了资源平台的感受，不要忽略了与资源平台持续深化联系。这就要做到及时为资源平台兑现承诺，并及时给资源平台客户反馈。

兑现承诺，就是合作前给资源平台的承诺一定要及时兑现，包括收益的承诺和办事的承诺等，让资源平台感受到销售人员是言出必行、知恩图报的，对与销售人员后续合作中的收益安全感到放心，对销售人员的人品感到放心。

客户反馈，就是在销售人员与客户接触后，能够把客户对销售人员的认可

反馈给资源平台，让资源平台看到销售人员在客户面前的表现和在他面前的表现是一致的，对销售人员的实力感到放心。

只有让资源平台对销售人员放心，才能不断强化资源平台对销售人员的信任，资源平台才会愿意与销售人员深度合作，才会愿意把核心客户介绍给销售人员，才会愿意和销售人员共谋更重要的事，最终实现战果的不断扩大。

4. C1 阶段：挖掘需求，评估客户

当销售人员通过 RC 阶段，成功接触到终端客户的时候，就进入了 C1 阶段，也就是**终端客户的开发期**。虽然通过陌生拜访也可以直接触达客户，但通过 RC 阶段抵达的客户，对销售人员会有天然的信任基础，沟通的成功率也会高很多。客户很可能不会直接拒绝销售人员，而是把销售人员纳入审视的名单当中。

所谓审视的名单，就是客户出于自己的利益或者安全考虑，在选择厂商时，往往不会急于和一家或某几家厂商绑定，而是像养鱼那样，把所有来访的厂商都放到一个鱼塘当中，从中观察与谁合作能够产生长期的价值。

很多销售人员在经过资源介绍见到客户时，就觉得与对方的合作已经稳了，上来就急于介绍企业和产品，或者问客户有没有合作意向。事实上，这个时候客户对销售人员的信任还没有完全建立，如果上来就在对方心中打上“操之过急”的标签，那么后续再想深度建立联系就很难了。因此，销售人员在初期拜访终端客户的时候，一定不要急于介绍企业和产品，而是用心挖掘对方的需求，让对方感觉到销售人员是真心来帮助他解决问题的，以获得客户对自己的认可，与客户建立深度联系。

在 C1 阶段，销售人员除获得客户的认可外，还需要做另外一件事，就是**对客户的质量进行评估**。任何合作都是双向的，不仅销售人员要为客户创造价值，客户也要能为销售人员创造价值。因为资源平台为销售人员介绍的客户，有可能是当地真正优质的客户，也有可能是为了验证销售人员而拿出的一个较为边缘的客户。因此，在销售人员与客户接触的过程中，也需要从正面或侧面了解这个客户在当地的实力与资源，以此来决定在这个客户身上投入多少资源，需要达到什么样的合作深度。

5. C2 阶段：获得认可，深化联系

当获得终端客户的认可之后，就进入了 RTL 地盘开拓模型的最后一个阶段——C2 阶段，也就是是**终端客户的深化期**。如果说之前销售人员还在终端客户的“鱼塘”当中，那么进入这个阶段，就意味着销售人员已经进入了终端客户心目当中的**短名单**。

所谓短名单，就是当客户产生商机或项目需求时，首先会想到找哪几家厂商来满足自己。客户要么是已经充分认可这些厂商的实力，要么是与这些厂商的合作能取得收益，但大部分情况下需要两者兼而有之。客户往往只愿意与短名单当中的厂商来谋事，如果销售人员没有进入客户心目当中的短名单，那么就很容易陷入表面上看起来和客户关系搞得不错，但一谈事对方就岔开话题的情况。

那么，销售人员要如何判断自己有没有进入客户心目中的短名单呢？一个关键的标志，就是看**客户是不是会提出各种各样的问题和需求**。例如，反复强调什么样的产品需求对他非常重要，或者不断追问我们产品的某项参数细节等，客户问得越是详细，就说明合作的意愿越高。很多销售人员都会误以为客户的这种行为是对他的不信任，但其实恰恰相反。如果客户真的不信任销售人员，对销售人员的实力也不认可，则只会与销售人员在关系上一团和气，在事情上与销售人员“打太极拳”，是根本深入不到谈事的层次的。

如果客户能够不断抛出问题，而且销售人员能够很好地化解这些试探，就容易真正获得客户的认可。在这个时候，销售人员还需要适时挖掘客户的一些隐性需求，并适时表达能够满足客户显性或隐性需求的愿望与能力。这样才能真正拥有和客户共谋商机的机会。如果条件允许，还可以进一步邀请客户访厂，在加深客户联系的同时，让客户亲眼见证企业的实力。

最后还有一点要注意的是，C2 阶段虽然是 RTL 地盘开拓模型的最后一个阶段，但并不意味着是与客户建立联系的最后一个阶段。一个优质的终端客户，也是有可能成为资源的，也可以帮销售人员组织活动或介绍客户。因此在 C2 阶段之后，有可能会再次进入到 RC 阶段。因此销售人员在**与客户谋事的时候，**

眼睛一定不要只盯着表面的商机，还要看到这个客户背后深层的资源与关系。很多销售人员在与终端客户谋事的时候，发现对方没有商机就没兴趣深入沟通了，这也是一种缺乏地盘思维的典型表现，只有看到对方还可以连接到哪些更多的资源，并且从商机和资源两个维度同时与对方建立合作，才能成倍提高地盘开拓的效率。

综上所述，RTL 地盘开拓模型是这样一种地盘开拓的模型：它把开拓地盘的过程，分成两个维度去进行：**资源平台的开拓和终端客户的开拓**。资源平台可以帮助开拓客户，而终端客户可以带来商机，两者相辅相成，缺一不可。RTL 的过程，就是先通过与资源平台联系的深化，快速摸清地盘，触达客户，再通过与终端客户联系的深化，获得认可，挖掘商机。每个客户联系的深化过程，都可以分为不同的阶段，每个阶段客户关注的重点都各不相同，销售人员应当根据客户在每个阶段关注的重点做出匹配的行动。最终 RTL 地盘开拓流程和模型要达成的结果，就不仅是从地盘中找到商机，更是要打造一个能够源源不断产出商机的地盘，让每年的业绩真正地拥有可预测性和可持续性。

3.3　七步一回头：从低效扫街到精准拜访

在上一节中讲到的内容，解决的是销售人员地盘开拓的问题。但是，还有更深层次的一个问题没有解决：**对于销售管理者来说，销售人员地盘开拓的过程，应该怎么管？**

根据 RTL 地盘开拓模型，销售人员地盘开拓的动作主要分为两大类：一是**开拓新资源**，二是**回访重点资源**。开拓新资源，就是首次去拜访新的资源。可能是未预约的陌生拜访，也可能是其他资源平台的引荐。回访重点资源，就是对于发现的高价值资源，通过反复拜访来加深联系，以期达成更深层次的合作。但是，销售人员的时间和精力是有限的，很难两个方面同时兼顾。销售管理者要如何管理好这两个方面的节奏，才能保证团队开拓市场的效率呢？

有的销售管理者，会认为拜访新资源更重要，让销售人员每天不断地去拜访新资源，先把地盘上的资源都跑一遍，再从中挑选重点资源去开发。但一个地盘上的资源有那么多，如果全都跑一遍，最快也需要 2～3 个月的时间，企业哪有那么多的时间，让销售人员去做一件没有业绩产出的事呢？而且只是这样走马观花地跑一遍，每个客户的联系都不深，后续销售人员还是要一个一个去“啃”客户，这样开拓市场的效率是非常低的。

还有的销售管理者，会认为回访重点资源更重要。要求销售人员必须盯紧发现的商机，持续深化客户联系，保障项目的成功率。那这样行不行呢？也不行，因为这样新资源开发的效率又太低了。如果新资源开发的数量不足，地盘中看到的资源太少，那么即使是“重点资源”，也可能只是“矬子里拔将军”，在地盘上也未必真正优质。况且与客户联系的深化不仅靠拜访的次数，也需要时间的积累，并不是短时间拜访次数越多，效果就越好。即使是重点客户，一周的拜访次数也不宜超过三次，否则会让客户觉得逼得太紧，反而降低拜访的成功率。因此对于一个新地盘的开拓来说，持续去大量地拜访新资源也是非常有必要的。

所以，销售管理者要想真正管好一个地盘，就需要让销售人员**既能高效地开发新资源，又能和地盘上重点的资源深化联系**；既不用等到整个地盘都拜访一遍后才能产出成果，也不会把时间和精力花费在仅有的几个资源上。并且在这个过程中，还能够准确地把握销售人员开拓地盘的进度，及时发现开拓地盘过程中的问题，对症下药地解决卡点，以确保地盘开拓的节奏和效率。

那么，是否存在一个管理工具，能够满足这样的要求呢？当然存在！它就是我们独创的，专门为销售管理者打造的地盘管理工具——**七步一回头**。

七步一回头，是销售管理者非常重要的地盘管理工具，顾名思义，就是在销售人员开拓新地盘的过程中，**每有效拜访七个资源，就回过头来，对所有拜访过的资源进行一次盘点**。如果发现其中有重点资源，就留出几天的时间，先深化一轮与重点资源的联系，再进行下一轮的新资源拜访。这样既可以避免盲目拜访，光有数量没有质量，也可以避免一叶障目，只看到了个别的资源，却没看到整个地盘。七步一回头的整体节奏，如图 3-4 所示。

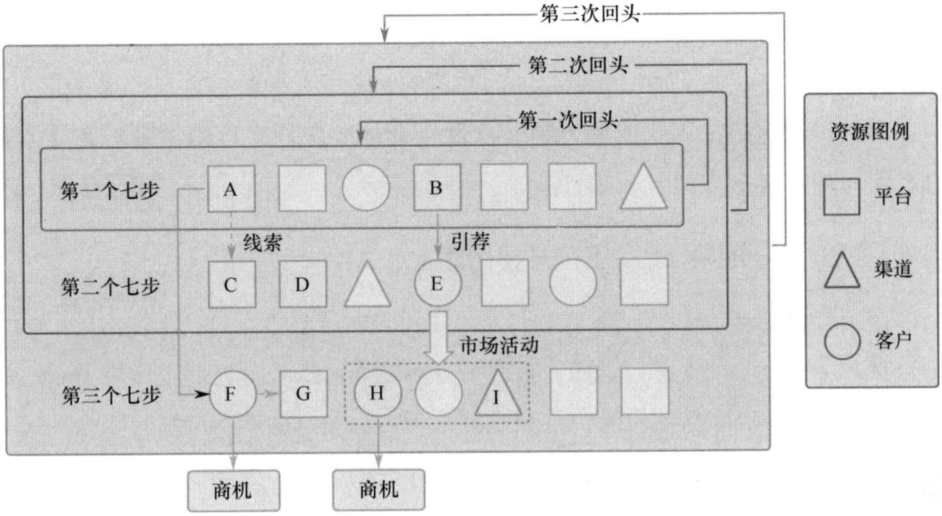

图 3-4　七步一回头的整体节奏

从图 3-4 中可以看到，一共有三种形状的图案，代表着销售人员开拓地盘的时候，需要拜访的三种资源，其中，**方块代表平台，三角代表渠道，圆圈代表客户**。在图中还可以看到，七步一回头的过程主要由三个七步和三次回头组成。也就是销售人员在地盘中分别拜访到**第七个、第十四个和第二十一个**资源的时候，销售管理者都要回头和他进行一次盘点。这里的三次回头，并不是说在这之后就不需要再管理了，而是销售人员在开拓一个新地盘的时候，销售管理者最需要把握好的，就是前三次回头。

为什么前三次回头如此重要呢？因为大部分销售人员都不是一张白纸，他们在开拓地盘的时候，都会有一些自己原本的习惯，例如漫无目的地跑客户，或者看见一个客户就扎进去等。他初下一个市场的前期，是养成新的地盘开拓思维最关键的时机，如果这个阶段没有抓好，让销售人员按照自己的想法做了一段时间，那么无论结果如何，想再调整回来就很难了，因此销售管理者必须在地盘开拓的前期就抓好管理。

那为什么是七步一回头呢？根据我们在企业多年的实战经验，每拜访七个新资源，就回头盘点一次资源，深化一次联系，是最好的管理节奏，也是最好的与资源深化联系的节奏。这样既不会因为管控频率太高导致销售人员心生抵触，也不会因为管控频率太低导致不能及时发现问题。同时，销售人员也不会因为回访太频繁而让客户心生反感，也不会因为回访的间隔太久导致与客户疏远。

那么，在这三次回头当中，每一次回头具体要做什么？销售管理者具体要怎么管理呢？接下来就一一来拆解。

1. 第一次回头：检验区域开拓思路

首先来看**第一个七步**。第一个七步，代表的就是销售人员初下地盘的时候，首先要去拜访的七个资源。销售人员在下市场之前，应当首先通过市场调研，初步确定该区域有哪些重点资源，再通过资源列名，确定初步下市场时要去拜访的目标，然后再一个个去拜访。第一个七步和回头的节奏，如图 3-5 所示。

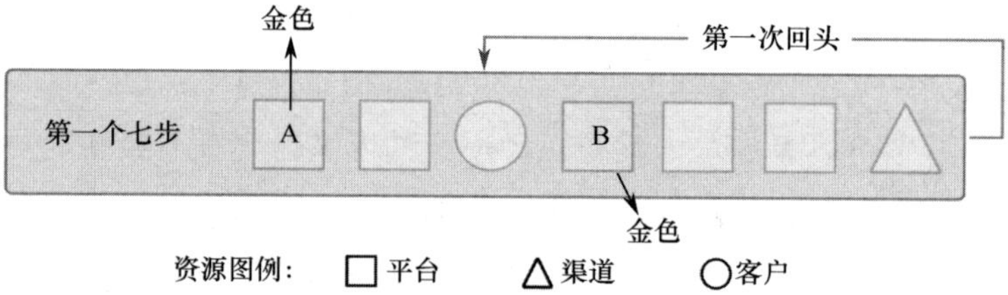

图 3-5　第一个七步和回头的节奏

从图 3-5 中可以看到，在第一个七步拜访的资源当中，平台、渠道、客户三种类型的资源都有，代表着销售人员在开拓地盘的时候，不能把目标局限在特定的某类资源中（尤其是客户），而是只要有潜力帮助自己开发客户的资源都要去拜访。当销售人员拜访完第七个资源后，销售管理者就要和他一起，对所有拜访过的资源进行第一次盘点了，也就是第一次回头。

在第一次回头的时候，销售管理者重点要看三个指标：拜访资源的**效率**、拜访资源的**结构**、拜访资源的**质量**。

首先是**拜访资源的效率**，顾名思义，就是看销售人员**有效拜访**这七个资源，总共花了多长的**时间**。注意，这里所说的不是“拜访”，而是“有效拜访”，有的销售人员可能到了客户门口打个卡就走了，或者到了客户那里随便找个人打听打听情况就走了，这些都不能称为有效拜访。有效拜访至少要满足一个条件：**见到了客户的关键决策人**（Key Person，KP）。例如，公司的总经理、董事长，协会的会长、副会长等。因为 KP 才有更大的决策权，也掌握更多的资源。如果销售人员没有去见 KP，哪怕和下面的人沟通得再好，最后还是很难达成高价值的合作。

接着，就要看拜访这些 KP 所花的时间了，是花了一个星期、十天、半个月，还是一个月？这里的时间并没有一个统一的标准。不同的行业、不同的资源，所需要的时间都不一样。通常情况下，活动型平台（行会、协会等）的 KP 拜访难度是较低的，时间可能会短一些。而权力型平台（政府、单位等）的 KP 拜访难度是较高的，时间可能会长一些。因此在销售人员初下市场的时候，活动型平台就是一个很好的切入口。此外，拜访效率不能单独来看，还要结合另外一个维度，那就是**拜访资源的结构**。

拜访资源的结构，就是看销售人员拜访过的这些资源当中，有多少个平台、有多少个渠道、有多少个终端客户、它们的结构比例如何。看结构的目的，就是为了**检查销售人员开拓地盘的思路是否正确**。如果发现销售人员拜访的全都是终端客户，那就说明他是一个个去“啃”的，后面开拓地盘的效率肯定不高。但如果销售人员拜访的全都是平台和渠道，那就说明他不往终端客户那走，最后有可能绕来绕去，但就是产不出商机。如果这个区域对于销售人员是一个全新的市场，那么在第一个七步当中，拜访的平台比例应该更高一些。例如，在图 3-5 中，销售人员拜访的前七个资源包含了五个平台、一个渠道、一个终端客户，这个结构就是相对比较健康的。

当看清楚拜访资源的效率和结构之后，最后一步就要看拜访资源的**质量**了。也就是看拜访过的所有资源当中，有多少个是重点资源。在一个地盘当中，每个资源的质量都是不同的，有些可能在当地的影响力比较大，有些可能在当地的人际关系比较广，有些可能认识关键的目标客户，也有些可能直接就有潜在的商机，这些能够帮助销售人员开拓地盘，或者产出商机的资源，都可以称为重点资源，在图 3-5 中被标记为“金色”的图案（平台 A 和平台 B），就是销售人员拜访的重点资源。这些资源是第一次回头时要盘点的重点，也是销售人员下一步要去深化联系的目标。

七步一回头不仅仅是为了看到问题，还是为了解决问题。当看清楚拜访资源的效率、结构和质量之后，销售管理者就可以根据发现的问题，对症下药地进行管控和辅导了。

例如，如果发现销售人员拜访资源的效率不高，拜访七个资源花了很长的时间，则说明他的拜访能力有问题，例如拜访资源时敲不开门，或者缺少见到客户高层领导的思维和能力等。这时销售管理者就要针对销售人员的拜访能力进行辅导，利用拜访辅导或联合拜访的方式，帮助他提升客户拜访的能力，从而提升客户拜访的效率和成功率。

如果发现销售人员拜访资源的结构不好，拜访的七个资源全都是终端客户，或者一个终端客户都没有，则说明销售人员还没有形成 RTL 地盘开拓的思维。这时销售管理者就要对地盘开拓的过程进行管控，例如，要求销售人员在下一个七步拜访的资源中，必须包含三个平台，或者必须包含三个终端客户等，帮助他养成开拓地盘的正确思维方式。

最后，如果发现销售人员拜访资源的质量不好，拜访的七个资源当中，只有一个是重点资源，甚至一个重点资源都没有，则说明销售人员下市场很可能是漫无目的的，要么是没做好下市场之前的资源列名工作，要么是根本没有按照列的清单去拜访。这时销售管理者就需要检查他资源列名的质量，并根据列出来的资源，明确他下一个七步必须拜访的目标，帮助他养成带着目的下市场的行为习惯。

当完成检查和辅导两项工作之后，销售管理者第一次回头的盘点就完成了。但是七步一回头的过程还没有彻底结束，还缺少最重要的一个步骤——**重点资源回访**。当盘点结束之后，销售人员还不能急于开启下一个七步的拜访，而是必须**花上几天的时间，回过头来，再次拜访第一次回头中发现的重点资源，与他们深化联系**。这是七步一回头中最重要的一个步骤，也是七步一回头最大的魅力所在。如果缺少了这个步骤，销售人员就会陷入在地盘上盲目地往前冲，拜访了一堆资源，但每个资源联系都不深的困境。只有每次新开发七个资源，都回过头来和重点资源加深一次联系，才能确保在持续开发新资源的同时，也能够和重点资源深化联系、达成合作，让地盘开拓的效率越来越高。

2. 第二次回头：检验资源拜访深度

当销售人员在地盘上拜访过第 14 个资源的时候，销售管理者就要停下来，和他一起进行第二次回头的盘点了。第二个七步和回头的节奏，如图 3-6 所示。

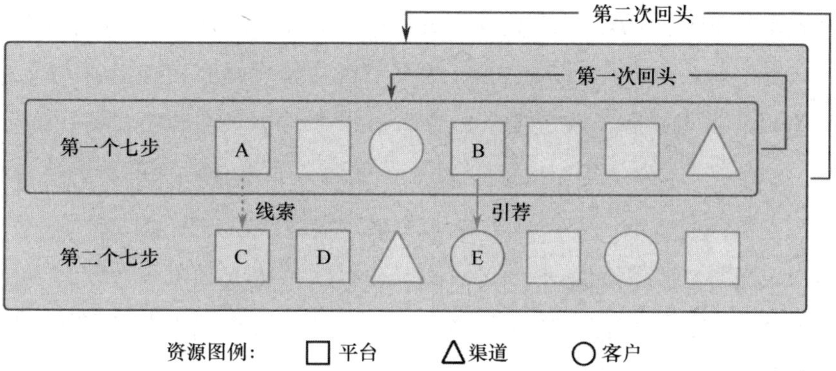

图 3-6　第二个七步和回头的节奏

在第二次回头的时候，销售管理者也要看同样三个指标：拜访资源的**效率**、拜访资源的**结构**、拜访资源的**质量**。只不过每个指标要看的标准不同。

首先是**拜访资源的效率**，在第二次回头的时候，要看的不仅仅是拜访七个资源花了多少时间，还要看这些资源的来源。这些资源都是自己去陌生拜访的，还是有些是通过之前的资源顺藤摸瓜摸到的？

如果销售人员在第一次回头的时候，能够和重点资源建立良好的联系，那么就有可能获取当地某些重点资源的线索。例如，从图 3-6 中可以看到，销售人员回头和资源平台 A 建立联系之后，它就为销售人员提供了资源平台 C 的线索，可能是平台 C 在当地某个圈子的影响力比较大，也可能是掌握着某些资源，当销售人员获得这个线索之后，就可以顺藤摸瓜，在第二个七步中首先拜访资源平台 C。

如果销售人员能够和资源的联系更进一步，还可以获得资源的引荐。例如第二个七步中的终端客户 E，就是第一个七步中资源平台 B 引荐的。可能是提前跟资源打好了招呼，也可能是直接带着销售人员去见资源。当销售人员通过资源的引荐去拜访其他资源时，就可以有效解决陌生拜访带来的不信任问题，从而极大地提高客户拜访的成功率。当然，除资源的引荐外，销售人员也需要继续陌生拜访新的资源，从中发现更多的重点资源，例如平台 D。

在检查拜访资源的效率时，如果销售管理者发现销售人员所有的新资源都是自己去陌生拜访的，就说明销售人员没有从之前的重点资源那里挖出有效信息，要么是和资源的沟通不紧密，还没有得到资源的信任；要么是光顾着和资源建立联系，却没有主动挖掘信息。这时销售管理者就应当与销售人员进一步沟通，了解具体的原因，或者要求销售人员提交拜访录音，看看背后的真实问题所在，并对症下药去解决问题。例如，对销售人员深化联系的能力进行辅导、提供与客户深化联系的工具，或者提供挖掘线索的思路与提问话术等。

其次是看**拜访资源的结构**，这里不仅要看新拜访的七个资源的结构，还要看拜访过所有资源的结构。如果第一个七步中的拜访资源的结构不好，那就要看第二个七步是否有所改进？

例如，如果销售人员在第一个七步没有拜访终端客户，那么第二次回头时就要重点看他拜访了多少个终端客户，是否达成了第一次回头时设定的目标。同理，如果销售人员在第一个七步中没有拜访资源平台或渠道，也要看他在第二个七步时改进的情况，是否达成预设的目标。如果在第一个七步中拜访的资源结构已经比较良好了，那么在第二个七步中拜访终端客户的比例应当要高一些，这样更有助于提升产出商机的效率。

如果发现销售人员在第二个七步中拜访资源的结构不好，则销售管理者应当对下一个七步设定指标。例如，要求销售人员必须拜访多少个终端客户，或者拜访多少个资源平台等，并再次强调资源结构的意义和重要性。如果销售人员连续多次没有达成资源结构的指标（两次或以上），就可以给予适当的绩效惩罚。

最后是看**拜访资源的质量**，这里同样不能只看新拜访的资源质量，也要回头去验证第一个七步中拜访的资源质量。第一次回头的时候，可能已经初步判断出了一些重点资源，判断谁可能有商机，谁可能会介绍新资源给自己，但这些判断只是基于初次与对方接触时所获取的信息，还没有真正被验证。因此在第一次回头过后，销售人员再次回访这些重点资源的时候，也应当进一步对他们的合作潜力进行验证。通过引导提问、侧面打听或共同谋事的方式，了解资源的真实情况，了解他所说的商机和客户是否真实存在，以验证之前的判断是否准确。

因此，在第二次回头的时候，销售管理者也应主动询问销售人员为什么判断这些是重点资源，判断的依据有没有得到验证，是怎么验证的，是对方说了什么话还是做了什么事。如果没有验证，就需要明确指出销售人员下一次回访时需要验证哪些信息，并辅导销售人员如何去验证。如果已经验证，就可以问销售人员下一步打算与他们共谋什么样的合作，达成什么样的目标，以让销售人员回访的目的更加明确。

当第二次回头的盘点完成之后，销售人员就要按照盘点的结果，再次抽出几天的时间来回访重点资源，与他们加深联系。这时，在第一个七步中的重点资源就已经拜访了三次，如果销售人员的拜访和关系能力过关，与资源的联系就已经推进到 R2 阶段，可以筛选客户，共同开发了。

3. 第三次回头：检验成果产出效率

当销售人员在地盘上拜访到第 21 个资源的时候，销售管理者就要和他进行第三次回头的盘点了。如果第一次回头的重点是看资源的**质量**，第二次回头的重点是看资源的**关系**，那么第三次回头的重点就是看资源的**产出**。

为什么是看产出？因为与所有重点资源深化联系的最终目的，就是得到产出。这里的产出主要分为两个方面：一个是**客户的产出**，例如资源为销售人员引荐客户，或者与销售人员共谋市场活动（也就是 RTL 地盘开拓模型中的 RC 阶段）。另一个是**商机的产出**，也就是客户告诉销售人员商机的信息，或者与销售人员共谋商机（也就是 RTL 地盘开拓模型中的 C2 阶段）。

在第一个和第二个七步中，由于大部分资源只拜访了 1～2 次，联系还不够深，因此产出只是较低概率的事件，销售人员拜访客户的最主要目的还是放在建立联系上。但到了第三个七步时，第一个七步中的重点资源至少已经拜访过了三轮，因此销售人员就必须与这些资源共谋产出了，而不是一味地把重点放在建立联系上。第三个七步和回头的节奏，如图 3-7 所示。

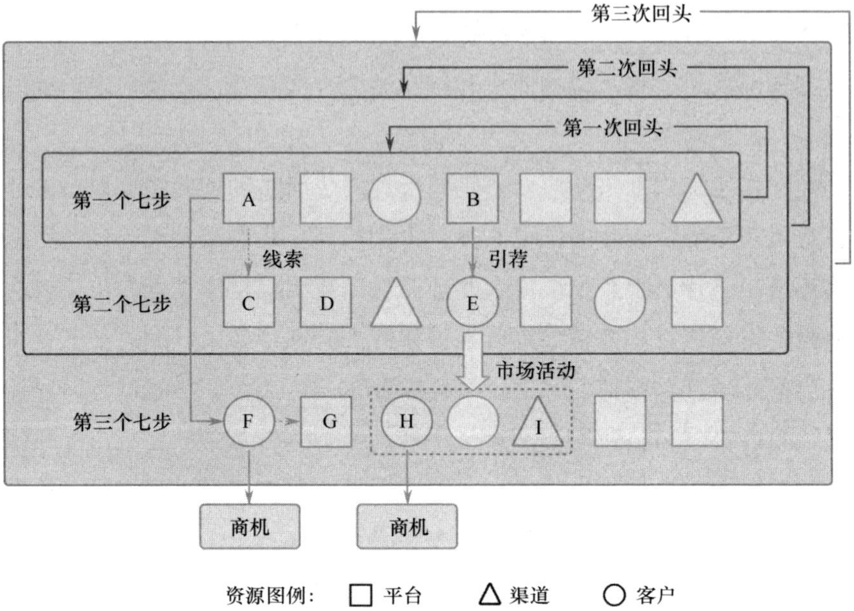

图 3-7　第三个七步和回头的节奏

在图 3-7 中可以看到，在第三个七步中，销售人员的产出总共有三个。

第一个产出是**客户 F**，该客户是资源平台 A 引荐的。在图 3-7 中可以看到，资源平台 A 总共为销售人员做了两次事，第一次是提供了资源平台 C 的线索，第二次就是引荐了客户 F。当他第一次为销售人员提供线索时，说明对销售人员是比较认可的，销售人员在第二次回头时就要趁热打铁，再次去拜访资源平台 A，强烈感谢他推荐了这么好的资源，并与其进一步加深联系，这样就可以推动他进一步与销售人员合作，为销售人员引荐客户 F。

第二个产出是**市场活动**，该活动是客户 E 与销售人员共同组织的。在图 3-7 中可以看到，客户 E 是由资源平台 B 引荐而来的，因此从一开始就比较容易建立信任。如果第一次拜访就给客户 E 留下了非常好的印象，那么在第二次回头拜访的时候，就可以加强沟通。市场活动并不一定需要多大的规模，只要能高效触达多个客户就可以。在这场活动中，可能就会同时接触到客户 H 和渠道 I，之后再通过进一步拜访，和他们加深联系。

最后的产出就是**商机**，也是 RTL 阶段最终的产出了。在图 3-7 中可以看到，客户 F 和客户 H 都有商机的产出，这两个客户，一个是资源平台引荐的，另一个是通过市场活动触达的，这也就是 RTL 策略所体现出的威力。当销售人员不再需要一个个去陌生拜访，而是通过资源之间的连接，顺藤摸瓜不断找到越来越精准的客户，并且通过引荐和市场活动快速建立与客户的联系的时候，开发客户的效率就会成倍地增加，获取商机的效率也就会成倍地提高。

因此，销售管理者在第三次回头的时候，最重要的就是看**销售人员地盘上有没有产出**。如果有产出，而且每一次回头的过程没有问题，就可以让销售人员按照这个节奏开拓地盘，并进入商机管理的阶段了。如果没有产出，就需要再次从**效率、结构和质量**三个维度去盘点，看看和前两次盘点的结果相比，问题有没有得到改进，设定的指标有没有完成。如果没有完成，就需要和销售人员进一步沟通，看看是拜访资源的思路不对、与资源建立联系的能力不足，还是欠缺与资源共谋合作的能力？

如果通过和销售人员的沟通，销售管理者还是无法判断问题的根因，则需要深入细节当中。例如，要求销售人员在拜访资源的过程中，对交流的过程进行录音。之后通过回听拜访录音，销售管理者判断拜访的过程是否存在问题——拜访准备做得够不够充分？暖场做得够不够好？需求挖得够不够深？价值说得够不够吸引人？如果客户那边不方便录音，则可以要求销售人员口述拜访的过程，通过回听销售人员对拜访细节的复述，销售管理者判断销售人员的拜访能力是否有问题。如果销售人员能够把拜访客户的细节形容得生动形象，那说明拜访过程基本是没有问题的。但如果只有很概括的描述，就说明拜访过程很可能存在问题，例如听不懂客户的话外音，或者看不懂客户的眼色等。**从结果挖掘过程，从过程挖掘能力**，只有找到了问题的根源，才能对症下药地解决问题。

如果存在问题，那么就需要进行第四次、第五次回头。如果是销售人员能力不足的问题，就需要在每次回头的时候进行辅导，并在下一次回头的时候观察问题解决的情况。如果销售人员在能力上没有问题，但地盘上没有产出，也可以再给销售人员一些时间，每次回头时重点观察他的产出情况。但如果到了第五次回头依然没有产出，销售管理者就必须和该销售人员联合下市场，去实地发现问题所在，并现场对销售人员进行辅导了。具体的过程会在后面“联合拜访”章节中讲解。

从上面的步骤中可以看出，每次七步一回头的过程，其实就是**在销售人员开拓地盘的过程中增加分析点**。这些分析点，也就是管理动作的介入点。**作为销售管理者最难的，就是判断何时介入管理动作**。如果管理动作介入早了，问题还没有出现，销售人员就会认为这是在瞎管，从而产生抵触情绪。但如果管理动作介入晚了，没有及时发现问题，销售人员的错误做法已经形成了，那么再介入管理也很难产生良好的效果。所以最好的管理时机，就是在问题刚刚出现的时候，就和销售人员一起发现这个问题，并采用管理的措施解决这个问题，这样才能真正帮助销售人员形成正确的思路与做法，销售人员才会认为销售管理者是在帮助他。如果销售人员没有问题，就不需要采取措施。这样既可以让销售人员看到正确的做法带来的好处，也可以极大地节省销售管理者的时间与精力。

通过七步一回头的管理，销售人员就可以始终明确下市场的目的，控制好资源拜访的节奏，培养 RTL 地盘开拓的思维。同时管理者可以管控好地盘开拓的进度，及时判断销售人员的问题出在哪里，并在最合适的时机介入管理，保障销售人员 RTL 的阶段顺利推进。

案例分享

我曾经服务过一家 G 企业，这家企业老板的战略意图非常明确：提升区域市场的占有率。

既然要提升市场占有率，就必须拜访市场上的大多数客户。为此，他为销售团队定下了一个考核指标——列名客户的覆盖率。在销售人员进入市场之前，必须对区域内的重点客户进行列名，每个月不仅会考核销售人员拜访客户的次数，也会对列名客户拜访的比例进行考核。例如，某销售区域内的列名客户有 100 个，拜访了 20 个，那么覆盖率就是 20%。

这种方法看起来有效，然而我在对他们过往销售数据进行分析时，发现了一个明显的问题：销售团队人数有限，而区域内的客户数量庞大，每名销售人员每月需要拜访多达 30 个列名客户，这种粗放的客户覆盖方式，虽然在数量上达到了要求，但在质量和效率上远远不够，这就导致了以下问题：①新市场的客户开发效率低下，商机发现太晚；②销售人员与客户的联系不够深入，导致商机难以转化为实际业绩；③销售人员在半年内虽然能够覆盖所有客户，但商机的最佳时机往往已经错过，导致第二年才开始真正建立联系，从而错失了大量商机。

基于这些发现，我意识到这种传统的客户开发方式效率太低，需要一种新的策略来提升效率。在原来的方式中，最大的问题就是在销售人员拜访客户的过程中，只顾着不断地开发新客户，却没有回过头来对拜访过的客户进行盘点，也没有留出时间与有商机的客户深化联系。为此，我就为他们设计了七步一回头的节奏，用于提升客户拜访的质量和商机的转化率，同时也能兼顾客户的覆盖率。

第一个七步：精心策划的拜访

在第一个七步中，我首先要求销售人员对区域内的客户进行细致的筛选，按照拜访的路线和客户的质量，让每名销售人员挑选出 10 个潜在客户，作为第一轮拜访的目标。并且在接下来的两周内，完成对这些客户的拜访。由于这些客户并不是都能顺利见到，我对他们的要求是至少见到七个有效客户。

两周结束后，我们组织了一次详细的盘点会议，对每名销售人员拜访的七个客户进行逐一分析，评估哪些客户是真正有价值的，哪些需要进一步跟进，哪些则可以暂时搁置。同时要求销售团队停下来三天，暂时先不要去拜访新客户，而是回过头来，把重点客户重新拜访一遍，和他们加深一次联系。也就是第一次回头。

第二个七步：加深联系的小型活动

第一次回头结束后，我要求每名销售人员从区域中再次挑选出 10 个新的潜在客户，作为第二轮拜访的目标。在第二轮拜访的目标中，有一些就是第一轮回头时客户为销售人员引荐的。同样要求每个人至少要见到七个有效客户。

在第二个七步结束后，我再次组织了详细的盘点会议。发现在这一轮当中，有些销售人员已经从客户那里成功挖掘到商机了，同时也存在一些新的重点客户需要进一步跟进。于是这次我就要求销售团队停下来一周，再次回过头来，把第一轮和第二轮的客户再次拜访一遍。也就是第二次回头。

在盘点的过程中，我还发现了一个细节：在第二轮需要回访的重点客户中，有些是第一轮客户引荐的。因此，有这种情况的销售人员，我就让他不要一个一个地回访，而是先去拜访为他引荐客户的第一轮中的客户，和他一起组织活动，邀请重点客户参加。在活动中，销售人员稍做引导，一些客户就陆陆续续地讲哪些有项目，哪些有商机。销售人员也就可以让这些圈子里比较说得上话，关系还不错的人帮他去引荐了。客户也明确表态：我能帮你引荐上，但你能不能做成项目就看你自己了。

第三个七步：房地产协会的需求对接会

到了第三个七步，每个销售人员需要再次挑选出 10 个新的潜在客户去拜访。在这 10 个客户中，很多都已经是之前客户引荐的，因此基本上客户精准度都很高，都是相对比较优质的客户。

第三轮的行动中，我利用了一位在房地产协会中具有影响力的客户的引荐，组织了一场需求对接会。这位客户对 G 企业的产品非常认可，并愿意将 G 企业介绍给他的同行。在这次对接会上，我们邀请了五家房地产企业和当地的龙头建材经销商，共同探讨了行业的需求和我们的解决方案。这次活动不仅是一个展示产品和技术的平台，更是一个建立信任和合作关系的机会。通过这次对接会，我们精准地挖掘到了几个大商机，包括一个 3000 万元和一个 500 万元的项目。最终不仅提升了商机的挖掘效率，还确保了 G 企业能够在项目初期就参与其中，从而大幅度提升了项目的成功率。

最终，销售团队通过这三次回头，在一个半月的时间里，每人深度拜访了 20 多个客户，平均精准挖到 7 个有效商机，商机总额平均达到 6000 万元，并且与关键客户的联系至少已经深化了三次，成功切入了商机的谈判阶段。与传统方式相比，这种方法超过了之前半年才能达到的效果，而且客户的覆盖率也没有显著降低。

这个案例，充分展示了七步一回头相比传统方法的优势：传统方法往往导致销售人员在客户联系建立上投入不足，商机的发现和转化效率低下，而且很难在项目初期就参与进去，错失了许多潜在的合作机会。相比之下，七步一回头不仅提升了客户拜访的质量，确保了与客户的深度互动，还显著提升了商机的挖掘和转化效率。这种方法让销售人员能够更加聚焦于那些真正有价值的客户，通过有节奏的回访和深化联系，构建了一个稳固而高效的“销售漏斗”。

3.4　客户建档：从信息流失到资产沉淀

通过七步一回头的方式，销售管理者可以有效管理销售人员开拓地盘的进度，检验销售人员开拓地盘的思路。但是，所有的管理和检验，都必须基于具体的数据，而不能仅凭记忆和感觉。在一个销售团队中，销售管理者往往同时管理 3～5 名销售人员，如果公司的规模大一点，管理的人员还会更多。如果销售管理者每周和每个销售人员把每个客户的情况都详细问一遍，不仅时间和精力不允许，而且由于销售人员记忆的偏差，说出来的内容和真实情况可能会有很大差别。

所以，要想真正通过七步一回头的方式把销售团队管起来，就必须进行**客户建档**。

*注：由于“资源”二字有多重含义，为便于读者理解，在本章中将统一以销售更常用的“客户”一词代替，但其指代的还是平台、渠道、客户三类资源。

客户建档，就是销售人员在每次拜访客户之后，都要及时把客户的重要信息记录下来，形成客户档案，并在后续的拜访中不断完善和优化。**客户建档的本质，就是对客户信息进行数字化管理**。用数据去说话，而不是凭销售人员的感觉去说话。这样才能避免遗忘，也能让销售管理者在每次回头的时候，通过数据就可以对销售人员开拓地盘的进度和节奏做出判断，不再需要与销售人员针对每个客户一一沟通。

同时，客户建档还有一个非常关键的作用，就是**把客户信息沉淀成公司资产**，而不是销售人员的个人资产。很多公司对老销售人员束手无策，原因之一就是客户的信息只有老销售人员知道，担心老销售人员离职之后，把大量的客户信息也带走了，给公司造成巨大的损失。就算这些客户的联系方式还在，但由于客户信息记录不全，新销售人员上岗后也没有办法快速上手。但如果公司有客户的完整档案，那么在新销售人员接手这个客户的时候，就能通过客户档案快速形成完整的印象，从而做好首次拜访的准备。

看到这里，可能有些销售管理者会说："客户档案这件事我们一直在做，可感觉大部分信息都没有用啊？"的确，大部分公司的客户档案使用效果都不好。原因就在于做的都是**表面性的工作**。很多公司在设计客户档案时，往往只是套用一个现成的模板了事。可能是 CRM（客户管理系统）公司提供的模板，也可能是某家大公司客户档案的模板，却没有认真思考过每一项信息到底为什么要填写，填了以后究竟应该怎么用。这就导致客户档案中有相当一部分信息，销售人员都不知道为什么要填，也不知道怎么填，填完了销售管理者也不知道怎么看，不知道怎么管。销售人员辛辛苦苦填了半天，结果销售管理者看都不看，慢慢地销售人员也就开始敷衍了事，只填一个姓名和联系方式。这也就是很多公司看似上了 CRM（客户管理系统），但客户档案还是管不好的真正原因。

因此，客户档案管理的关键，**绝不是填写的信息越全面越好，而是填写的信息越有用越好**。所谓的有用，就是销售人员根据客户档案，能够快速看清这个客户的情况是什么，找到与该客户深化联系或共谋商机的策略。销售管理者也能够根据客户档案，快速判断这个客户的质量如何，看清楚销售人员地盘开拓的思路是否正确。因此，客户建档的关键，就在于每一项需要填写的信息，都必须想清楚设计这项信息的目的是什么，以及填写的内容要怎么用，这样才能让客户档案真正成为销售团队作战的武器，而不是白白增加工作量的累赘，或者成为食之无味弃之可惜的鸡肋。

所以，客户档案设计的基本原则就是：**怎么用，就怎么设计**。换句话说就是，**需要什么信息，就填写什么信息**。在 RTL 地盘开拓模型和七步一回头中，销售人员和销售管理者主要做的其实就是两件事，一个是**判断客户的质量**，另一个是**与客户深化联系**。因此客户档案的设计，也应当围绕这两个目的来展开。判断客户的质量，对应的是客户的**组织档案**。看清楚客户企业的规模、潜力、商机、资源等，以此判断该客户是否值得深入建立联系。而与客户深化联系，对应的是客户的**个人档案**。看清客户关键决策人的履历、个性、需求和喜好，才能精准挖掘需求。

很多公司都会为客户建立组织档案和个人档案，但很少有公司真正能想清楚为什么要建立这两类档案。只有把目的看清楚，才能知道每一类档案中具体要填写什么样的信息，也才能知道为什么要填写这些信息。由此也可以看出：**整个销售过程管理体系的建设，必须是从顶到底一整套完整的、相互关联的系统**，而不是一个个独立的、互不相关的模块。只有从头到脚把每一个模块的联系打通，销售人员才知道每一步到底为什么要这么做，销售管理者才知道每一步到底为什么要这么管。

1. 组织档案的管理：判断客户质量与资源投入深度

组织档案，顾名思义，就是以客户组织为主体建立的档案。例如，一家公司、一个协会，或者政府单位等。组织档案最主要的用途，就是**判断客户的质量**，明确哪些是重点客户，需要重点投入时间和资源开发。关于客户的质量，有一个非常重要的判断标准：**客户终身价值**。

客户终身价值，也可以称为客户的合作潜力，就是**一个客户从首次合作，直到结束合作，能产出的所有价值**。它是判断一个客户是不是重点客户的重要标准。任何一个公司或销售，只要追求长期的业绩增长，就不能只看到单个的项目，而是必须看到项目背后客户的终身价值。终身价值更高的客户，就是重点客户。

那么，客户终身价值要如何衡量呢？主要从两个方面来衡量：**一是购买力，二是联动力，如图 3-8 所示。**

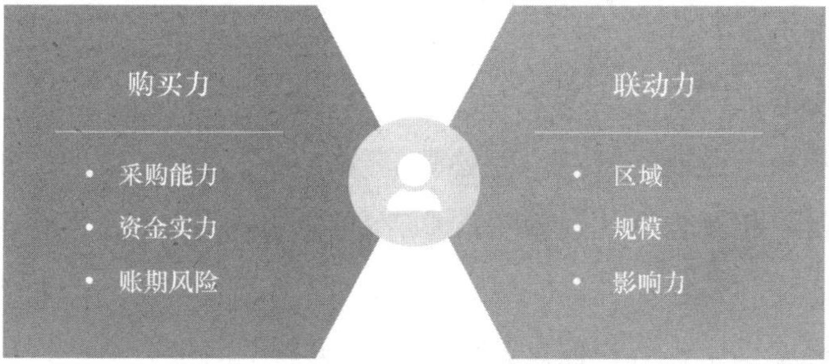

图 3-8 衡量客户终身价值的两个方面

（1）购买力

首先是**购买力**，顾名思义，就是客户购买产品或服务的能力。这里又包括三个细项：客户的**采购能力、资金实力和账期风险**。

首先，客户的采购能力，就是看客户每年的采购量是多少，与销售人员相关的金额有多少。这里**重点不是看单个项目的金额，而是看客户持续采购的能力**。如果客户只有“一锤子买卖”，即使项目规模很大，客户的终身价值也不高。但如果客户每年都会持续采购，可以源源不断地产出订单，即使单个项目的金额不大，客户的终身价值也更高。

其次，客户的资金实力，就是看客户的规模有多大，每年的营收是多少，以及主要的业务板块是什么。这样做的目的，一方面是预测客户未来的业绩发展，如果客户正处于增长阶段，未来的采购能力就会更强，客户的终身价值就会更高。另一方面是了解产品服务对客户的价值，如果销售人员的产品与客户的核心业务紧密相关，客户持续采购的意愿就会更高，未来的业绩就会更加稳定，客户的终身价值也会更高。

最后，客户的账期风险，就是看客户的资金情况怎么样，回款周期有多长，以及社会信用评价如何。对于 To B 企业来说，大部分项目都有一个回款周期，如果客户本身的资金就比较紧张，或者回款意愿不强，有拖欠货款，甚至故意找借口和理由克扣货款的情况，那么这样的客户质量也是不高的。要想把控这样的风险，一方面需要看客户的资金实力，确定客户有钱回款。另一方面也要找到这些客户的上游供应链和合伙伙伴，从侧面了解该客户的商业信誉，并体现到组织档案当中。

（2）联动力

除购买力外，判断客户终身价值的另外一个重要标准，就是客户的**联动力**，也就是**该客户在行业或区域内，能够影响到的范围大小和客户的多少**。联动力和购买力通常是相互独立的，很可能会存在有些客户购买力不强，但联动力很强的情况，这样的客户终身价值也是比较高的。

在组织档案当中，客户联动力的大小，可以从两个方面进行体现。首先是区域的影响力。如果某家行业协会在当地的影响力很大，协会的负责人与许多目标客户的高层领导都有联系，哪怕这家行业协会没有任何的项目采购需求，如果能与这家行业协会深度合作，就可以通过组织市场活动的方式，在当地快速与目标客户建立联系，实现遍地开花。像行业协会这样的客户，就可以称为**核心节点**。

其次是行业的影响力。如果一个组织的专业能力在行业内非常出名，或者该组织要求的严格程度在行业内非常出名，那么如果能够得到这个组织的认可，也可以获得行业内的影响力。例如，一家做教育软件的公司，如果能把清华大学变成他们的客户，哪怕对方只是采购了一个小项目，甚至这个项目还不挣钱，则以后在面对其他客户的时候，都可以说清华大学是他们的客户。有了这样的背书，就会更加容易建立客户的信任，提升项目的成功率。再如，华为对供应链的要求就非常苛刻，如果能通过华为的供应链检测，则可以在同行业的其他公司中树立极大的信任背书。

最后，综合购买力和联动力两方面的信息，就可以判断客户的终身价值。具体可分为 S、A、B、C 四个级别。其中 S 级最高，C 级最低。不同的客户级别，既决定要投入多少精力与资源去开发，也决定档案管理的级别。由于销售人员的精力有限，不可能把所有的客户的信息都填写完整，因此还需要对客户的档案进行分级管理：S 级的客户档案必须全部准确填写，A 级和 B 级的客户档案就可以适当删减，而 C 级的客户档案只需要从中挑选几项填写就可以。

2. 个人档案的管理：找到关键角色与信任突破路径

每个组织都是由人构成的，搞定客户组织的本质，其实是搞定客户的人。因此，完整的客户档案不仅包含组织档案，还必须包含组织内关键角色的个人档案。虽然个人档案和组织档案只有两字之差，但两者的内容和意义完全不同。

一是填写的**内容不同**，组织档案记录的是客户组织的信息，而个人档案记录的是客户内部人员的信息，例如高管的职位、特征等。很多企业在为客户建档时，通常把个人档案称为联系人，只记录基本的姓名、手机号、职位等信息，但这种建档方式是很粗糙的，如果只记录这些信息，则只能初步保障能联系到客户，但无法对客户产生任何具体的了解，后续的拜访辅导也就没了依据。

二是填写的**目的不同**，建立组织档案的目的是判断客户质量，看清楚哪些客户值得重点开发，而建立个人档案的目的则是深化客户联系，看清楚每个人的性格特点，以更好地与客户建立联系。销售人员见不到客户的关键决策人，往往是缺少一个契机去认识对方，即使见到了客户，也可能聊不了两句就被下了逐客令。因此，如果销售人员想要找到一些杠杆，去撬动与客户关键角色的联系，就要对客户的个人资料进行详细的建档。

具体来说，客户个人档案的内容，根据使用的场景不同，大概可以分为以下几类。

首先是个人的基本信息，这部分的信息，大多都可以从个人履历或初次见面交流时获取，主要分为以下几项，如表 3-1 所示。

表 3-1　客户个人的基本信息

一、个人基本信息								
1	姓名		性别		职位		电话	
2	年龄		身高		体形		五官特征	
3	住址				籍贯			
4	学历		院校		主要社会职务	如担任某协会的秘书长、名誉总工等		
5	身体健康状况							

填写基本信息的目的，是让销售人员找到与客户的共同点，提前准备与客户建立联系的话题。例如，了解到客户的老家是哪里，就可以聊自己对那个地方的印象；如果了解到客户是哪个学校毕业的，就可以聊可能共同认识的人。这样做一方面体现出自己是非常关注对方的，另一方面也可以很好地打开客户的话匣子。

接下来是个人偏好信息，如表 3-2 所示。因为在与客户建立联系的阶段，往往不需要和客户聊太多公司和项目层面的信息，而是就着客户感兴趣的话题，和客户聊得开心就好。

表 3-2　客户个人偏好信息

二、个人偏好信息		
1	兴趣爱好/特长	
2	个人最不喜欢的事情	

关于客户资料要收集的第三类信息，就是家庭信息，如表 3-3 所示。例如婚姻/配偶状况，以及重要纪念日等。了解这些是为了让客户始终感觉到在关心和关注他，这些也是销售人员建立客户联系的基本功。

表 3-3　客户家庭信息

三、个人家庭信息		
1	婚姻/配偶状况	
2	重要纪念日	

关于客户资料要收集的第四类信息，就是工作信息，如表 3-4 所示。这类信息看似不起眼，实际上却是区分高手销售和普通销售的关键。普通销售在建立客户联系的时候，往往只关注对方现在的角色和职位。而高手销售不仅关注对方当前的情况，还能关注对方的长期发展。

表 3-4　客户的工作信息

四、个人工作信息		
1	过往工作履历	
2	现单位工作时长/岗位工作时长	
3	1～3 年职位变动动向	
4	现单位关系网络	
5	跨单位关系	

个人档案的这些信息是经过精心设计的。当这些信息填写完整后，对于任何一名销售人员来说，即使从来没有接触过这个客户，通过个人档案，也可以很快弄清楚几件事：

① 这个人的基本情况是什么？

② 可以通过哪些资源见到这个人？

③ 如何准备专属的资料，以及如何与对方加深联系？

④ 与对方闲聊的时候，适合谈论哪些话题？

⑤ 对方关注的是什么？怎样才能把话说到点子上？

当然，在销售人员拜访客户的过程中，这些信息并不是一次就能填写完成的，也不是所有的客户都需要填写完整的，而是需要根据客户组织的重要性级别来决定。原则上来说，**客户组织的级别越高，客户个人的角色越关键，需要填写的信息就越完整。**S 级客户的关键角色需要填写最完整的个人信息，其他等级的客户，或者客户的非关键角色，则可以在此基础上适当精简。这个框架最核心的意义，就在于让销售人员知道应该从哪些角度收集客户的信息，思考如何基于这些信息加深客户联系，以及让销售管理者能够判断销售人员与客户的联系深度如何，并基于这些信息辅导销售人员的拜访。

3.5 拜访辅导：从能力卡点到全面突破

之前详细讲解了 RTL 的管控体系，包括对七步一回头的管理，对组织档案的管理和对个人档案的管理。但是，如果销售管理者在七步一回头盘点的过程中，发现销售人员因为能力不足，导致没有产出应有的成果，销售管理者应当怎么做呢？这时就要进入另一个板块：RTL 的赋能体系。

销售过程的管理，既要做到**管控**，也要做到**赋能**。可以把这两者的关系想象成太极，彼此交织，相辅相成。管控就像太极中的阴，如果只注重管控，只盯着各种销售指标，却不去培养团队，则销售人员的能力会不足，遇到困难时不知如何解决，且受到的挫折多了，就容易产生退意。赋能就像太极中的阳，如果只注重赋能，非常关心销售团队的能力和状态，不断给销售团队组织培训，却不紧盯着业绩目标和过程指标，最后团队就容易一团和气，却没有达成业绩。因此，管控和赋能，两者缺一不可。只有把两者结合起来，销售过程管理才能最大化地发挥效力。

那么，RTL 的赋能应该怎么做？如果在七步一回头的过程中，销售管理者发现销售人员开拓地盘的进度有问题，就要及时介入管理的动作。而管理最有效的工具之一，就是客户拜访的辅导。

客户拜访的辅导

（1）拜访辅导的级别

对销售人员的拜访辅导，根据销售人员的实际情况，主要可以分为四个级别，如表 3-5 所示。

表 3-5　对销售人员的拜访辅导的四个级别

辅导级别	分析内容	辅导目的
一级	拜访数量（打卡）	判断销售人员拜访数量是否达标，以及拜访验真
二级	拜访数量（打卡）+拜访记录	管控销售人员拜访记录填写的质量，推断销售人员拜访客户的能力是否达标
三级	拜访数量（打卡）+拜访记录+拜访计划	了解销售人员拜访计划的设计思路，进行大客户拜访部署，强化拜访目的性
四级	拜访数量（打卡）+拜访记录+拜访计划+拜访录音	对销售人员拜访客户的话术、思路和沟通细节进行进一步辅导

一级辅导

一级的拜访辅导，主要是对**拜访数量**进行辅导。看销售人员这段时间的客户拜访数量是否达标，如果不达标，需要明确原因和改进计划是什么。这个级别是最简单的，大多数销售团队也都停留在这个层面。

二级辅导

二级的拜访辅导，除对拜访数量的辅导外，还要对**拜访记录**进行辅导，看销售人员这段时间拜访了哪些客户，每次拜访完后填写的拜访记录质量如何，以此来判断销售人员拜访客户的能力是否达标，以及是否按标准来填写拜访记录。

二级的辅导最主要的目的，就是**看销售人员的拜访思路是否正确**。如果销售人员一天到晚只跑小客户，大客户一个没去，这样显然是不行的。如果销售人员拜访重要客户只花了几分钟就出来了，拜访记录也填得非常潦草。但拜访小客户的时间反而非常长，拜访记录也填得非常详细，这就说明拜访安排得不合理。可能这个销售人员害怕见大客户，更愿意待在自己的舒适圈里和小客户聊聊天，这时销售管理者就要及时给予辅导。

除看拜访思维外，二级辅导还可以看销售人员的地盘思维。如果一名销售人员在拜访客户的时候，都是一个一个单点地跑客户，客户与客户之间几乎没有关联，拜访的质量也不高，那么说明销售人员缺乏地盘思维。如果销售人员既跑了客户，又跑了资源平台，也跑了渠道，并且能够利用这些资源之间的关系，提高拜访的效率和质量，就说明这个销售人员的地盘思维是过关的。

三级辅导

更进一步的辅导，就是三级的拜访辅导。具体来说，就是要加上对**拜访计划**的辅导。好的表现，一定来自事前大量的准备。如果销售人员要去拜访一位非常重要的客户，或者要去见一个项目的关键角色，销售管理者就不能只在销售人员回来后才辅导，而是要在销售人员出发前就进行辅导。

首先，销售管理者要和销售人员沟通好，明确本次客户拜访的目标是什么；其次，由销售管理者扮演客户，由销售人员模拟拜访，从敲门进来到握手离开，过程中的每个环节都要反复演练，过程中尽可能模拟出各种各样客户刁难销售人员的场景，如约好了时间，到那以后客户不在怎么办，或者陌生拜访，客户一进门就把销售人员往外赶怎么办，或者跟客户聊着聊着突然有件事过来打断了怎么办。把这些情况都尽可能考虑到，并做好应对的演练。

最后，如果销售管理者在演练中发现问题，就要当场指出并给出改进建议，由销售人员改进后再来一遍。销售人员越能够对拜访客户时可能出现的各种情况做好预案，实际拜访的时候就越有把握，就越不容易紧张。因为客户的反应大部分都落在自己的预料当中，只要心态稳定，就可以从容应对。

四级辅导

最高级别的辅导，就是四级的拜访辅导，除对拜访计划进行辅导外，还要对**拜访录音**进行分析。如果一名销售人员的拜访经常达不到预期目的，却又不知道问题出在哪里，就可以要求这名销售人员对拜访全过程进行录音，回来后再由销售管理者逐字逐句地听，并且对其中的问题进行辅导。

这个级别的辅导，深入了最具体的细节当中。因为一次客户拜访的成败，很可能是由许多细微的因素决定的，包括说一句话时的语气，客户问了一个问题后的短暂犹豫，以及说出一句话的上下文和时机等。这些细节都是非语言因素，都是无法从拜访后的复盘中体现出来的，只有拜访录音能够忠实地还原一切。所以这个级别的辅导效果是最好的，但同时也是最耗费销售管理者时间和精力的，因此销售管理者应平衡好效果和精力。而且拜访录音一定要做好保密，绝不能外传，如果和客户交流的内容中包含涉密信息，也应当避免录音。

（2）联合拜访的辅导

当通过拜访记录、拜访计划或拜访录音，发现销售人员的拜访能力存在问题，但口头的辅导效果又不佳的时候，应该怎么办呢？这时一个非常有效的武器就是**联合拜访**。

联合拜访，顾名思义，**就是销售管理者陪同销售人员一起拜访客户，并且在这个过程中指导销售人员，帮助销售人员提高客户拜访能力**。联合拜访的客户，最好是重要级别比较高的客户，例如 S 级或 A 级客户，而且拜访的最好是客户的高层。因为对于大部分销售人员来说，拜访客户高层都是一个难以突破的障碍。有时销售人员可能迟迟拖着不愿意拜访，一方面觉得对方的地位很高，而自己就是个小业务员，身份配不上。另一方面也害怕客户给到压力问题的时候，自己回答不上来，导致把这个客户搞砸了。即使强逼着销售人员去，结果也有着很大的不确定性。因此在这种情况下，销售管理者陪同销售人员拜访，就能够发挥最大的效力。

在联合拜访之前，销售管理者要做的第一件事，就是让销售人员填写拜访计划表，如表 3-6 所示。

为什么要让销售人员填写拜访计划表？因为联合拜访的关键，**不是销售管理者替销售人员拜访，而是教销售人员学会自己拜访**。销售人员必须先思考自己该怎么做，这样才能让销售人员意识到联合拜访是自己需要负责的事，而不是销售管理者负责的事。

表 3-6 拜访计划表

拜访计划表	销售姓名		计划拜访时间		参与拜访其他人员	
说明： 1．针对重点客户或重要项目节点的拜访需制订拜访计划，拜访一定要设定预计的达成目标，并为再次拜访做好铺垫； 2．如果有领导或其他部门人员联合拜访，拜访前须将拜访计划与同行人进行信息同步，做好沟通分工，确保目标一致。拜访结束后需要复盘总结						
一、客户及商机整体状况说明（如有客户档案或商机跟进表，标*项可不填）						
客户名称		行业		拜访人员及职位		
商机名称		商机金额		预计招标/采购时间		
客户组织架构*				关键人信息*		
我方跟进状况*		我方优劣势*				
竞品跟进状况*		竞品优劣势*				
二、拜访计划						
本次拜访目标						
沟通流程设计						
可能的问题与对策						
三、拜访结果复盘（如有拜访记录机制，此项内容可不填）						
取得了哪些成果						
拜访中好的地方						
拜访中不足的地方						
下一步推进计划						

在拜访计划当中，销售人员首先要填写这个客户的基本信息，如果拜访的目的是推进项目，还需要填写项目相关的信息，包括客户组织架构、关键人信息、我方跟进状况等。

接下来，销售人员就要填写本次拜访的目标。对于首次拜访的客户来说，目标通常是介绍清楚公司和来意，给对方留下良好的印象，给以后的拜访打好基础。但如果目标是运作项目，那就要想清楚本次需要讨论项目的哪些细节，希望获得什么样的推进。

当目标明确之后，下一步就是设计沟通的流程。例如，一见面的暖场应该如何设计？中间的沟通应该注意哪些要点？最终希望能达成哪些共识？等等。

拜访流程可以设计得很完整，如从打电话约见客户开始，到拜访完给客户反馈为止。也可以设计得很精细，如给客户准备什么样的伴手礼，应当用什么样的话术送出去，应当如何适时地提出议题和价值等。越是重要的拜访，拜访流程的设计就应当越完整和精细。

当拜访计划填写完成之后，销售管理者就要与销售人员一起，基于客户信息和拜访目的，对拜访过程进行反复的推演。思考客户可能会提出哪些问题，要提前准备好哪些物料和回答，如何引导客户以达成拜访的目标等。对拜访过程推演得越充分，拜访的过程发挥就越游刃有余。

接下来，就到了联合拜访的环节了，根据销售人员能力的不同，联合拜访也可以分成几个级别。如果销售人员的能力很弱，就可以主要由销售管理者与客户沟通，销售人员在一旁观察学习。但如果销售人员能力尚可，就应当由销售人员主要与客户沟通，销售管理者在旁观察反馈，适当推进话题的进度。因为联合拜访的主要目的，还是让销售人员自己掌握拜访的能力，而不是销售管理者替他做。

当客户的拜访结束之后，销售管理者还需要与销售人员一起，对拜访过程和拜访结果进行复盘，包括本次拜访取得了哪些成果，是否达到了原本的拜访目的，拜访过程中做得好的地方有哪些、不足的地方有哪些、下一步要怎么改进。拜访后的复盘非常重要，没有复盘就没有提升。只有通过对拜访过程的详细复盘，才能让销售人员最直观地感受到自己拜访客户的问题出在哪里，应该如何改进，从而最直接地提升拜访能力。

在拜访复盘的最后，销售人员还需要制订针对这个客户下一步的推进计划，其中必须包含具体的动作和时间节点，例如“一周内提交方案给客户审查”。销售管理者需要根据时间节点，对计划的完成情况进行监督和反馈。如此，整个联合拜访辅导才真正完成了闭环。

最后，联合拜访辅导的节奏应该是怎样的呢？对于基层管理者来说，通常一周辅导一次销售人员就可以。因为基层管理者管理的销售人员通常不是很多，在 3～5 人，这样每个月基本上也能把所有的销售人员都辅导一遍，这种计划和辅导的节奏，既能够保证销售人员的能力持续提升，又不会给销售管理者带来太大的负担。

此外，基层管理者每周对销售人员的辅导，无论是拜访计划的辅导，还是联合拜访的辅导，都需要中层管理者的管控，才能确保整个管理动作不会变形。基层管理者每周都要向中层管理者提交一份对销售人员的辅导记录，由中层管理者对基层管理者的辅导记录进行检查和反馈，或者不定期抽查基层管理者对团队的辅导过程。如果发现基层管理者在辅导的过程中存在问题，则中层管理者也需要对基层管理者进行辅导，以确保辅导动作执行到位。

精华小结

- 管控的意义是：让销售人员把最重要的时间和精力，用在最重要的事情上。
- RTL 地盘开拓流程的意义，在于让销售团队从出门打猎的思维，变成深耕地盘的思维。只有拥有源源不断的商机产出，才能带来业绩的深度增长。
- RTL 地盘开拓流程运用的关键是：最大化地利用资源之间相互连接的力量。
- 判断优质资源的标准：资源自身的质量足够好，与销售人员的联系足够深入。
- 只有拥有模型化的工具，才能实现销售团队经验的可复制、可传承。让地盘开拓从一门艺术，变成一门科学。
- R1 阶段开拓到位的标志，是客户认可销售人员能够满足他的需求。
- R2 阶段开拓到位的标志，是客户与销售人员共谋具体的事项。
- 只有与对方共同谋事，资源才能真正为销售人员所用，否则销售人员就是为他们所用。
- RC 阶段最重要的事，是让资源对销售人员放心。
- C1 阶段既要获得终端客户的认可，也要对客户的质量进行评估。

- 客户提出的问题和需求越多，问得越详细，就说明合作的意愿越高。
- 一定不要只看到客户的商机，还要看到这个客户背后深层的资源与关系。
- 七步一回头，就是每有效拜访七个资源，就回过头来，对所有拜访过的资源进行一次盘点，并深化一轮与重点资源的联系。
- 七步一回头重点要看三个指标：拜访资源的效率、拜访资源的结构、拜访资源的质量。
- 从结果挖掘过程，从过程挖掘能力，只有找到问题的根源，才能对症下药地解决问题。
- 客户建档最核心的价值，就是把客户信息沉淀成公司资产，而不是销售人员的个人资产。
- 客户档案设计的基本原则就是：怎么用，就怎么设计。不是填写的信息越全面越好，而是填写的信息越有用越好。
- 客户终身价值，就是一个客户从首次合作，直到结束合作，能产出的所有价值。
- 建立组织档案的目的是看清楚哪些客户值得重点开发，建立个人档案的目的是看清楚和每个人怎么建立联系。
- 客户组织的级别越高，客户个人的角色越关键，需要填写的信息就越完整。
- 销售过程的管理，既要做到管控，也要做到赋能。可以把这两者的关系想象成太极，彼此交织，相辅相成。
- 联合拜访的关键，不是销售管理者替销售人员拜访，而是教销售人员学会自己拜访。

第 4 章　LTC：从商机到业绩

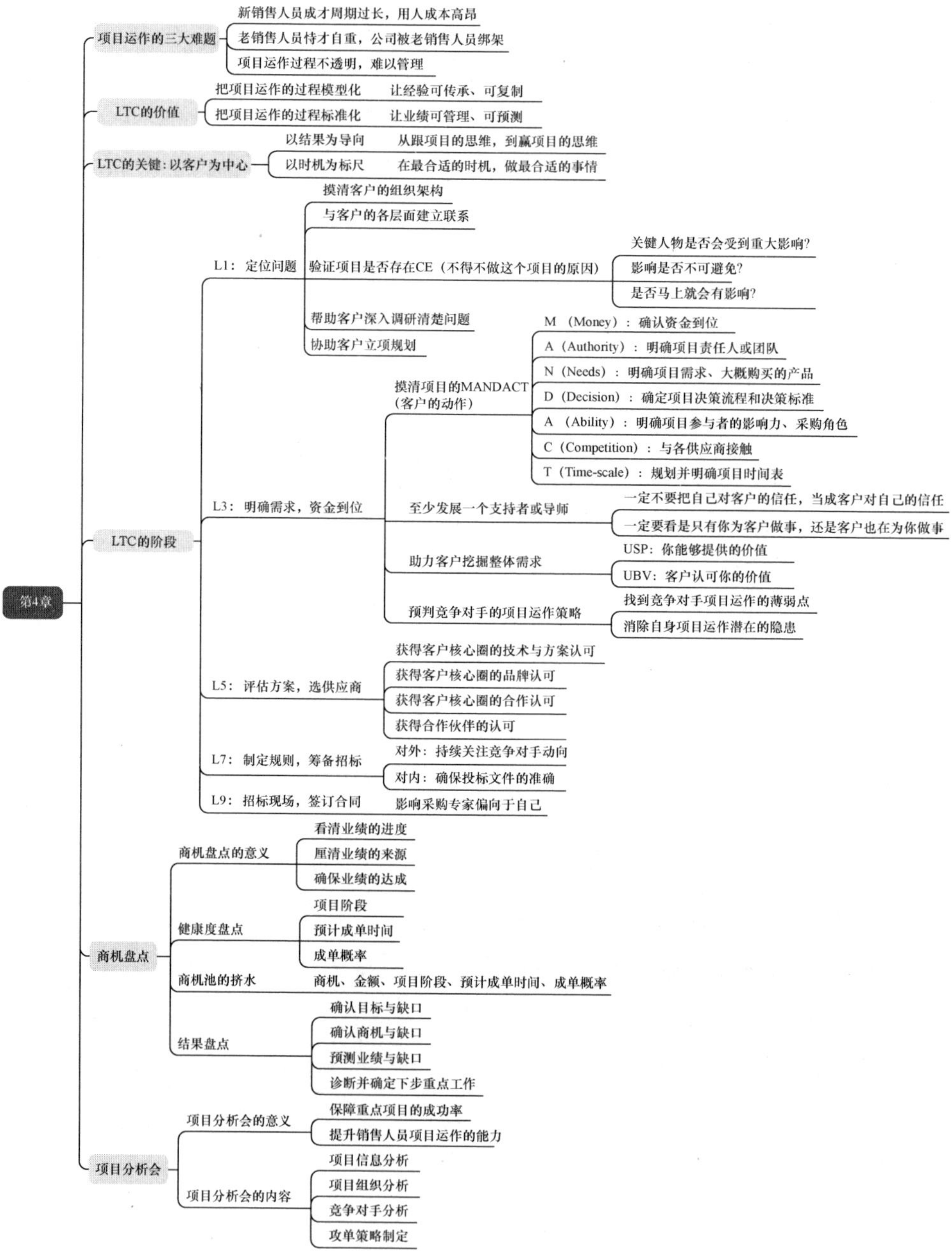

在上一章，讲到了 RTL 管理的整个过程，即如何看清地盘格局、快速开拓市场、深化客户联系，最终让地盘源源不断地产出商机。那么，当从客户那里拿到商机之后，下一步要怎么办呢？就要进入**项目运作**的流程了，也就是从**获取商机线索**（Leads）开始，到**最终运作项目成单**（Cash）的过程，也就是 LTC 的过程。

如果说，RTL 管理的关键是保障地盘产出的稳定性和持续性，让地盘**源源不断地产出客户与商机**。那么 LTC 管理的关键，就是抓牢项目运作的要点和时机，保障**项目运作的效率和成功率**。

项目的成功率，就是看所有进入商机池的项目，到最后有多少能成功签单？项目的成功率越高，在商机数量相同的情况下，销售人员达成的业绩就越高，浪费的资源就越少。

而项目的成功率，往往又和项目的效率息息相关，**项目的效率**，就是项目的每一个阶段，销售人员是用半年推进的、三个月推进的，还是一年推进的？如果明明用一个月就能推进的项目，销售人却耗费了三个月，项目的成功率就会显著降低。一方面，这个项目更可能被竞争对手所得知；另一方面，竞争对手也有更充足的时间运作客户关系。从而在项目后期的关键阶段，窃取你前期努力的成果。相反，如果运作项目的效率足够高，不仅能让项目尽快落袋为安，还可以趁机抢别人的项目，一旦能够转攻为守，业绩的结果就天差地别了。

所以，销售团队为什么要把 LTC 管理的过程单独拿出来，掰开了揉碎了做精细化的管理？最根本的目的，就是要提升项目运作的**效率和成功率**。在项目的每个阶段，销售人员要做哪些关键动作？关键动作有没有做到位？项目团队要如何配合？如何达成关键动作的结果？只有把握好每个阶段的最佳时机，管理好关键动作的落地，才能保障项目运作的效率，从而提升项目运作的成功率。

4.1 LTC 的价值：从看天吃饭到科学种田

1. 企业头痛的现状

在正式开始讲 LTC 管理的内容之前，先思考一个非常现实的问题：

一家企业的销售团队，不建立 LTC 管理体系，到底行不行？

为什么要把这个问题放在最前面？因为我在为很多企业建立 LTC 管理体系时，很多老板都会问我这个问题。这个问题背后的潜台词其实有两个，一个是：你看我们公司这么多年没用 LTC 管理体系，业绩不也是照样好好的？另一个是：LTC 管理体系听起来就非常麻烦，如果我投入很大精力建设它，对业绩的提升到底有用吗？

在这里，我先不直接给出问题的答案，而是先讲一讲，根据这些年来我对各式各样企业的观察：一个没有建立 LTC 管理体系的销售团队，是什么样的？

（1）销售团队难以扩大

一个没有 LTC 管理体系的销售团队，最先遇到的问题就是：**老板（或者老销售人员）运作项目的经验无法复制，销售团队难以扩大。**

很多老板在听到 LTC 管理的时候，都会说："哎呀，我知道这个，这跟我干的方法其实就是一样的。"的确如此。对于很多企业来说，老板就是最厉害的销售人员。尤其是在企业创立的初期，产品和客户资源都还不成熟，至少要有一名强大的销售人员为企业造血，才能顺利度过生存期，而这名销售人员通常就是企业的老板。

但随着企业慢慢变大，业务越来越多，老板就必须建设销售团队，好让自己的时间和精力从销售任务中解脱出来。但这时就会发现一个问题：虽然项目他自己会做，也能做得很好，但要让他把做项目的经验提炼成模型，传授给销售团队，让销售团队也能把项目做得很好，这他就不会了。

To B 销售的项目，往往涉及角色众多，关系错综复杂，非常考验销售人员对项目完整的理解与把控能力。如果老板不能把自己做项目的经验复制给团队，当销售团队来了新人的时候，要么是靠老销售人员带，今天运作一个项目，明天拜访一个客户，就像"盲人摸象"一样地学习，看不清项目运作的全貌；要么是靠客户教，没有接受过企业任何项目运作的培训，直接就拿客户练手。

那这样带来的结果是什么呢？就是**新销售人员的成才周期过长**。如果让一名新销售人员自己去靠悟性慢慢摸索，慢慢试错，往往需要 2～3 年才能基本入门。因为 To B 项目的运作往往是以年为单位来计算的，最少的也要几个月，两年下来，销售人员连完整的项目都没有跟下来过几个，又何谈运作项目的能力呢？

而且，一名销售人员如果长时间赚不到钱，很可能也就走了，企业还要再招一个新人去顶替他，而新人又需要大量的成长时间，白白浪费了企业人力成本和大量的时间成本，企业的销售团队也难以扩大，甚至会出现青黄不接的困境。

（2）业绩瓶颈难以突破

一个没有 LTC 管理体系的销售团队，还可能会遇到一个问题：老销售人员不听从指挥，业绩瓶颈难以突破。

刚刚说到，一名新销售人员如果赚不到钱，往往干不了几年就走了。因此，能够在企业干五年以上的老销售人员，往往都是那些悟性和能力比较强的人。但这样的人能够成长起来，靠的完全是自身的实力，而不是企业的培养。也就会觉得是他为企业创造了业绩，是他成就了企业，企业应该感谢他才对。于是慢慢地就会出现难管的“老员工”现象。

所谓“老员工”现象，就是老员工的话语权大于企业，即使不听从企业的指挥，企业也毫无办法。因为老销售人员的能力一般都很强，客户资源也比较丰富，手里掌握的资源多了，就难免会有自己的想法。再加上新销售人员成长不起来，企业就难免会对老销售人员有着大量的依赖。想让老销售人员换地盘？想给老销售人员设置更高的业绩目标？想让老销售人员适应企业的战略转型？对不起，老销售人员愿不愿意做，全看他的心情。因为他知道你必须依靠他们才能生存下来，就算他不做，你也不会拿他怎么样。老销售人员开不掉，企业就会被老销售人员绑架。对这个人的依赖越高，对企业的反噬就越大。甚至一旦这样的老销售人员离职，还会为企业培养出一个强大的竞争对手。

因此，如果企业缺少 LTC 的管理体系，新销售人员撑不起来业绩，企业的业绩大部分就要来自老销售人员，就不得不依赖老销售人员，就有可能陷入被老销售人员反过来要挟的困境。企业的资源被大量浪费，业绩迟迟卡在某一个瓶颈，无法有效地突破与增长。

（3）项目过程无法管理

如果销售团队没有 LTC 管理体系，还会遇到的一个问题是：**销售人员运作项目的过程，就像一个完全看不见的黑箱**。不仅销售人员完全是凭感受去做，没有标准，销售管理者也无法判断项目的成功率到底有多少，只能听销售人员说。没办法判断销售人员的动作到底有没有做到点上，没办法看到项目还存在哪些问题和隐患，也没办法看到保障项目成功下一步的关键动作是什么。甚至到最后项目丢了，连项目是怎么丢的都不知道，又何谈下次避免出现问题呢？要么是听天由命让销售人员自己运作项目，项目的成功率无法把控；要么是亲自下场和销售人员一起跑项目，把自己累得半死，最后销售业绩也难以达成，销售团队也没有成长。

综上所述：如果没有 LTC 管理体系，企业的项目运作经验就无法复制，项目运作的过程也无法管理。新销售人员成才太慢，老销售人员恃才自重，企业就无法突破业绩增长的瓶颈，还容易被老销售人员绑架。因此，LTC 管理体系的核心价值之一，就是把项目运作的过程**模型化和标准化**。只有把项目运作的经验模型化，才能复制给销售团队，让项目运作的经验得到传承，让企业的销售团队真正拥有复制变大的可能性。只有用标准化的方式表达出来，才能把项目运作变成可管理的执行逻辑，让管理者有效管控与赋能团队，让企业的销售业绩真正拥有突破瓶颈的可能。

所以，回到本节最初的问题：一家企业的销售团队，不建立 LTC 管理体系，到底行不行？

这个问题，相信你的心里已经有了答案。

2. 把艺术变成科学

那么，LTC 管理体系把项目运作的过程**模型化和标准化**，又可以带来什么价值呢？

最核心的价值，就是能**让业绩变成可预测的。**

如果把项目运作的过程比作农作物生长的过程，当年神农氏尝百草的时候，只是告诉人们什么样的农作物能吃，但并没有说农作物生长的过程是怎样的，怎么样把这个粮食种活也不知道。人们把种子撒到地里，最后能不能产出粮食，每年能产出多少粮食，只能听天由命，要想提高农作物的产量，只能靠求神拜佛。这就是农业发展的第一阶段——靠天吃饭。

直到古人又经过了几千年的摸索，才逐渐掌握了不同农作物生产的规律，从让农作物自然生长，到大概知道每种农作物的生长分为几个阶段，在不同的阶段大概要做哪些事。但这些经验也是相对粗糙的，就像中餐当中“油一勺，盐少许”的概念一样，有的人悟性高，种的地就好，有的人悟性差，种的地就差，作物的产量还是不能准确预测。这就是农业发展的第二阶段——靠人吃饭。

直到近代出现了科学种植的概念，把所有种植环节都做了精细化的管理，农作物的亩产才真正变成可预测的，一片地种下去，只要不出现极端天气，小麦亩产 1000 斤或 1200 斤，基本上是可预测的。这就进入了农业发展的第三阶段——靠系统吃饭。因此，LTC 管理体系的作用，就是**对项目运作的环节做精细化的管理，从业绩只能听天由命，到业绩可以管理预测**。把项目运作的能力从一门艺术，变成真正的科学。

那么，LTC 管理体系是如何做到这一点的呢？关键在于：**不仅要把项目运作的过程分为不同阶段，还需要知道每个阶段具体要做哪些事，每件事情具体要怎么管理。科学的管理不是出了问题再管理，而是在问题出现之前，就提前预测并预防它**。只有明白了科学管理是**防患于未然**，知道销售人员每个阶段具体要做哪些事、可能都会遇到什么样的问题、不同的阶段重点要管理的是什么，并且提前把所有的管控策略都部署下去，才能保证每个环节不出问题，保证项目能够顺利推进，保证有足够抗风险和突发事件的能力，让最后的成单变成“十拿九稳”，而不是“九死一生”。

4.2 LTC 的阶段：从自我感动到运筹帷幄

接下来，就要深入 LTC 管理体系的具体阶段了。LTC 管理体系的关键之一，就是把项目运作的整个过程切分成不同的阶段，使其**标准化、模块化**，从而对每个阶段实现**精细化管理**。那么第一个要解决的问题就是：项目运作的过程，应当切分成哪几个阶段？

深度增长的 LTC，主要把商机运作的过程切分成五个阶段，如图 4-1 所示。

从图 4-1 中可以看到，LTC 管理体系过程的五个阶段，分别是 L1、L3、L5、L7、L9。其中每一个数字，都对应着客户项目的进度。其中，L1 对应着项目

10%的阶段，L3 对应着项目 30%的阶段……以此类推。

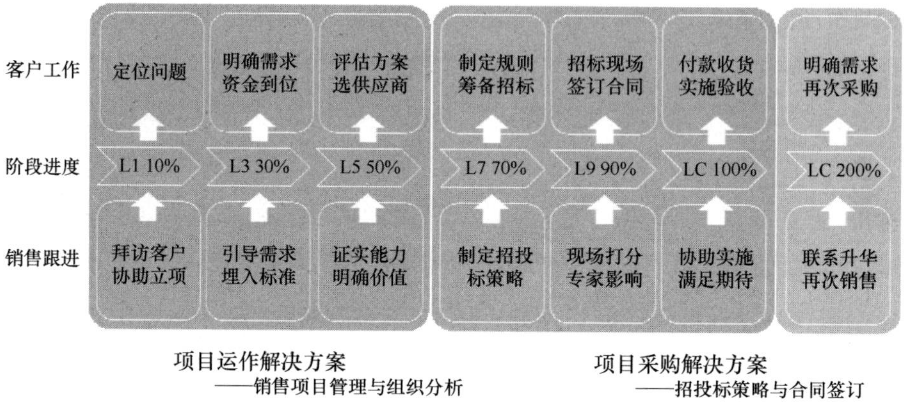

图 4-1　商机运作的五个阶段

为什么要用 L1、L3 等方式来命名项目的各个阶段，而不是直接用 10%、30%？这是因为相比直接使用百分比的数字来说，L1、L3 的命名方式具备更好的延展性。如果有企业想要在本书的基础上设计出属于自己的 LTC 管理流程，也可以根据自身的客户与行业特点，在各阶段名称不变的情况下，自己定制各个阶段的标准。

在 LTC 管理过程的五个阶段当中，L1～L5 是项目运作阶段，L7～L9 是项目采购阶段，当然还有最后的 LC 阶段，就意味着项目已经签单，即将进入交付和二次采购的环节了。在这五个阶段当中，销售人员和销售管理者最需要关注的，就是前三个**项目运作**的阶段，即 L1～L5。一个项目介入得越早，你的成功率就越高，如果项目已经到了 L7 和 L9 的阶段销售管理者才刚刚介入，那么成功率就非常渺茫了，因此，本章对 LTC 管理过程的讲解，将重点集中在前三个阶段上。

但是，在对各个阶段进行讲解之前，必须先澄清一个非常重要的概念：**LTC 中的商机阶段，一定是以客户的项目为中心的，而不是以销售人员为中心的。**什么意思呢？就是商机阶段的判断，必须以客户项目本身的阶段为准，而不是以销售人员跟进的阶段为准。

市面上很多讲 LTC 的书，都是以销售人员的阶段为中心的，也就是在判断商机阶段的时候，都是以销售人员跟进的阶段为准的，例如 10%是和客户初次接触，30%是向客户提交方案，50%是与客户确认方案，70%是参与招投标等。这样做会有什么问题呢？问题在于忽略了一个事实：**客户的项目进展到什么阶段，不是由销售人员决定的，而是由客户决定的**。就好像庄稼的生长，不是由农民的意愿决定的，而是由庄稼自身的需求和生长规律决定的。农民种地不是自己想干什么就干什么，而是必须按照庄稼的生长规律去干，如果在发芽期就去做收获的事，就成了拔苗助长了。在项目运作当中也是一样，销售人员的努力，最多只能加快或减缓项目阶段的推进，但项目实际进展到什么阶段，还是根据客户自身的工作进度来决定的。

例如，销售人员刚刚接触到一个客户，但是该客户有一个项目马上就要招投标，那么这个项目的阶段应该是 70%，而不是 10%，这里的 70%就是客户项目的进度，10%就是销售接触客户的进度。再如，销售人员帮助客户完成了立项，把项目阶段推进到了 30%，但接下来两个月销售人员都在忙其他的项目，没有继续跟进这个项目，这个项目的阶段就不一定会保持在 30%，有可能在竞争对手的跟进下，已经推进到了 50%，这时如果销售人员还把这个项目当作 30%阶段去运作，就很有可能会出问题。

因此，**如果以销售人员为中心去判断项目的阶段，就很容易对时机进行误判**。因为销售人员的推进都是循序渐进的，没有 30%，就没有 50%，但在真实的场景中，由于有竞争对手的存在，有可能销售人员刚刚得知项目的时候，就已经处在 50%的阶段。即使销售人员没有跟进，项目也会往后推进。因此**只有看到项目实际所处的阶段，才能选择匹配这个项目阶段的策略**，如果发现项目时就已经处在靠后的阶段，那么要跳过前期的一些步骤，直接去匹配这个阶段该做的事情。例如，发现客户的项目马上要招标了，就应当果断跳过前期的环节直接去竞标，才有机会拿下这个项目。而不是客户的项目马上要招标了，自己还在跟客户做技术交流，这样是没有胜算的。

由此可见，深度增长 LTC 和其他 LTC 最大的不同，就是**项目阶段不是以销售人员为中心的，而是以客户为中心的**。只有以客户为中心，才能以结果为导向，让销售人员带着一定要把项目做成的思维去做事，而不只是尽人事听天命。只有以客户为中心，才能以时机为标尺，让销售人员能够抓住每个动作的最佳时机，而不只是“当一天和尚撞一天钟”。**在最合适的时机，完成最关键的动作，**才能真正提升项目运作的效率，确保项目的成功率。

4.3 LTC 管理流程：从粗放运作到可靠管控

在商机的每个阶段，销售人员具体需要做哪些事情，以及管理的要点是什么呢？接下来就详细介绍下。

1. L1 阶段：拜访客户，协助立项

首先是商机的 L1 阶段，也就是商机 10%的阶段。销售管理者可能最经常听到的一句话，就是销售人员说这个客户没有项目。但实际上在 L1 阶段，客户很可能就是**只有问题，没有项目！**

很多销售人员到了客户那里，都喜欢上来就给对方介绍企业或产品，问对方有没有项目，大部分得到的答案都是没有。但是设身处地地思考一下，当在大马路上一个人拦住你问你需不需要他们家产品的时候，你会怎么回答呢。

因此，当销售人员说一个客户“没有需求”的时候，销售管理者一定不要轻易被假象所迷惑，而是要按照 L1 阶段的步骤和环节，检查销售人员有没有把关键的动作做到位，具体如图 4-2 所示。

图 4-2 在 L1 阶段应当管理的事

（1）摸清客户的组织架构

首先，在商机的 L1 阶段，销售管理者应当检查的第一件事，就是销售人员是否**摸清了客户的组织架构**。也就是客户都有哪些部门，各部门的职责是什么，最好还包含部门负责人和联系方式。

为什么要先检查组织架构？一方面，组织架构通常是公开的，销售人员在没有接触到客户之前，也可以从客户网站等获取组织架构的信息，可以判断销售人员是否为拜访做好了准备。另一方面，看清楚客户的组织架构，也可以确定销售人员拜访的是否为关键人员，信息的来源是否可靠和真实。

很多销售人员到了客户那里，都不敢去见高层领导，只是和基层人员建立联系，打听到对方有什么问题或需求后，就来向企业汇报，却殊不知，基层人员所提出的这些问题，有可能是高层领导根本就不关心的。同理，基层人员说自己没有需求，也不代表高层就没有需求。基层人员往往关注的是自己工作当中遇到的问题，而高层领导更关注的是个人和企业发展的问题。两个问题的层次是完全不同的。**客户的基层是验证问题的，客户的高层才是提出问题的，**两者千万不可混淆。

（2）明确 CE

接下来，在销售人员收集到的客户问题中，销售管理者最需要问清楚的，就是 CE。什么是 CE？CE 就是客户不得不做这个项目的原因，对于任何一个项目来说，都有做与不做的可能性。尤其是 L1 阶段的商机，由于需求还不明确，因此无法立项的风险很大。因此，判断客户是不是一定要做这个项目的依据，就是看这个项目有没有 CE。具体来说，主要看**三点：①如果这个项目不做，是否有关键人物会受到重大影响？②影响是否不可避免？③是否马上就会有影响？**

举个例子，如果一名网络项目的销售人员，找到了一个写字楼的开发商，开发商说他们的需求是："9 月 1 日之前网络必须通"。这个能称为 CE 吗？并不能，因为这可能是客户随口提出的一句要求，看不到背后的影响是什么。但销售人员继续挖掘这个需求，发现背后的原因是："在开发商与租户的协议中，9 月 1 日前入租时网络必须通，如果网络不通影响了租户的正常办公，开发商就要赔偿 200 万元违约金。"也就是当没有按时完成这个项目，开发商的负责人会受到重大影响的时候，这个问题才能正式被判断为 CE。

因此，销售管理者在判断一个客户的问题是否存在 CE 时，**不能只看这个**

问题本身是什么，而是必须问清楚销售人员这个问题背后的原因是什么，以及如果项目不做带来的影响是什么。关于是不是 CE 最主要验证的，就是项目的可靠性，一个有 CE 的商机，客户做这个项目的意愿度就会更高，项目落地的可能性也越大。而如果没有 CE，项目的可靠性就不高，客户就可能一拖再拖，最后不了了之。判断一个客户有没有 CE，是判断客户是否存在商机的最关键标准。如果客户嘴上说他们有项目，但是没有挖掘到项目背后的 CE，这个项目的真实性大概率也是存疑的。但如果发现客户那里存在 CE，但是还没有明确的项目，此时就是与客户共谋项目最好的时机。

（3）与客户各层面建立联系

在 L1 阶段，管理的另外一个要素，就是看销售人员是否**与客户的各层面建立联系**。

这里所说的“各层面”，既要包括客户的高层，如董事长、总经理等，也要包括客户的中层和基层，如部门经理，基层员工等。刚刚说到，销售人员在拜访客户时，客户的高层是必须拜访的目标。但是有些销售人员会进入另一个极端：到了客户那里只见高层领导，却忽略了和其他人员建立联系。这样也是不行的。最大的原因在于，**所有没有见过的人，都有可能在未来成为项目运作的阻力**。

任何一个项目的落地，虽然领导的需求是最关键的，但也需要其他人员的支持与落地执行。在绝大多数客户组织当中，人际关系都处在一种微妙的平衡当中，领导虽然有最核心的话语权，但做决策时也需要考虑其他人员的意见。如果销售人员只是和高层领导建立了联系，领导就算对他再认可，但其他人员强烈反对、拒不执行，甚至质疑领导动机的时候，也会让领导陷入为难。因此，如果销售人员存在这样的误区，销售管理者一定要及时发现并指出来，提前消除可能的隐患。

（4）与客户一起调研清楚问题

此外，在与客户各层面建立联系的时候，许多销售人员都是为了建立联系而建立联系，或者不去建立联系就去问项目，这样都是不对的。**建立联系不是目的，而是发掘问题和需求的手段**。和客户的联系越深，对方对你就越是信任，就越愿意告诉你真实的问题和隐藏的诉求。

因此，销售管理者要帮销售人员培养的一个核心思维方式就是：要**把帮助客户解决问题当作目的，把销售产品作为手段**。很多销售人员都把这两者的关系搞反了，把销售产品作为目的，把帮助客户解决问题当作手段，在拜访客户之前，就已经假想好了客户可能存在这样、那样的问题，到了客户那里了解了所谓的需求，也只是把这些预设好的问题安插到客户的头上而已，这样找出的问题自然是浅层的、片面的、想当然的。

因此，销售管理者一定要帮助销售人员培养这样的意识：要以真正的咨询顾问的身份面对客户，不要想着推销产品，而是要真正地把解决问题当作目的，和客户一起深入调研他们真正的问题，以专家的身份给他们提出建议。看似无欲无求，但实际上成功率是更高的，因为帮客户把问题调研得越清楚，客户对你就越是信任，当客户想要解决这个问题的时候，也就会自然而然地把你的产品和方案作为首选，因为他知道，只有你才最了解他真正想要解决的问题。

（5）协助客户立项

当做完前面所有的工作之后，到这里还有最后一个问题——客户是不是真的要为这件事立项？只有客户为这件事正式立项，商机才能真正转化成项目，双方的合作才能真正开始。为此，销售管理者在商机的 L1 阶段，还需要推动销售人员完成最后一步工作——**协助客户立项**。

协助客户立项，就是要首先与客户确认立项的意愿，明确这件事是不是他一定要做的。如果是，就要继续深入沟通，找出客户在立项过程中可能遇到的顾虑和卡点，并协助客户解决这些问题。例如，如果发现客户有资源方面的需求，就可以帮客户协调资源。如果发现客户有技术方面的难题，就可以帮客户联系技术专家或寻找合适的技术解决方案……

综上所述，当一个商机处在 L1 的阶段时，客户很可能只有问题，没有项目。一个商机真正存在的标志，就是客户的高层存在 CE。因此，销售人员重点就是要做好四件事：**摸清客户的组织架构、与客户各层面建立联系、帮助客户深入调研清楚问题，并且协助客户立项**。当立项审批通过之后，该商机就正式转化成了项目，并且向 L3 阶段开始推进。

2. L3 阶段：引导需求，埋入标准

L3 阶段如图 4-3 所示。

图 4-3 L3 阶段

（1）明确项目资金是否到位

当客户的项目立项审批通过之后，该商机就开始从 L1 向 L3 阶段推进。那么，如何判断项目是否正式进入了 L3 阶段呢？一个重要的标志，就是看**项目资金是否到位**。

很多销售人员在项目运作的过程中，因为自己做了很多工作，例如给客户做测试，写解决方案和技术参数等，就认为该项目就已经推进到 L3 甚至是 L5 阶段了，这样的判断是不对的。不要忘了，**商机阶段的划分，永远都是以客户的阶段为核心的**，只要客户的资金没有到位，不管销售人员运作得再深入，该项目就仍然只处于 L1 的阶段，这点销售管理者一定要严格把控标准。如果资金没有审批下来，这个项目根本就不存在，那么运作得再深又有什么用呢？销售人员的努力并不会改变项目的阶段，而是可以在资金审批下来之后，将项目快速推进到 L5 阶段。

（2）摸清项目的 MANDACT

客户在 L3 阶段的主要工作，可以用英文缩写 MANDACT 来概括，其中每个字母的含义如下。

- M（Money）：确认资金到位（**里程碑标志**）。
- A（Authority）：明确项目责任人或团队。
- N（Needs）：明确项目需求、大概购买的产品。
- D（Decision）：确定项目决策流程和决策标准。
- A（Ability）：明确项目参与者的影响力、采购角色。

- C（Competition）：与各供应商接触。
- T（Time-scale）：规划并明确项目时间表。

在项目的 L3 阶段，销售人员必须完成的工作，就是要尽可能地摸清客户 MANDACT 的信息。俗话说，知己知彼，百战不殆，所有项目运作的动作，都必须根据获取的信息来开展。这些信息获取得越准确，后续的项目运作动作就越有效。

销售管理者在检查这些项目信息的时候，有一个重点就是一定要**交叉验证**，因为客户内部每个人出于对个人利益的考量或其他原因，告诉销售人员的未必是真实的信息。例如，曾经有个销售人员，他去拜访某个客户的时候，每次都只去拜访对方的技术经理。对方每次见到他都非常热情，每次也都跟他讨论项目需求和技术参数，他的销售主管也一直没要求他去交叉验证这个项目的信息，但是有一次当销售主管向销售总监汇报这个项目的时候，销售总监很诧异地说这个客户的项目不是都已经招标了吗？中标公告都挂在网上了，你们怎么还跟他们讨论需求呢？这就是典型的没有交叉验证项目信息的结果。

当然，客户项目的全部 MANDACT 信息，由于客户每个人掌握的信息不同，加上跟客户深化联系需要时间，不可能一次全都摸清。因此，销售人员需要在一边项目运作的过程中，一边持续摸清这些信息，并及时更新之前不准确或不完善的信息。

（3）至少发展一个支持者或导师

在 L3 阶段，销售管理者还必须管好一件事，就是销售人员需要在客户组织内部，**至少发展一个支持者或导师**。

你与客户内部人员的关系，基本上可以分为 4 个层级，从高到低依次是：**导师、支持、中立、反对**。其中，中立和反对比较容易理解，反对你的人，就是会努力使你失败的人，他们认为你的成功会损害他们组织或他个人的利益，可能是他对这个项目不信任，也可能他是竞争对手的支持者。中立的人，就是没有表示出明显倾向的人。可能是你还没有向他们证明足够的价值，以取得他们的支持，也可能他们内心是矛盾的，并不打算表达自己的真实感受。支持你的人，就是会为你提供信息的人，但还是需要你自己来推动项目，同时他们也有可能会为竞争对手提供支持。而最高级别的导师，则是与你的成功完全绑定的人，他认定只有你才最能满足他的需求，不仅会帮助你对抗竞争对手，而且还会在内部主动帮你推进。

很多销售人员在发展客户关系的时候，都是只发展到支持者就停止了，但是，导师和支持者这两种关系，还是有着很大差别的。如果能和客户的关系更进一步，把客户从支持者发展成导师，项目的成功率则会有巨大的不同。

为什么需要把客户发展成导师呢？试想一下，每个销售人员的精力就那么多，不可能每天都待在一个客户那里，如果项目的进度只靠自己来推动，那么当关注其他客户和项目的时候，这个项目是不是就处在了停滞状态？如果长时间处于停滞状态，甚至有可能被竞争对手撬走。因此，在客户内部有人帮你推动项目，甚至在竞争对手来的时候还能给你透露信息，这就是导师能带来的核心价值。导师不仅是你的支持者，更是你的利益共同体。因此，在项目 L3 的阶段，在客户内部至少发展一个导师或支持者，项目的成功率才能得到保障，也是销售人员最重要的任务之一。

销售管理者在判断销售人员的客户关系的时候，一定还要避免一个误区，那就是**不要把销售人员对客户的信任，当成客户对销售人员的信任**。很多新销售人员常常把看起来关系不错的客户，都当成是信任自己的客户。但生意上的信任只能建立在价值的基础上，而不能只建立在情感的基础上。客户对销售人员的信任，一定是建立在对销售人员专业能力认可的基础上，相信你能够更好地帮助他实现价值，而不是表面上关系好，说两句保证的话就可以。很多销售人员得到了客户口头上的保证，就无条件地信任对方，把客户的每一句话都当成金玉良言，甚至是最高圣旨，这样做是非常容易被人操纵的。客户是否真正信任你，一个重要的判断标准是，**是只有你为客户做事，还是客户也在为你做事？**只有客户真正开始为你做事，才代表着客户对你的信任。

（4）助力客户挖掘整体需求

那么，客户可以为你做的事主要有哪些呢？就是共同研讨并确定需求，**助力客户挖掘整体需求**。

客户提出的需求，大部分情况下与你的产品是不完全匹配的。因此在 L3

阶段，销售人员不仅要与客户深化联系，还要**助力**客户挖掘需求。在 L3 阶段与客户联系到位的表现之一，就是你提供的价值，得到了客户的认可。

你为客户提供的价值，主要分为两种：**USP 和 UBV**。USP 就是**你能够提供的价值**，而 UBV 则是**客户认可你的价值**。很多销售人员都会把 USP 误当作 UBV，但实际上两者是完全不同的。你能够提供的价值，并不一定是客户认可的。举例来说，对于一款杯子来说，可能它的核心价值是保温，把 100 度的水放置 12 个小时以上，水温还能保持在 80 度。但如果客户的需求是晾水晾得快，不想每次把开水倒进去都要晾很长时间，那么这个价值不仅不能成为客户认可的价值，反而还会成为客户不认可这个产品的理由。因此，如果客户的需求和你的价值不匹配，你就要助力客户挖掘需求，尽可能使客户关注你的优势；并形成更有利于你的招标采购方式，例如单一来源采购、明确产品参数等。

（5）预判竞争对手的项目运作策略

最后，管理者在 L3 阶段，还有一点必须提醒销售人员的是，不仅要看到自己做了什么，还必须看到竞争对手做了什么。一定不要只看到自己的项目运作策略，还需要**预判竞争对手的项目运作策略**。这个项目是销售人员从 L1 阶段运作上来的，还是刚刚接触的时候就已经处在 L3 的阶段？这两者也有很大的不同，因为它决定了项目是采用**攻势**还是**守势**。

如果项目是自己从 L1 运作上来的，采取的就是**守势**，就要稳扎稳打运作项目，消除潜在隐患，不要给竞争对手可乘之机。因为一旦项目立项之后，就会有竞争对手打听到消息，就会企图来分一杯羹。销售人员就要有意识地给竞争对手设置一些壁垒，让竞争对手难以攻破。

如果销售人员在项目中只看到了自己的策略，却没有看到竞争对手的策略，就有可能一直自我感觉非常良好，以为客户非常支持自己，这个项目是志在必得，但其实早就掉进对方为你埋下的陷阱里却不自知。这也就是为什么我在上文中强调说，**一定不要把自己对客户的信任，当成客户对自己的信任。一定要看是只有你为客户做事，还是客户也在为你做事。**

那么，如果你自己就是那个“竞争对手”，也就是当你得知这个项目的时候，这个项目就已经处在 L3 阶段了，应该怎么办呢？这时你要采取的就是**攻势**。也就是要找到竞争对手运作项目的薄弱点，从中找到可乘之机。

如果你一进来项目就处在 L3 的阶段，说明客户的问题和需求，极大概率已经有人帮他们梳理过了，也就是说，这个项目中几乎一定存在竞争对手。这时销售人员要做的事情，虽然还是要和客户各层级建立联系，但此时建立联系的重点，就不再是 L1 阶段的挖掘问题，而是直接挖掘隐藏的需求。尤其是要尽量挖到那些尚未被竞争对手满足的客户深层次的需求。很多销售人员一看到有项目，就习惯于只去问产品方面的需求，例如对功能、参数的需要等，但这些需求早就被竞争对手梳理过了，客户为什么还要选择你呢？如果你只能满足表面需求，而竞争对手能够满足深层次需求，你就毫无竞争之力。客户和你说的“欢迎你也来参与”就是表面话，实际上一点机会都不会给你。只有你能满足竞争对手无法满足的深层次需求，在这个项目上才能夺回属于你的优势。另外，如果你采取的是攻势，也一定要想尽办法见到客户的拍板者。避免轻信中层管理者对你的许诺，从而被竞争对手所设置的障碍挡在门外。

其实从这一点也可以看出，攻守的策略其实是共通的，如果你攻的地方对方没有守，就找到了可乘之机。而攻守展开的策略点，则主要围绕着项目的 MANDACT 信息来进行。例如，对于项目资金来源的信息，如果发现项目的资金来源于上级单位，而你是攻方，则要尽可能找到上级单位有影响力的角色；但如果你是守方，则需要避免竞争对手比你先找到这样的角色。再如对于项目落地时间的信息，如果你是守方，则要主动推进项目的进度，尽量不给竞争对手项目运作的时机；但如果你是攻方，则要尽可能争取到更多项目运作的时间，让你有机会来布局。

综上所述，一个项目的 L3 阶段，是销售人员布局最重要的时机，也是保障商机成功率的关键阶段。这个阶段销售管理者一定要帮助销售人员考虑周全，侥幸心理要不得。首先，一定要收集到项目 MANDACT 的信息，并反复交叉验证收集到的信息是否准确。其次，一定要在客户内部至少发展一个支持者或导师，并通过助力客户挖掘整体需求使客户的需求有利于你。最后，一定不能只看自己把项目运作得怎么样，还需要考虑到竞争对手可能会使用哪些策略，提前做好攻守的布局，这样才能把项目的成功牢牢把握在自己手里，而不是寄希望于竞争对手在某一个环节的疏漏。

3. L5 阶段：证实能力，明确价值

当客户已经明确了项目的需求，并且资金也已经到位之后，项目就进入了 L5 阶段。在这个阶段，客户最主要做的工作就是评估方案，并选择供应商。因此，销售人员与之匹配的动作，就是**向客户证实能力，明确自己的价值**。最终要达到的目的，就是**获得客户的认可**。具体来说，主要是获得以下四个方面的认可，如图 4-4 所示。

① **技术与方案认可**：确保产品、服务或阶段性研发成果获得客户决策圈的认可。

图 4-4　需获得的四个方面的认可

② **品牌认可**：向客户证实企业实力和价值，确保客户内部决定首选你的企业。

③ **合作认可**：确保在客户核心圈中至少要有一位支持者或导师，同时客户拍板者不是你的反对者。

④ **合作伙伴认可**：确保你已经和合作伙伴达成合作意向。

销售人员只有在 L5 阶段达成这四项的认可，才能比较扎实地度过项目的 L5 阶段，从而扫清后续采购环节中可能出现的障碍。

在以上四项认可当中，销售人员最容易出现问题的一项，就是**合作认可**。之前说过，在项目运作的 L3 阶段，销售人员需要在客户内部发展一名支持者或导师，但到了 L5 的阶段，则必须要确保在客户**核心圈**中至少要有一位支持者或导师。

什么是客户的核心圈？就是一个项目当中的**拍板者和决策者**。在任何一个项目中，客户一定都会有四种角色：**拍板者**、**决策者**、**评估者**、**使用者**。首先，**拍板者**是最终做出决策的人，拥有资金使用权和审批权，也对项目拥有一票通

过权和一票否决权。每个项目通常只有一个拍板者，可能是一个人，如董事长、一把手，也可能是一个团队，如董事会或委员会。其次，**决策者**是承担完成本项目责任的人，也是做出决定把哪个方案呈交给拍板者的人，通常每个项目也只有一位决策者，往往是某一个部门的负责人，或者组织的二把手。再次，**评估者**就是负责分析产品，为决策者和拍板者提供分析报告，并影响决策者和拍板者的人。通常每个项目有多位评估者，大多是技术人员、采购人员、财务人员，或者同行专家。最后，**使用者**就是直接使用产品和服务的人，通常每个项目有多位使用者。其往往是某一个部门，或者是基层员工。

之前已经说过，很多销售人员在与客户建立联系的时候，都不敢去见拍板者和决策者，而只是和评估者和使用者建立联系，这样做在 L3 阶段是勉强可以的，但如果项目到了 L5 阶段，销售人员在核心圈中还是没有支持者或导师，项目的风险就非常大了。因为评估者只是对产品做技术评估的人，使用者只是使用产品的人，他们都无法真正在项目中做出决策，更不能拍板这个项目到底由谁来做。

在和客户核心圈深化联系的时候，还有一个销售人员容易陷入的误区，就是只和决策者建立联系，但拍板者一次都没有见过。决策者和拍板者的主要区别在于，**决策者拥有决策权，而拍板者拥有一票否决权**。换句话说，决策者说行不一定行，但拍板者说不行一定不行。如果销售人员只把决策者发展成了支持者或导师，但拍板者一次都没有见过，那么项目丢单的可能性是大于 50%的。

为什么丢单的概率这么高？管理者一定要让销售人员记住一句话：**但凡是客户内部你没有见过的人员，几乎一定是你的反对者**。因为你不去见拍板者，不代表竞争对手就不会去见。如果拍板者一次都没有见过你，对你完全没有了解，就不会有任何信任可言。而只要竞争对手去见过，就一定会倾向于你的竞争对手，从而成为你的反对者。大部分项目往往越是到后期，客户的高层就越是会发挥力量，很可能就会在项目运作到关键阶段的时候突然发难，打得你措手不及，从而眼睁睁地看着项目丢单。因此，销售人员在 L5 阶段，哪怕没有把客户的拍板者发展成支持者或导师，也必须亲自拜访过客户的拍板者，至少要保证客户的拍板者不是你的反对者。

在检查销售人员的客户关系的时候还需要注意一点，就是**一定要分清拍板者和决策者**。很多销售人员都会误以为某个人是拍板者，但实际上对方只是决策者。因为很多客户的决策者最喜欢假装拍板者，或者他们真的认为自己就能拍板。如果信了他们，就很容易做许多无用功，浪费大量的资源。要想验证谁是真正的拍板者，一方面要从客户处获得信息，看看客户过去的项目是由谁拍板的；另一方面也可以直接问客户的预算在哪个部门，由谁说了算，以此来进行交叉验证。在这里要再次强调一遍：**从客户那里获取的所有信息，交叉验证非常重要**。

除合作认可外，还需要检查销售人员是否获得了其他三方面的认可。**技术与方案认可**是一个项目的原动力，主要是在 L3 阶段根据客户的需求去匹配的。这里关键不在于方案，而在于认可，也就是客户认可你的方案是最能够解决他们的问题，满足他们的需求的。**品牌认可**是一个项目的助推剂，就是让客户对你的品牌实力放心。你可以通过邀请客户访厂、参观、考察等方式，让客户亲眼见证品牌的实力。而**合作伙伴的认可**是一个项目的保险栓，这里的合作伙伴可能是上游的供应商，可能是与你共同开发客户的渠道，也可能是配合你项目落地的集成商，获得合作伙伴的认可，可以为后续项目的落地消除阻力。

案例分享

在我们辅导企业的时候，曾经遇到过这样一个项目：销售人员信心满满，结果却是丢单。

项目的情况是这样的：当时销售人员在做这个项目的时候，为了接触到客户的拍板者梁总，就找到了一位认识梁总的老同学当中间人。两人在老同学的介绍下见了面，第一次聊得就非常投机。梁总非常欣赏这名销售人员，并当场表示愿意推进与她们公司的合作。

之后，这名销售人员在梁总的授权下，与公司的技术负责人程工对接了技术方案，对客户的使用场景做了详细的调研与分析，并顺利通过了产品的性能测试，得到了程工对她们公司的技术与方案的认可。

得到了拍板者对她们公司的品牌认可和合作认可，也得到了评估者对她们公司的技术与方案认可。看似这个项目顺风顺水，似乎已经十拿九稳是她们公司的，但当我们在为她分析这个项目的时候，却发现了一个隐患，如表 4-1 所示。

表 4-1　发现的隐患

角　色	合 作 认 可	品 牌 认 可	技术与方案认可
梁总（拍板者）	√	√	
孙总（决策者）			
程工（评估者）			√

注：在这个项目中，因为是厂商直接对接终端客户，所以不涉及合作伙伴的认可。

通过表 4-1 很容易发现，在这个项目中，还缺少了一个关键角色对她们公司的认可，就是决策者的认可。

当我们问起她这个问题的时候。她说客户的决策者，是公司的采购部经理孙总。孙总一开始本来不太愿意见她，但看在梁总的面子上，也很热情地和她交流了一会。但她从心里是不太喜欢孙总这个人的，所以就不想和孙总深入建立联系，只要让对方配合她做工作就行了。

但是，多年销售管理的直觉让我认为这件事肯定不会这么简单，于是就继续追问了她更多的细节。

我问："孙总和你的关系，目前到了哪个阶段了呢？"

她想了想说："应该是支持者吧。"

我追问："为什么你判断是支持者？"

她停了一会，回答说："我看他挺听梁总的话的，而且和我聊天也挺热情的，在项目上应该会支持我们。"

我继续问："那在项目推动方面，他具体为你做了什么事情了吗？我之前听你说他们之前采购的是一家上市公司的品牌，既然他以前选择的是上市公司，说明他对品牌是有一定的要求的，他对我们表达了哪些认可？他是如何打算不再使用原来的品牌的？"

她想了想说："我们没有聊那么多。哎呀，其实不用管那么多啦，那个人就是个二把手，既然一把手都已经认可我们了，那二把手肯定就会给面子对不对。"

通过这名销售人员的回答，我判断孙总很可能并不是她的支持者。因为基于他的角色，我并没有看出他在项目上为她推动了哪些事，也没有看到他对她们公司品牌的认可。再结合销售人员提起交流中的一些细节，我认为这个人甚至很可能是反对者，这样的风险是极大的，可能会影响整个项目。于是在下一步的工作安排中，我特别提醒她，为了保障项目的成功，一定要去注意加深和孙总的联系，并且一定要把技术优势和孙总汇报清楚，取得孙总的认可。

但是销售人员不同意我们的观点，认为不可能会发生意外，认为这个项目一点风险都没有，于是继续把孙总晾在一边。但是项目的进度一直迟迟没有推进，每次去找梁总聊项目，梁总总会找一些理由推托。直到有一次，我们邀请客户来公司访厂参观，梁总说这段时间有事，让孙总带队来参加。本来已经提前定好了日期，公司也为此做了很多的准备，但直到访厂当天上午，孙总突然打电话说有事要开会不来了，这个信号就已经非常明显了。

因此，为了掌握情况，我就让她打听清楚孙总是怎么回事。这时候她才得知，孙总是公司十几年的老员工了，虽然不是一把手，但在公司内部话语权很大。客户目前正在使用的品牌，也正是孙总当初引进公司的。而且孙总对这名销售人员当初拿梁总压他的态度很不满，于是一直在和原来品牌的负责人共同谋事，并且给梁总施压，如果梁总执意选择这样一个新的品牌，那么全部后果由梁总自行承担。

最后，在孙总强力的施压下，梁总也非常为难，不敢执意地推动与新品牌的合作，最终该项目还是丢了。

由此可见，销售人员在运作这个项目关键的失误点就在于**忽略了决策者的认可**。在当初拍板者把她引荐给决策者的时候，她没有抓住这个时机窗口，没有花大力气去突破决策者的关系，也没有让决策者认可公司的品牌和技术，而是理所当然地认为他也会支持自己，导致后面出现难以把控的风险。

由此还可以看到，销售人员其实最怕的就是自我感觉良好，销售人员千万不要**靠感觉**做项目，尤其是到 L5 阶段的时候，一定要按照这几个标准确认这些事情干没干。沿着这几个维度去看，他们帮你做了什么事，才表明他们对你的认可。项目的推动一旦缺少了切实的数据和事实做支撑，所有的自我感觉良好，到最后都是隐患。

当然还有一点要强调的是，四个认可虽然是放在了 L5 阶段，但它们意味着 L5 阶段**必须做到的事**，而不是 L5 阶段**才要去做这些事**。例如，客户核心圈对你的合作认可，最好从 L1 阶段就开始布局，至少也要从 L3 阶段开始接触，才有可能在 L5 阶段实现对你的认可。再如，邀请客户访厂、参观，或者产品测试等工作，也可以在前面的阶段就开始进行。这些获得客户认可的动作执行得越早，L5 阶段项目运作得就越扎实，项目的成功率也就越高。

4. L7～L9 阶段：制定策略，投标谈判

一个项目运作是否成功，很大程度取决于前面 L1～L5 的三个阶段运作是否扎实。到了 L7～L9 阶段，由于客户已经进入了采购环节，如果前面运作得不够扎实，我们只能作为攻方去抢单，这个项目成功的概率就很低了，需要采取一些特别的措施。但如果运作得足够扎实，我们是作为守方来应对他人的挑战，就要尽可能保证项目不出意外。本节的内容，将重点围绕守方的动作来开展。

首先，在 L7 阶段，客户的动作主要是制定规则，筹备招标。因此，作为守方来说，本阶段的重点工作，主要包括以下几个方面。

（1）确保招投标规则有一定壁垒性，建设出护城河

基于前期深入沟通与项目需求理解，积极引导客户在招标规则中客观、充分地体现项目的核心需求与技术难点。这包括推动项目成功所必需的、自己具备显著优势的关键能力（如已验证的特定技术解决方案、独有的行业认证要求、关键性能指标等），合理、清晰且可验证的资格条件或高权重评分维度等。目的在于确保规则本身能精准匹配项目实际需求，筛选出最具履约能力的供应商，从而在规则层面巩固前期建立的优势地位。

（2）与标书执笔人积极沟通，把标书条款落实到细节

主动与招标文件编制方（技术、采购部门）进行专业层面的沟通，确保对项目需求、自己方案优势的理解准确无误地转化为招标文件中的具体条款。重点在于清晰界定技术规格、服务标准、验收要求等关键内容的细节描述，力求表述精准、无歧义，避免因条款模糊导致后期执行争议或评分偏差。通过专业沟通，保证招标要求能公正、全面地反映项目的真实复杂性和自己的核心价值主张。

（3）模拟专家打分，提前预测招标现场风险

组织内部或聘请独立顾问，严格依据招标文件预设的评审标准和方法，对自己拟提交的投标方案进行多轮模拟评审。核心目标是通过外部视角，提前发现方案响应中可能存在的技术表述不清晰、商务条款响应不完整、证明材料准备不足等潜在风险点，并据此进行优化完善。确保最终提交的投标文件在技术、商务、合规性等方面均达到最高标准，最大程度契合评标专家的评审要求。

（4）持续关注竞争对手动向，防范其采用非常规策略

持续关注主要竞争对手的动向，尤其是要防范其在本次采购中可能采取的一些非常规手段，如低价冲单，影响采购专家，找到高层领导等。应持续保持与项目关键决策人基于项目价值和专业性的共识沟通，确保信息对称。同时针对评估出的潜在风险场景，提前准备基于事实、数据和方案优势的应对预案，以维护项目的平稳推进。

（5）确认投标文件的准确，确保项目不出差错

除以上对外的工作外，还应对内反复确认自己投标文件的准确性与严谨性。我们曾见过无数这样惨痛的案例，明明销售人员在前期已经做了非常大的努力，工作也做得非常到位，结果到了招标现场，就是因为标书上写错了一点，或者盖错了一个章，导致之前的努力全部付之东流。因此，在 L7 阶段必须对任何可能出差错的地方反复检查，全力避免出现不必要的意外。

到了 L9 的阶段，通常就进入了采购或招标的现场，也就是决定项目花落谁家的时候了。在这个阶段，销售人员重点要做的事包含以下两项。

（1）巩固与甲方代表基于项目价值达成的专业共识

在招标现场及允许的沟通环节，持续、清晰地与甲方项目核心成员（代表、关键使用部门、技术负责人）沟通自己方案的核心价值主张、独特优势及对项目需求的精准契合点。重点在于基于事实、数据和前期验证结果，重申自己解决方案如何最有效地支持甲方达成项目目标、控制风险并实现长期价值。确保在整个决策过程中，甲方关键人员对自己方案的认知是基于全面、准确的专业信息，从而巩固前期建立的专业信任基础。

（2）确保自己方案在评标环节获得客观、公正的评估

在评标答辩、澄清等环节，由技术专家或授权代表，精准、专业地回应评标委员会的询问，重点阐述自己方案对招标文件各项要求（尤其是核心技术与商务条款）的实质性响应和优势所在。严格按照评标规则，清晰展示支撑文件（如成功案例证明、技术认证、服务承诺书等），确保每一项评分点都有充分、合规的依据。通过专业、严谨的现场表现，评标专家能够基于预设的评分标准，全面、准确地理解自己方案的合规性、先进性和可行性，从而在规则框架内获得公正的评价。

由于招投标对专业和法规的理解要求较高，因此以上的这些策略与动作，通常应当是在招标之前，销售人员在其他部门的支持下制定并完成的。企业也最好有专门的招投标部，来辅助销售人员完成这项工作。

以上就是在项目运作的 LTC 阶段，销售管理者需要管理好的关键动作。由于各环节的要点繁多，为方便销售管理者在日常工作中真实应用，我总结出了一张工具表格，如表 4-2 所示。

表 4-2　销售管理者应当管好的关键动作

客户阶段	客户目标	销售目标		
		信息收集	联系深化	项目推进
L1 10%	定位问题立项规划	摸清客户的组织结构 找到项目的 CE（不得不做这个项目的原因）和 UBV（客户认可你的价值）	找到客户的关键决策人 与客户各层面，建立联系	与客户一起调研清楚问题 帮客户立项规划
L3 30%	明确需求资金到位	确认项目资金到位 明确项目责任人或团队 明确项目需求、大概购买的产品 确定项目决策流程和决策标准 明确项目参与者的影响力、采购角色 了解竞争对手信息 掌握项目时间表	至少发展一个支持者或导师	助力客户挖掘整体需求
L5 50%	评估方案选供应商	友商报的产品或方案及对应参数及友商的商务信息	获得核心圈的信任	获得核心圈的品牌、技术与方案认可

（续表）

客户阶段	客户目标	销售目标		
		信息收集	联系深化	项目推进
L7 70%	制定规则筹备招标	搜集采购环节的相关信息	保持与关键决策人的沟通，防范竞争对手采用非常规策略	在招标规则中体现客户已验证的核心需求
			模拟专家打分	把需求细节准确地落实到招标文件中的具体条款
L9 90%	招标现场签订合同	—	巩固与甲方代表达成的价值共识	确定采购的报价策略
			确保我司方案获得客观、公正的评估	
LC 100%	付预付款派发货单	—	深化客户联系	配合客户付款与发货
			让客户对交付放心	
			排除反对者对项目实施设置的障碍	

从表 4-2 的横向来看，每一行代表的是销售管理者在各个阶段需要管好的动作。从表 4-2 的纵向来看，这些动作又可以分为三大类：信息收集、联系深化、项目推进。

其中，信息收集是 LTC 管理最基础也是最重要的工作。只有看到项目真实的信息，后续的决策才有据可依。当收集到信息之后，销售人员还需要持续运作商机，这就对应着联系深化和项目推进两项工作。其中，联系深化代表人的层面，项目推进代表事的层面，任何一个项目要想运作成功，这两个方面都缺一不可。销售管理者必须时刻关注销售人员在这两个方面的进展，并及时对不足的地方进行反馈和跟进。

以上，就是销售人员根据深度增长的 LTC 管理体系，进行项目运作的完整过程。但是，对于销售管理者来说，因为手下有多个销售人员，而每名销售人员手中又有多个商机，这时要如何对每名销售人员的项目进行有效的管理呢？这时就要用到 LTC 管理的一个关键工具了——**商机盘点**。

4.4 商机盘点：从模糊感觉到精准预判

商机盘点，是 LTC 销售过程管理中的一个关键工具，也是销售团队管理的有力武器。

为什么要做商机盘点？因为销售管理者在管理团队的时候，经常会遇到以下两个问题。

第一个问题，是**目标不明**。虽然销售人员每天都在努力地跑客户，手里也在同时运作着好几个项目，但每个项目的进展究竟如何，成功率究竟如何，能不能完成业绩目标，销售管理者心里一直都是个未知数，只有到季度核算业绩的时候才知道，但结果已定，为时已晚。

第二个问题，是**重点不明**。销售人员在运作项目的时候，很多都是跟着自己的感觉走，觉得哪个项目有把握，就会在哪个项目中投入大量的时间和精力。但这些“容易运作”的项目，往往都不是什么重点项目，而对于真正有价值的重点项目，销售人员往往会觉得自己的能力和资源不足，从而不敢运作。所以如果销售管理者没有看到这些重点项目，没有在背后推他们一把，就会很容易错失运作这些重点项目的关键时机，导致项目落入他人手中。

因此，商机盘点的主要目的，是让销售人员以业绩目标为导向做事，让销售管理者对销售团队的商机做到心中有数，以**确保业绩的达成**。所有的销售业绩，都来源于商机。如果一名销售人员手中商机的数量不足，或者金额不足，或者成功率不足，则都会影响当年业绩的达成。因此，销售管理者必须定期对销售人员手中的商机进行盘点，就像医院对每个人进行体检那样，检查商机池是否健康，发现存在哪些影响业绩达成的隐患，早发现早治疗，问题发现得越早，解决问题的效果才越好。

1. 健康度盘点：对商机结构进行“全面体检”

那么，销售管理者要如何对销售人员商机池的健康度进行盘点呢？

（1）商机池的建立

首先，要想盘点商机池，就必须先建立商机池。每当销售人员从客户那里挖掘到商机时，都需要将商机的信息填写到表 4-3 中。

表 4-3 中需要填写的内容，可以分为三大类。

表 4-3　商机信息填写表

商机基本信息							商机健康度信息			存 档 信 息	
商机名称	客户名称	所属区域	所属行业	商机金额	商机级别	商机描述	项目阶段	成单概率	预计成单时间	所属人员	最后更新时间

首先是商机基本信息，包括商机名称、客户名称、所属区域、所属行业、商机金额、商机级别和商机描述，这部分只要按照实际情况填写即可。其次是商机健康度信息，包括项目阶段、成单概率和预计成单时间，销售管理者主要根据这部分的数据，对销售人员的商机池健康度进行诊断。最后是存档信息，用于记录该商机的所属人员和最后更新时间，如果用 CRM 做管理，则这部分可由系统自动生成。

（2）商机池的盘点

当销售管理者盘点商机池健康度的时候，首先，要看所有商机的**项目阶段**，如果一名销售人员手里的商机大多都处在 L1 阶段，说明这名销售人员的商机跟进不足，大部分商机都只停留在“看到”的层面，不确定是否真实存在，因此当年能够完成业绩的风险很大，这时就需要让这名销售人员多去挖掘一些 L3～L5 阶段的商机，以确保业绩的来源。但是，如果一名销售人员手里大多都是 L5～L7 阶段的商机，说明这名销售人员的商机储备不足，主要的精力都投入在已有的项目上，虽然当年的业绩能够完成，但第二年就可能会出现青黄不接的情况，这时就需要让这名销售人员多去挖掘一些 L1～L3 阶段的商机，为第二年做好商机的储备。

其次，要看商机的**预计成单时间**，所有的商机，只有在当年年底之前成单，才能计算为当年的业绩。因此，如果一名销售人员很多商机的成单时间都在年底，说明这些项目当年能够落单的风险很大，需要和销售人员确认这些商机的时间是否准确，是否有办法加速推进这些项目，尽可能确保当年业绩的完成。

最后，是看商机的**成单概率**。商机的**成单概率**，是判断商机质量的核心标准，总共分为五个级别，从高到低分别为**确保、优势、可能、机会与了解**，如表 4-4 所示。

表 4-4　商机成单概率的五个级别

<table>
<tr><th>成功概率</th><th>了　解</th><th>机　会</th><th>可　能</th><th>优　势</th><th colspan="3">确　保</th></tr>
<tr><td rowspan="6">判断标准</td><td rowspan="5">刚刚听说有项目，不一定真实存在</td><td>项目确定真实存在</td><td>项目确定真实存在</td><td>客户采购阶段≥50%</td><td>客户采购阶段≥70%</td><td rowspan="6">已中标</td><td rowspan="6">客户单一来源采购</td></tr>
<tr><td rowspan="4">竞争对手的优势明显大于你</td><td rowspan="4">你与竞争对手势均力敌（你相比竞争对手有优势，但也存在缺点和不足）</td><td>客户拍板者或决策者至少一方是你的支持者或导师</td><td>客户拍板者与决策者是你的支持者或导师</td></tr>
<tr><td>有支持你的渠道（如果有渠道）</td><td>优势渠道明确支持（如果有渠道）</td></tr>
<tr><td>技术方案或标书对你有利</td><td>技术标书对你有利</td></tr>
<tr><td>决策标准和程序对你没有不利地方</td><td>决策标准和程序对你有利</td></tr>
<tr><td>（或）对项目信息不了解</td><td>（或）没有看清楚竞争格局</td><td>各竞争对手尚处于混战阶段</td><td>你比竞争对手处于优势地位</td><td>对手在客户决策圈无支点</td></tr>
</table>

通过以上几个成功概率的级别，还可以发现一点：**当销售人员发现商机的时候，无论成功概率如何，都应该记录下来，让销售管理者看到。**

很多销售人员都会产生这样的心理，那就是只有自己觉得有把握的项目，才会在商机列表中写出来，对于自己觉得把握不大的项目，干脆就不写了。但实际这样做是不对的。真正判断一个项目做还是不做的标准，不应该看这名销售人员**“能不能做”**，而是这个项目**“该不该做”**。销售人员在地盘中挖掘到的所有商机，无论自己觉得能不能做，都应当把它们记录下来。只有让销售管理者看清楚地盘上都有哪些商机，才能做出更加准确的决策。如果一个项目的金额非常大，或者有机会成为企业的标杆项目，即使销售人员自身的能力和资源不足，也应该让销售管理者看到，这样销售管理者才有机会给销售人员调配更多的资源运作这个项目，或者申请更有能力的销售人员跟进。

一个比较理想的商机池的状态是，有三倍以上漏斗（这个概念会在下面的章节说明）的商机处在 L5～L7 阶段，预计成单时间在 11 月之前，且成单概率处在“优势”及以上。剩余 20%～30%的商机处在 L1～L3 阶段，为第二年做储备，这样既能达成短期的业绩，也考虑到长期的储备，就是一个比较健康的商机池。

（3）商机池的挤水

此外，在真实商机盘点的工作中，还需要考虑到一种情况，那就是销售人员往数据里掺水。销售人员在记录商机的时候，往往会有一种完成任务的心态。如果用商机数据考核销售人员，销售人员可能是捕风捉影听到一条消息，就记录进来了，而且金额可能也写得虚高。甚至会弄虚作假，故意填写符合标准的数据上来，但实际上并不是商机的真实信息，这样商机盘点的结果就会不准确。因此，为确保分析结果的准确性，在进行商机盘点的时候，还必须进行**商机的挤水**，顾名思义，就是在商机盘点的时候，加入一些验证的环节，把销售人员虚报的商机，或者虚高的金额挤出去，让商机盘点的结果更加准确。

那么，挤水应该怎么挤呢？具体分为以下几种情况。

第一种，是**商机的掺水**。如销售人员从合作伙伴那里听到一个商机，说是哪个客户当年可能要上哪个项目，自己还没有验证，就匆匆忙忙把商机记录进去了。所以对于销售人员记录的商机，一定要验证这个项目的信息来源是否可靠，确定这是一个有效的商机。

第二种，是**金额的掺水**。如客户做的可能是一个集成项目，整个项目的总金额非常大，但是与你的企业相关的只有其中的一小部分，这时销售人员在记录商机金额的时候，可能就把整个集成项目的金额填进来了。因此，在商机挤水的时候，还要问清楚商机的金额情况，只记录商机与你有关的金额，而不是记录这个商机的整体金额。

第三种，是**项目阶段的掺水**。商机的阶段，代表的是客户项目的进展阶段，而不是销售人员的跟进阶段。商机阶段有着严格的判断标准，不同的商机阶段，也决定着项目当年能够落单的概率高低。例如到了 8、9 月的时候，如果商机的阶段还在 L1，那么当年能够落单的概率就非常低。因此，在商机挤水的时候，对于每个阶段的商机，一定要基于标准去验证商机是否满足条件，例如项目阶段在 L3，就一定要问清楚这个项目的资金到位没有，如果没有到位，就需要把项目的阶段改为 L1，并重新评估该项目当年落单的可能性。

第四种，是预计**成单时间的掺水**。商机盘点的目的，是确保当年业绩目标的达成，有些销售人员在初次了解到商机时，由于不知道预计成单的具体时间，可能就随便填了一个当年的时间进去，这样就会被统计为当年的商机。但是随着时间的推移，这个商机可能会被推迟到第二年才能落地，因此，在商机挤水的时候，还要确认每个商机的落地时间，让无法在当年落地的商机，不会被统计到当年的商机金额中去。

第五种，是**成单概率的掺水**。这种情况是最常见的，因为销售人员对项目成功率的判断，往往会过于乐观，例如销售人员听到中间人拍胸脯说“你就放心吧”，就觉得这个项目确保了，但实际上他连客户见都没见过。再如销售人员和客户中层干部的联系比较紧密，中层干部拍胸脯和他说“这件事找我就行了”，就觉得这个项目确保了。但其实拍板者他连见都没见过。因此，在商机盘点的时候，对于每个成功率是确保或可能的项目，都要问清楚销售人员这样判断的依据是什么，和决策者与拍板者的关系是什么，对方帮自己做到了哪些事，竞争对手的情况怎么样等。如果发现销售人员判断过于乐观的情况，就要调整商机的成功率，从而调整预估达成业绩的数据。

2. 结果盘点：对业绩目标进行“精准对齐”

除对商机池健康度进行盘点外，销售管理者还需要进行另外一种商机盘点，就是**对商机结果盘点**。

两者最大的不同在于，健康度盘点重视的是**结构**，而结果盘点重视的是**结果**。换句话说，商机结果盘点最核心的目的，就是**确保当年业绩的完成**。

商机结果盘点的流程，如图 4-5 所示。

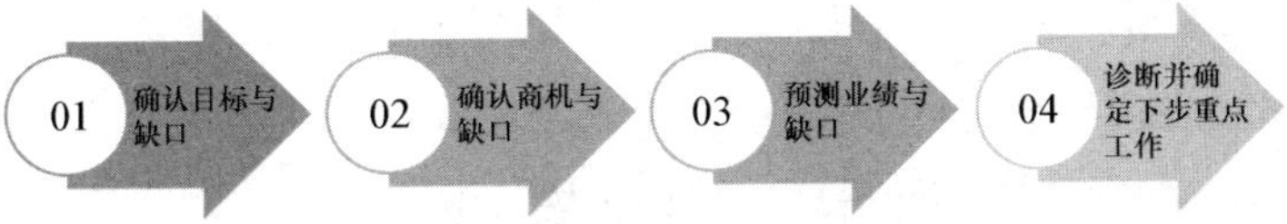

图 4-5　商机结果盘点的流程

接下来，我将会根据这个流程图，分步骤进行讲解。

（1）确认目标与缺口

首先，商机结果盘点的目的，是**确保当年业绩的完成**。因此商机结果盘点的第一步，就是**确认当年的业绩目标，统计已完成的业绩进度，并检查进度与目标之间的缺口**。

这样说可能会有些抽象，以下以表 4-5 为例。

表 4-5　商机盘点的统计表

销售人员	全年任务/万元	已达成业绩/万元	商机总额/万元	确保商机总额/万元	优势商机总额/万元	可能商机总额/万元	机会和了解/万元	全年预估达成/万元	商机缺口/万元
小张	1000	323	4786	300	500	2581	1405	843	−157

表 4-5 就是商机盘点的统计表，这张表的数据，是根据销售人员商机列表的数据统计而来的。例如，销售人员小张在商机列表中填写了 20 条商机，其中预计成单时间在当年的商机有 16 条，商机金额的总和为 4786 万元。因此在小张的商机盘点统计表当中，当年商机的总额就是 4786 万元。

接下来，详细看表 4-5 中的数据。首先，通过表 4-5 可以看到，销售人员小张当年的业绩目标是 1000 万元，目前已达成的业绩是 323 万元，也就是还有 677（1000−323）万元的缺口。

（2）确认商机与缺口

当看清楚业绩缺口之后，接下来就要继续思考，**销售人员要如何填补这个业绩缺口**。

根据“深度增长销售漏斗”，所有的业绩都来源于商机。因此，销售人员填补业绩缺口的关键，就是挖掘到足够的商机。通过表 4-5 可以看到，小张目前的商机总额是 4786 万元，和业绩缺口的比例为 4.78（4786/667），也就是说小张目前的商机是业绩缺口的 4.78 倍，这个比例还是比较健康的。

（3）预测业绩与缺口

但是，小张的商机是业绩缺口的 4.78 倍，就意味着一定能达成业绩吗？不一定。

因为，小张的每一个商机，都有着运作的成功率。如果小张所有商机运作的成功率都很低，那么即使有大量的商机，也无法转化成业绩。因此，在看完商机总额之后，还需要进一步向下深入，看到商机的成功率。

当明确每个商机的成功率之后，销售管理者就可以根据每个商机的成功率，来**预测能够达成的业绩**。例如，从小张的商机盘点表中可以看到，“确保”的商机总额为 300 万元，就可以用这个金额乘以 0.9 的系数，预估能够带来的业绩为 270（300×0.9）万元，“优势”的商机总额为 500 万元，就可以用这个金额乘以 0.5 的系数，预估能够带来的业绩为 250（500×0.5）万元。为什么要乘以系数呢？因为任何一个项目的运作，只要没有到最终的签单环节，就一定会有不确定的因素存在，“确保”的商机不确定的程度更小一些，所以乘以 0.9 的系数，而“优势”的商机不确定的程度更大一些，所以乘以 0.5 的系数。至于“可能”和以下级别的商机，由于不确定的因素过大，因此不计入业绩的预测当中。

当预测出业绩金额之后，就可以和业绩缺口进一步对比，看看剩余的缺口有多少。例如，小张目前的业绩缺口是 667 万元，商机预测能够达成的业绩为 520（270+250）万元，那么剩余的缺口就是 147（667−520）万元。

（4）诊断并确定下步重点工作

当看到上面的数据之后，接下来就要根据这些数据进行诊断了。

根据以上的数据分析，小张这名销售属于厚积薄发型，虽然目前已完成的业绩金额并不高，但商机的总量和商机的成功率都比较健康。这说明小张是完全按照“销售漏斗”的思维运作项目的，未来很可能会取得较好的业绩。

但与此同时，小张当年的业绩还有 147 万元的缺口，这个缺口要如何填补呢？从表 4-5 中可以看到，小张的商机总金额是足够的，只是商机的成功率不足，因此对于小张来说，最有效的一条路径，就是提升**商机的成功率**。所以小张接下来要做的重点工作之一，就是要继续提升其他商机的成功率，争取将更多商机的成功率提升为“可能”或者“确保”，以填补业绩的缺口，达成业绩的目标。

从商机盘点的整个过程中可以看到，整个商机盘点的过程，都是围绕“缺口”这一核心概念展开的，所谓缺口，就是**现状与目标的差距**。只有紧盯着业绩目标，才能在商机盘点的过程中始终主线清晰，才能真正发现差距和问题出现在哪里，才能对症下药地进行管控和赋能。

但是，像小张这样业绩完成得比较好，商机池的金额也基本足够，通常只是一种比较理想的情况。在实际的销售管理中，很可能大部分销售人员都达不到这种水平。因此，在商机盘点的时候，如何对根据商机盘点的数据，对销售人员的问题进行诊断，并对症下药地给出解决方案，则是另一个难题。

案例分享

为了让商机结果盘点的过程更加容易理解，下面以辅导过的一家做机械制造的企业为原型，以该企业 6 月对销售团队进行的一次商机盘点中，销售人员真实的商机数据*来说明：

（*注：为便于计算和理解，销售人员的商机金额均取近似的整数。）

① 赵经理。

第一位销售人员是赵经理，他的商机结果盘点表如表 4-6 所示。

表 4-6　赵经理的商机结果盘点表

销售人员/万元	全年任务/万元	已达成业绩/万元	商机总额/万元	确保商机总额/万元	优势商机总额/万元	可能商机总额/万元	机会和了解/万元	全年预估达成/万元	商机缺口/万元
赵经理	1000	800	2120	300	100	1300	420	1120	120

根据商机盘点的流程，对赵经理的数据进行诊断。

商机盘点的第一步，是确认目标与缺口。通过表 4-6 可以看到，赵经理当年的业绩目标是 1000 万元，目前已达成 800 万元，还有 200（1000−800）万元的缺口，缺口并不是很大。

商机盘点的第二步，是确认商机与缺口。通过表 4-6 可以看到，赵经理目前的商机总额是 2120 万元，是业绩缺口的 10.06（2120/200）倍，这个商机缺口比还是比较健康的。

商机盘点的第三步，是预测业绩与缺口。通过表 4-6 可以看到，赵经理确保的商机总额为 300 万元，优势的商机总额为 100 万元，那么赵经理预测能完成的业绩为 320（300×0.9+100×0.5）万元，比业绩缺口 200 万元还要高出 120 万元，因此可以预测赵经理当年完成业绩目标的概率很高。

商机盘点的最后一步，就是诊断并确定下步重点工作。根据以上的数据分析，赵经理这名销售属于稳扎稳打型，有着比较扎实的项目运作能力，商机漏斗的比例也比较健康。因此，赵经理下一步的重点工作，就是夯实手里已有的商机，确保这些商机最后能够落单。与此同时，因为距离年底还有 6 个月的时间，所以我们和他进行了进一步的沟通，看看他愿不愿意挑战更高的业绩目标，如果能够完成，在年底可以获得职级晋升的奖励。最终，赵经理同意将全年的业绩目标上调到 1200 万元。如果此时已经临近年底，我们就会提醒他做好第二年商机的储备，保障明年销售业绩的来源，避免出现“大小年”的情况。

② 李经理。

第二位销售人员是李经理，他的商机结果盘点表如表 4-7 所示。

表 4-7　李经理的商机结果盘点表

销售人员	全年任务/万元	已达成业绩/万元	商机总额/万元	确保商机总额/万元	优势商机总额/万元	可能商机总额/万元	机会和了解/万元	全年预估达成/万元	商机缺口/万元
李经理	1000	300	3840	100	0	1960	1780	390	−610

以下根据商机盘点的流程，对李经理的数据进行诊断。

商机盘点的第一步，是确认目标与缺口。通过表 4-7 可以看到，李经理当年的业绩目标是 1000 万元，目前已达成 300 万元，还有 700（1000−300）万元的缺口，缺口比较大。

商机盘点的第二步，是确认商机与缺口。通过表 4-7 可以看到，李经理目前的商机总额是 3840 万元，是业绩缺口的 5.5（3840/700）倍，这个商机缺口比还是比较健康的。

商机盘点的第三步，是预测业绩与缺口。通过表 4-7 可以看到，李经理确保的商机总额为 100 万元，优势的商机总额为 0 元，那么李经理预测能完成的业绩为 90（100×0.9）万元，剩余的缺口是 610（700−90）万元，这个缺口还是相当大的。

商机盘点的最后一步，是诊断并确定下步重点工作。根据以上的数据分析，李经理这名销售属于商机虚胖型。虽然商机的金额很大，但真正能够进入确保和优势范围的很少，这从侧面体现出一个问题：李经理获取商机的能力较强，但运作项目的能力不足。因此，李经理下一步的重点工作，就是提升项目运作的能力。我们帮助李经理从他的商机中，挑选了一些大项目和重点项目，并且在之后的几个月内，每两周定期和他开一次项目分析会，帮助他分析项目的组织关系和运作思路，帮助他提升项目运作的能力和成功率。

③ 王经理。

第三位销售人员是王经理，他的商机结果盘点表如表 4-8 所示。

表 4-8 王经理的商机结果盘点表

销售人员	全年任务/万元	已达成业绩/万元	商机总额/万元	确保商机总额/万元	优势商机总额/万元	可能商机总额/万元	机会和了解/万元	全年预估达成/万元	商机缺口/万元
王经理	1000	300	870	300	200	170	200	670	−330

商机盘点的第一步，是确认目标与缺口。通过表 4-8 可以看到，王经理当年的业绩目标是 1000 万元，目前已达成 300 万元，还有 700（1000−300）万元的缺口，缺口比较大。

商机盘点的第二步，是确认商机与缺口。通过表 4-8 可以看到，王经理目前的商机总额是 870 万元，是业绩缺口 1.2（870/700）倍，这个商机缺口比不是很健康。

商机盘点的第三步，是预测业绩与缺口。通过表 4-8 可以看到，王经理确保的商机总额为300万元，优势的商机总额为200万元，那么王经理预测能完成的业绩为370（300×0.9+200×0.5）万元，剩余的缺口就是330（700−370）万元，这个缺口比较大。

商机盘点的最后一步，是诊断并确定下步重点工作。根据以上的数据分析，王经理这名销售人名属于落袋为安型，他完不成全年业绩目标的风险非常大，因为他的商机池里面已经没有商机了。即使商机池中的商机全部运作成功，还是很难达成业绩目标的。

因此，我们首先向王经理确认，他是真的没有挖掘到更多的商机，还是只要自己觉得没把握的商机就没有记录。如果是没有记录，就需要督促他把所有挖掘到的商机都填写进去，并再次进行盘点。但他实际上是没有挖掘到商机。因此，我们为他设置下一步的重点工作，就是必须提升商机池的金额。在一个月的时间内，至少要将商机总额和业绩缺口的倍数提升到三倍以上，也就是至少要再挖到1300万元的商机。

同时，我们还要求销售管理者加强对王经理的管控，每周检查他商机挖掘的进度，如果到月底还没有完成，就给予绩效的惩罚。因为王经理很可能不是项目运作的能力有问题，而是对待工作的态度有问题，他很可能是为自己的提成负责的，也就是能拿多少就拿多少，而不是为企业的目标负责的，因此对于这样的销售人员，销售管理者必须加强管理，才能保证业绩目标的达成。

④ 丁经理。

第四位销售人员是丁经理，他的商机结果盘点表如表4-9所示。

表4-9 丁经理的商机结果盘点表

销售人员	全年任务/万元	已达成业绩/万元	商机总额/万元	确保商机总额/万元	优势商机总额/万元	可能商机总额/万元	机会和了解/万元	全年预估达成/万元	商机缺口/万元
丁经理	500	100	520	80	0	200	240	172	−328

商机盘点的第一步，是确认目标与缺口。通过表4-9可以看到，丁经理当年的业绩目标是500万元，目前已达成100万元，还有400（500−100）万元的缺口，缺口还比较大。

商机盘点的第二步，是确认商机与缺口。通过表 4-9 可以看到，丁经理目前的商机总额是 520 万元，是业绩缺口的 1.3（520/400）倍，这个业绩缺口是非常大的。

商机盘点的第三步，是预测业绩与缺口。通过表 4-9 可以看到，丁经理确保的商机总额为 80 万元，优势的商机总额为 0 元，那么丁经理预测能完成的业绩为 72（80×0.9）万元，剩余的缺口就是 328（400−72）万元，这个缺口也非常大。

商机盘点的最后一步，是诊断并确定下步重点工作，根据以上的数据分析，丁经理这名销售很可能属于能力不足型，因为他的业绩和商机池的数据全面不达标，很可能是客户拜访的能力非常薄弱，无法和客户深度建立联系，也无法从客户处挖掘到商机。

在这种情况下，我们就继续向下看他客户的数量和质量，如果客户的数量不够，下一步的重点工作就是开拓更多客户。经过分析发现，丁经理的客户数量是足够的，只是重点客户的比例很低，而且与客户的渗透度也严重不足。这就说明丁经理其实是缺少地盘开拓的思维。于是，我们为他安排的下一步计划就是，首先要对地盘上的客户进行列名，提升拜访客户的精准度，避免盲目地去拜访。其次对于已经拜访过的重点客户，要专门抽出来几天回访，而且尽量要拜访客户的高层，提升与重点客户的渗透度，争取挖掘到更多商机。当然，由于丁经理的入职时间还不满一年，这样的情况是很正常的，企业可以对他继续培养。但如果做了几年的销售人员还是这种情况，就需要酌情考虑辞退或者转岗。

从上面的案例中可以看出，商机结果盘点的核心要点，就是**以业绩为导向**，按照商机漏斗的逻辑，向前逐一倒推：**先看项目池（业绩）的缺口，再看商机池的缺口，最后看客户池的健康度**。在盘点的过程中，既要看商机的总额，也要看商机的成单概率。通过对数据综合分析，预测该销售人员年底能够达成多少业绩，分析销售人员可能存在哪些问题，制订下一步重点工作的计划，并对症下药地进行管控和赋能。因此，商机盘点的动作，是整个销售过程管理的核心之一。

4.5 项目分析会：从被动丢单到主动布局

在商机盘点的过程中，销售管理者很可能会发现有一些重点的商机和项目，需要保障项目的成功率。但是这些项目往往运作的难度比较大，关系也比较复杂，可能依靠销售人员自己的能力不足以运作成功，那么这个时候销售管理者应该怎么办呢？

一些销售管理者的做法，就是**放任不管**，他让销售人员自己运作这个项目，只要能拿回来结果就行。但是，重点项目往往金额都比较大，或者有着重要的标杆效应，如果因为销售人员运作项目的能力不足，导致这样的项目落入他人手中，很容易对销售人员的业绩甚至是地盘开拓都带来巨大的影响。因此，要想保障重点项目的成功率，放任不管是不可取的。

于是，为了保障项目的成功率，销售管理者经常会采用第二种做法，就是**躬身入局**。把自己贴到项目上去攻克，让自己成了项目的负责人。但这样做同样会带来一个问题：如果每一次谈项目的时候，就必须都要销售管理者亲自去，如果只有一两个客户，销售管理者尚且可以应付得过来。但销售团队人数一多，要去见的客户一多的时候，销售管理者就分身乏术了。很多销售管理者就是这样，生生把自己逼成团队的“大保姆”，自己每天累得半死不说，到头来还被销售人员埋怨业绩达不成，是因为领导给自己的支持不够。而且销售管理者做得越多，销售人员就越是没有成长，下次遇到重点项目时还是不会运作。所以，销售管理者绝不应该是代替销售人员见客户的角色，而应该是对销售人员进行管控和赋能的角色。销售管理者一定要让销售人员养成客户就是他们自己负责的意识；让他们意识到自己是项目的第一责任人，项目遇到任何困难，都需要自己想办法解决，而不是推给销售管理者解决。

因此，综合以上的问题，销售管理者就必须有这样一个工具：当发现重点项目的时候，它既能解放销售管理者的精力，让销售管理者不必亲自投入到项目当中；又能保障重点项目的成功率，让销售管理者对项目运作的情况了如指掌，随时给予辅导和管控；还能让销售人员真正有所成长，在实战中掌握项目运作的逻辑与方法，有效提升运作大型项目的能力。那么这样一个关键的工具是什么呢？就是**项目分析会**。

如果说商机盘点就像**体检**，用来对销售人员的商机进行全面检查，看看商机池的健康度存在哪些问题，哪些商机需要重点关注，那么项目分析会就像**专家会诊**，针对销售人员手中的重点项目，把各个部门的相关人员都拉进来，帮助他共同分析这个项目，找到哪些人是关键节点，分析客户的真实需求是什么，应当采取什么样的攻单策略与方案，用组织给销售人员赋能，用合力解决重点项目成功率的问题。

那么，一场项目分析会究竟应该是怎么开的，在会上又具体应该分析哪些内容呢？一次完整的项目分析会的表格，如表 4-10 所示。

表 4-10　一次完整的项目分析会的表格

<table>
<tr><td colspan="5">__________项目第_____次项目分析表</td></tr>
<tr><td colspan="2">步　骤</td><td colspan="2">细　项</td><td>分析情况</td></tr>
<tr><td>1</td><td>项目阶段</td><td colspan="2">10%：客户定位问题，立项
30%：资金到位，明确需求
50%：交流方案，圈定供应商
70%：招投标前准备
90%：招标现场
100%：验收完毕，回款收回
200%：再次定位问题，新项目或项目二期</td><td></td></tr>
<tr><td>2</td><td>项目分析的目标</td><td colspan="2">1. 明确此次项目分析的目标；
2. 项目不同阶段，应该有不同的阶段性目标；
3. 项目分析可以有多个目标，但一次只能有一个主目标，而且辅目标也不宜太多</td><td></td></tr>
<tr><td rowspan="3">3</td><td rowspan="3">项目信息汇总（MANDACT）</td><td>资金情况（Money）</td><td>资金是否到位，资金来源，金额，是否专项等</td><td></td></tr>
<tr><td>项目责任人或团队（Authority）</td><td>项目交给哪个部门负责主抓</td><td></td></tr>
<tr><td>项目需求（Needs）</td><td>项目需求，大概购买的产品，购买的原因，解决什么问题</td><td></td></tr>
</table>

（续表）

________项目第____次项目分析表				
步　骤		细　项		分析情况
3	项目信息汇总（MANDACT）	项目决策流程和决策标准（Decision）	询问本项目的决策流程，决策标准，采购方式	
		项目参与者的影响力、采购角色（Ability）	项目参与者在这个项目中的影响力	
		竞争对手（Competitior）	竞争对手重点关系，技术推荐方案，哪些合作伙伴参与，支持谁	
		时间表（Time-scale）	项目大体的时间流程与招投标采购大概时间	
4	机会分析	CE 分析	清楚描述项目的 CE，明确需求背后的业务驱动	
			根据 CE 的四个特征，验证并判断 CE 是否真实	
		UBV 分析	总结现有的 UBV 或 USP	
			根据 UBV 的四个条件，验证判断现有 UBV 是否真实	
		价值分析	根据 CE 和 UBV，分析这个项目对你的价值，明确你对这个项目的态度	
5	组织分析	攻单态势图分析	准确绘制项目的攻单态势图，分析每个项目角色的四种属性（采购角色、4D 颜色、关系深度、接触情况）	
		客户政治联盟分析	描述客户组织中的政治联盟，分析客户组织中影响力的来源及流向，尤其要分析清楚项目背后有影响力的所有渠道情况	
		关键人物需求分析	准确、清晰地描述拍板者、决策者等关键人物的个人及业务需求	
		客户采购流程分析	清晰地描绘整个项目中客户采购过程中过往的/未来的里程碑的步骤	
6	竞争分析及客户分析	该项目对于竞争对手的价值	考虑竞争对手如何看待这个项目，竞争对手对这个项目可能的态度	
		竞争对手关系状况分析	进行你与主要竞争对手现有关系状况对比	
		对竞争对手可能行动的判断	站在竞争对手的角度，判断对手可能的下一步策略及行动	
		对客户关键人可能行动的判断	站在客户关键人的角度，分析他下一步可能的行动	

（续表）

＿＿＿＿＿项目第＿＿次项目分析表				
步　骤		细　项		分析情况
7	战略及行动计划制订	销售战略的制定	根据项目形势制定合理的销售战略（正攻、侧攻、游击、防守、发展）	
		对关键人物的关系策略制定	合理制定针对关键人物的关系策略，尤其通过渠道合作伙伴发展关系	
		行动计划制订	按照 SMART 原则，合理制订项目下一步行动计划（传递价值、寻找信息、增强关系、弱化劣势、强化优势等）	
8	是否理解项目分析会的意义和基本原则	复盘本次项目分析的过程，有没有同时兼顾提高项目成功率和技能，是否充分理解项目分析会的目的和意义		

根据表 4-10 中的信息，整个项目分析会的流程，如图 4-6 所示。

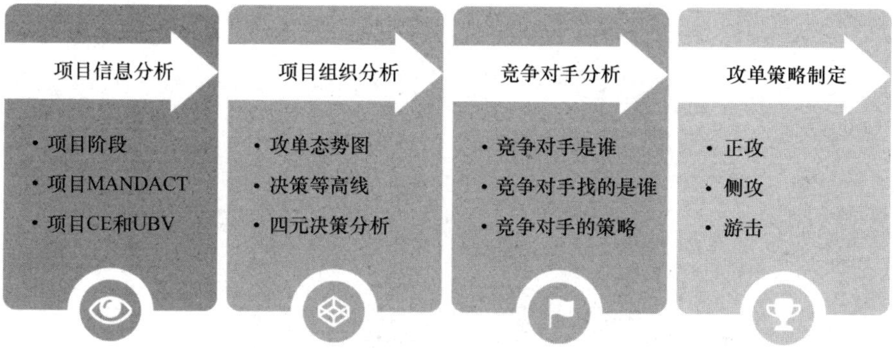

图 4-6　整个项目分析会的流程

1. 项目信息分析：避免销售主观臆断

首先，要根据收集到的商机信息，对项目的基本情况进行分析。这里主要包含两个部分：**项目阶段分析**和 **MANDACT 分析**。

项目阶段分析，就是看商机处于哪个阶段，并且让销售人员讲出为什么判断商机处于这个阶段。例如，如果销售人员写商机处于 L3 阶段，就要问该商机的资金是否到位；如果销售人员写商机处于 L5 阶段，就要问该商机的方案是否已经确定。这里的判断标准，最好有客观的证据支撑，例如看到客户发布的文件，或者客户得到的批复，避免销售人员的主观臆断。

如果项目阶段处在 L3 及以上，还要问清楚该项目的 MANDACT，以及项目的 CE 和 UBV，看清楚在这个项目当中，客户高层最关注的究竟是什么，对下一步制定策略做到心中有数。

2. 项目组织分析：一张图看清项目全局

当分析完项目的基本信息后，接下来就要分析项目的组织信息了，这也是整个项目分析会的重中之重。在一个大型的项目中，参与决策的人员和角色往往是非常复杂的，说的人不容易说清楚，听的人也不容易听懂。那么销售管理者要如何对这些信息一目了然，用什么样的方式把这些信息清晰、完整地呈现出来呢？这就要提到项目分析会中一个非常重要的工具了：攻单态势图，其示例如图 4-7 所示。

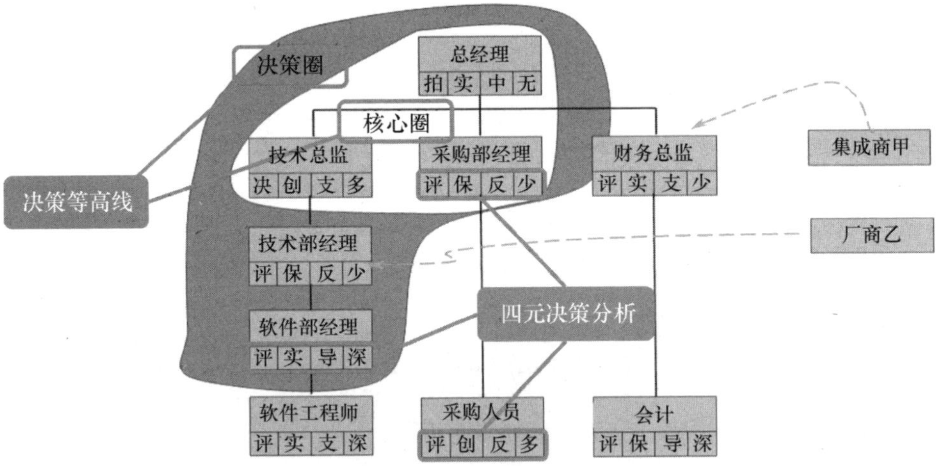

图 4-7　攻单态势图示例

通过图 4-7，销售人员可以对该商机的组织结构、项目角色和与你的关系一目了然。接下来，一点一点地分析。

首先，在图 4-7 中可以看到有两个标题：**决策等高线和四元决策分析**，其中，决策等高线，就是为了找出客户有哪些是核心圈的成员。在项目运作当中，销售人员若想提高项目的成功率，就必须获得核心圈的认可（合作认可、技术和方案认可、品牌认可）。因此，看清楚哪些是核心圈的成员，是非常必要的。核心圈的成员，必须包含该项目的拍板者和决策者，通常还会包含关键的评估者，如总经理、技术总监、采购部经理等，以获得技术与方案认可。

那么，一个人是拍板者还是决策者，应该从哪里看出来呢？这就是图 4-7 中**四元决策分析**的部分了，可以看到，图中每一个角色的下方，都有四个小格子，例如最上面的总经理，下面写的是拍、实、中、无。这四个格子的内容，就完整了描述这个人的关键信息，和你的关系。

首先，这四个格子可以分为两部分来看：**前两个格子代表的是这个客户的自身情况，后两个格子代表的是与你的关系**。第一个格子代表的是这个客户在项目当中的角色，分为拍板者、决策者、评估者和使用者，这一点在上面的章节中已经讲过。第二个格子代表的是客户的行事风格，分为创（创新）、实（实干）、保（保守）三种类型，决定了销售人员该怎么对客户说价值。

在后两个格子中，第三个格子代表客户目前与你的关系，分为导师、支持者、中立和反对者，这一点在上面的章节中已经讲过。最后第四个格子，代表你和该客户的见面次数，分为**深、多、少、无**四种级别。通常情况下，对于客户项目中的任何角色，见到七次以上才可以称为多，七次以下都只能称为少，如果一次都没有见过，那就是无。但还有一种特殊情况，就是客户已经开始为你做事，或者和你共同谋事了。只要能够做到这一点，那么无论见过几次面，这一格的级别都是深。深是这一格最应该达成的状态，而其他的状态都只是记录而已。如果销售管理者发现这一格的级别是多，也应当向销售人员深入了解一下，为什么这个客户拜访这么多次，还是没能共同谋事。是不是因为每次拜访都没有和客户谈事，或者与客户谈事的能力不足等？

在看清楚项目的攻单态势图之后，接下来要如何根据攻单态势图呈现的信息，对项目进行分析呢？

首先，要看销售人员和核心圈人员的关系如何，尤其是拍板者。在图 4-7 当中，可以看到销售人员一次都没有见到过拍板者，但却把拍板者的态度写成了中立。这个时候就一定要多问一句销售人员：如果一次都没有见过，你凭什么认为他是中立的？通常情况下，如果一次都没有见过的客户，则应当默认他是反对者。因为你不去见的人，竞争对手有可能会去见。尤其是项目的拍板者，更是竞争对手重点拜访的对象。通过这一点，可以判断出该商机目前还有很大的丢单风险，下一步必须要求销售人员去见拍板者。

接下来，我们需要再看核心圈的其他成员，从图 4-7 中可以看到，销售人员已经把该商机的决策者发展成了支持者，而且拜访的次数是比较多的，但是关键的评估者还是反对者，结合以上的信息，就可以初步推测该销售人员在拜访客户的时候，心力有可能是不足的。既不敢去见大领导，又不愿与反对自己的人建立联系，更多地只是去见已经支持自己的人。这名销售人员很可能就不是以结果为导向的，而是以感受为导向的。不是为了项目运作成功，哪个人重要就去见哪个，而是为了自己的感受，哪个人容易见到就见哪个。这一点在下层人员的四元决策分析中也可以有所体现，明明上面的技术部经理还是反对的态度，但是下面的软件部经理和软件工程师反而是支持者或导师，而且见面的次数也非常多，这也进一步验证了这一点。

在对攻单态势图进行分析时，还有一个反常的情况需要注意，那就是与底层采购人员的关系，明明拜访的次数已经很多，但对方还是反对者。这种情况下，就需要问清楚到底是怎么回事。是销售人员不负责任地瞎填，还是在与对方建立联系的过程中真的遇到了某些阻碍，并及时予以调整和改进。

最后还有一种情况，就是上方的财务总监。可以看到，该销售人员与财务总监见面的次数并不多，但对方已经是自己支持者，这种情况通过看旁边的集成商甲就可以明白。在攻单态势图中，除商机内部的组织结构外，还可以把外部的影响势力也画进来。例如，这里的集成商甲，很可能就是一个渠道或中间人，销售人员是通过集成商甲与财务总监建立的联系，因此即使见面的次数不多，也能够获得对方的支持。而下面的厂商乙，则是自己的竞争对手，通过图 4-7 也可以看到，竞争对手在客户内部的关系支点是技术部经理，所以对方对你才是反对的态度。在这种情况下，虽然对方不处于核心圈当中，不需要把他变成支持者，但也不能忽略掉这个人的存在，至少在拜访客户的时候也要去见一见这个人，争取把他转化成中立者，避免他在后续的项目运作过程中成为隐患。

3. 竞争对手分析：避免被人半路“起底”

项目分析会的第三部分，是竞争对手分析。在上面的章节中讲到，销售人员要想确保项目运作的成功率，一定不能只看到自己的策略，还必须看到竞争对手的策略。但是 80%以上的销售人员，在运作项目的时候，是根本就不看竞争对手的。因为连自己的事情都干不明白，就更不要说如何对抗别人。在这种情况下就经常容易被别人“起底”。项目干着干着，别人做了一两个关键动作，就把自己淘汰出局了，而自己连项目是怎么丢的都不知道。因此，在攻单态势图分析完成之后，还必须对竞争对手进行分析。具体来说，主要围绕以下三个部分进行。

（1）分析竞争对手是谁

分析竞争对手的第一步，就是要看清楚竞争对手是谁。这里所说的“谁”有两层含义：第一层，是**竞争对手有哪些公司**；第二层，是**谁在运作这个项目**。

很多销售人员在分析竞争对手的时候，都只看到了竞争对手的公司，却没有看到运作项目的人。这样就很容易陷入公司品牌对比的层面，或者产品参数对比的层面中。但实际上，对于任何一个项目的运作来说，人都是其中最关键的因素。每个人运作项目的思路不同，能力不同，其运作的结果就会有很大的差别。

例如，在前面的案例中，我曾经辅导过的一家企业，它在区域的竞争对手表面上是某家龙头企业，但实际上面对的只是该企业在当地的经销商，销售人员只要把这些经销商各个击破就行。因此，哪怕竞争对手的品牌再大，实力再强，如果能看到实际运作项目的人，就还是能找到很多的机会。

（2）分析竞争对手找的是谁

运作项目成功的关键，是在客户内部发展自己的支持者或导师。这个逻辑对于竞争对手也是一样的。竞争对手要想运作成功项目，也必须在客户内部有一个关系的支点。因此，在项目分析会当中，也需要问清楚竞争对手的根基在哪，在客户当中的关键支点在哪，竞争对手的导师是谁。如果销售人员暂时还没有看到，就需要通过多方渠道收集信息。

分析竞争对手在客户内部的关系支点是谁，还有一个重要的作用，就是**提防扮演成客户的竞争对手**。如果竞争对手在客户内部的联系比较深，把客户发展成了导师，客户就可能完全被竞争对手同化了。这时的客户就不再是客户，而是你的竞争对手。你对这个客户说什么话就一定要非常注意。很多销售人员在面对客户时都毫不设防，把客户问自己的很多问题，包括技术参数、底价等关键信息，对这个客户和盘托出，结果第二天竞争对手就全知道了。

（3）分析竞争对手的策略

竞争对手分析的最后一步，就是分析竞争对手的策略。就是看竞争对手采用的是攻势策略还是守势策略。这一点在之前的章节中已经讲过，故此不再展开叙述。

关于竞争对手分析的目的，就是尽可能把这个项目中的竞争对手都找到，看看他们到底做了哪些事，在客户内部找了哪些人。尽可能对他们的行动了如指掌。只有知己知彼，方能百战不殆。

4. 攻单策略制定：用最低成本换取最大胜利

当看清楚项目的基本信息、组织信息和竞争对手信息之后，就可以到攻单策略制定的环节了。攻单策略有很多种，但整体来说可以分为三个大类：**正攻、侧攻、游击**。

正攻，就是把运作项目的过程都暴露在外面，从正面冲锋上去。正攻适用的时机，就是相比竞争对手拥有绝对优势的时候。目的是把一些小的竞争对手吓退，让他人看到你占据了这个山头，就不敢来参与这个项目了。

但是，如果实力和竞争对手差不多，或者竞争对手有优势的时候，就可以采用**侧攻**的策略。所谓侧攻，就是把自己隐藏起来，在暗中运作项目和关键决策人谋定策略，直到采购环节的时候才突然出现，攻得竞争对手措手不及，一举拿下订单。

最后，如果在项目上的实力远不如竞争对手，或者发现项目的时候就已经处在 L5 甚至 L7 的阶段了，还可以采用**游击**的策略。也就是有机会就出击，没有机会就转换目标。打着看，看着打。不进行阵地战，不在项目的成功率上投入过多资源，也不将其作为重点项目跟进。

以上三种只是宏观层面的攻单策略，而微观层面的策略则更加丰富，例如瞒天过海、空城计等。销售管理者需要不断地积累不同的攻单策略，以便在项目分析会上给予销售人员更充分的指导。

精华小结

- RTL 管理保障地盘产出的稳定性和持续性，LTC 管理保障项目运作的效率和成功率。
- 只有把项目运作的过程模型化和标准化，销售团队才拥有复制变大的可能性。
- 只有对项目运作的过程做精细化的管理，业绩结果才是可管理、可预测的。
- 科学的管理不是出了问题再管理，而是在问题出现之前，就提前预测并预防它。
- LTC 中的商机阶段，一定是以客户的项目为中心的，而不是以销售人员为中心的。
- 销售人员不能以跟项目的思维做事，而是必须以赢项目的思维做事。
- 确保项目成功率的关键，不是看做了什么事情；而是看是否在最合适的时机，做了最合适的事情。
- 如果项目的前期没有见到客户的一把手，则项目的丢单率大于 50%。
- 客户的高层是提出问题的，客户的基层是验证问题的。
- 但凡是客户内部你没有见过的人员，几乎一定是你的反对者。
- 建立联系不是目的而是发掘问题和需求的手段。
- 项目进入 L3 的里程碑标志，是客户的项目资金是否到位。
- 判断客户联系是否到位的重要标准是客户是否在为你做事。
- 商机盘点的过程，就是以业绩为导向，向前逐一倒推：先看项目池（业绩）的缺口，再看商机池的缺口，最后看客户池的健康度。

- 只有紧盯着目标，才能发现缺口出现在哪里，才能对症下药地进行管控和赋能。
- 商机盘点就像体检，用来检查商机池哪里出现了问题。项目分析会就像专家会诊，用来解决重点项目成功率的问题。

第 5 章　销售过程管理节奏

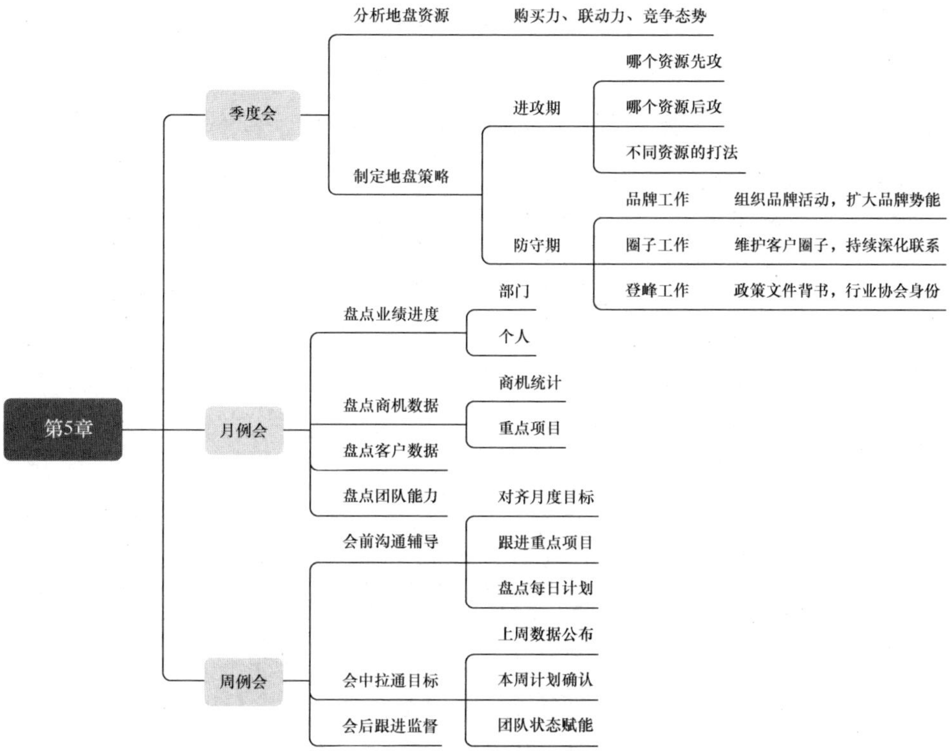

在上面的章节中，从“销售漏斗”出发，围绕客户池、商机池、项目池三个池子，分别讲清楚了 RTL 和 LTC 的管理流程。但是，销售管理者如何把这些管理动作融入日常的工作，把控好销售管理的节奏呢？

先说结论：销售管理者的管理节奏，按照从大到小的顺序，可以分为**季、月、周**三个层次展开，具体来说，就是**季度会、月例会和周例会**这三个工具。

很多销售管理者都开过这些例会，但真正能开好的并不多。原因之一就是没有搞清楚它们三者的区别。这三个层次的例会，每个要管理的目标是不同的，其中，季度会是对**地盘**进行盘点，管的是市场开拓的进度与策略；月例会是对**目标**进行盘点，管的是销售团队的业绩与进度；而周例会是对**动作**进行盘点，管的是销售人员的动作与状态。在本章当中，将会围绕这三个例会，进行详细的讲解。

5.1 季度会：从松散作战到战略布局

销售管理者在每个季度要做的事，是**地盘分析**。地盘分析的主要目的，是看清楚区域市场的整体情况，**把地盘当作一个整体去攻克，当作一盘棋去布局，而不是单点突破。**

对地盘进行分析，就像给整个地盘提供了一张“军事作战图”，在这张图上，可以清楚地看到整个战场上有哪些“山头”，有哪些“要塞”，有哪些“丘陵”与“沟壑”，这些重点区域被谁占领着，敌我双方的实力对比如何。这样才能判断出自己对“这片战场”的控制力如何，确定应该在哪些地方采取什么样的布局策略，以扩大自己在“战场”上的优势，最终攻克“整片战场”。

回归到销售上，就是要看清楚这个地盘上有哪些资源，不同资源的价值是什么，哪些是重点资源，以及自己与竞争对手的实力对比。这样才能更清晰地了解整个地盘的态势，并采取最合适的策略开拓市场。

季度地盘分析的过程主要由以下两个环节组成，如图 5-1 所示。

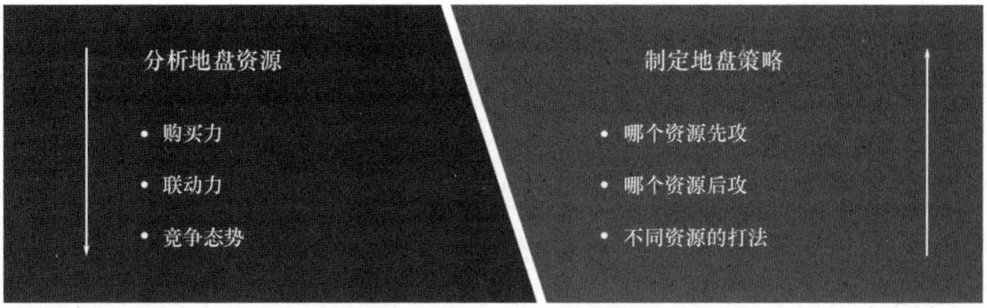

图 5-1　季度地盘分析的过程

1. 分析地盘资源

地盘分析的第一步，是**分析地盘资源**。这里需要用到一个工具，叫**地盘资源表**，如表 5-1 所示。

表 5-1　地盘资源表

基本信息			购　买　力				联　动　力			竞 争 态 势			
客户名称	业务区域	类别	长期购买潜力	当年预算	已采购金额	已采购我司金额	联动价值	联动类型（可多选）	联动目标	渗透度	客户重点支持品牌	其他竞争对手品牌	竞争对手说明

根据表 5-1，对地盘中的每个资源，主要分为三部分分析。

（1）购买力

首先，是分析资源的购买力，也就是资源购买我司产品和服务的能力。它是**资源质量**的核心指标之一，分为 A、B、C 三个级别。

购买力的级别，主要根据资源的**长期购买潜力**来决定，也就是这个资源从首次合作，直到结束合作，可能产出所有订单的价值。多开发具有长期购买潜力的资源，是保证业绩持续增长的关键，但与此同时，也要看资源当年能带来多少业绩，也就是资源的**短期购买能力**，包括资源当年的预算是多少，已经采购的金额是多少，以及已采购我司的金额是多少。

在一个区域的所有资源当中，分别为**客户、渠道和平台**三种。对于客户和渠道来说，购买力的字段是必填的，因为它们是商机和订单的主要来源。对于平台来说，购买力的字段是选填的，因为平台也可能会有购买我司产品和服务的需求。

（2）联动力

其次，是分析资源的联动力，也就是资源和销售人员举办活动或转介绍客户的能力。它也是**资源质量**的核心指标之一，分为 1、2、3 三个级别。

联动力的级别，主要根据两个指标来确定，一个是资源的**联动类型**，可以是**权力型、活动型或客户型**当中的一种或多种。另一个是资源的**联动目标**，也就是计划如何借助该资源的影响力开拓市场。既可以写得粗略一些，例如共同举办市场活动或转介绍客户；也可以写得具体一些，例如举办什么样的市场活动，或者转介绍哪个客户。资源的联动类型越多，资源的影响力越大，联动力的级别就越高。

对于平台来说，联动力的字段是必填的，因为平台最核心的价值，就是帮助提升地盘开拓的效率。对于客户和渠道来说，联动力的字段是选填的，因为这两者也有可能共同举办活动，或者转介绍客户。联动力最核心的目的，就是让销售人员一定要看到客户背后的圈层资源，而不是只盯着客户的商机或订单，时刻对地盘上的每一个资源有所思考，最大化利用资源的价值开拓地盘。

（3）竞争态势

最后，是分析资源的竞争态势，也就是资源和销售人员的关系如何，和竞争对手的关系如何。它是**资源关系**的核心指标，主要用**渗透度**来表示，分为 1～5 级别。与一个资源的渗透度越高，说明与这个资源的关系越密切。

任何一个资源，都不可能只和一家公司合作，而是同时和几家公司合作，因此还必须看到资源和竞争对手的关系。这主要看三个指标，包括客户重点支持品牌、其他竞争对手品牌和竞争对手说明。其中，客户重点支持品牌主要填写与客户联系密切，客户非常认可的品牌，通常也是客户正在合作的品牌。其他竞争对手品牌主要填写正在与客户建立联系、寻求合作的品牌。竞争对手说明则填写这些品牌的信息，包括竞争对手在该区域的负责人，以及竞争对手在客户内部的联系人等。

2. 制定地盘策略

（1）进攻期的策略

当通过购买力、联动力和竞争态势分析清楚地盘上的资源之后，接下来需要思考的问题就是：如果想要更高效地开拓地盘，应当采取的**布局策略**是什么？也就是根据摸到的地盘信息，明确哪个资源先攻，哪个资源后攻，并制定不同资源的打法。

可以把一个地盘想象成一座城池，地盘上的竞争对手就是这座城的守军。当我的军队想要攻占这座城池时，一个城有很多个突破口，我的军队只要从任何一个突破口进入城市，都算是进入了这个地盘。一旦攻入了城内，接下来要做的事情就是**占山头，夺权力**。在城池里面攻城略地，不断扩大我司对地盘的占领面积。

占山头，就是占据有利地形，居高临下地打击敌人。对于销售人员来说，就是要拿下当地的样板项目。如果通过对客户质量的分析，发现这片地盘的资源数量并不多，但规模和体系都相对较大，就可以采用**占山头**的策略，优先和头部客户深化联系，争取拿下 1～2 个样板项目，快速提升公司品牌在区域客户圈层的影响力，再通过转介绍的方式，触达该区域其他的头部资源，逐步拿下地盘上的重点项目。

夺权力，就是占领当地的关键影响机构，以此来号令当地。对于销售人员来说，就是与当地的关键资源建立联系。如果发现这片地盘的资源数量非常庞大，但头部的资源规模不大，就可以采用**夺权力**的策略，优先和权力型与活动型资源平台建立联系，用市场活动的方式批量开发资源。例如，和行业协会合作举办行业交流活动等，一次触达地盘上的大量资源。这些都是快速扩大地盘战果的关键。

当然，以上两种策略只是参考，在实际的地盘作战过程中，还可以灵活采用其他的策略。例如，如果发现该区域某头部竞争对手非常强大，不仅占据了当地大部分市场，而且品牌实力也非常强，难以直接与其抗衡。这时就可以采用**游击战**的方式，从竞争对手不太在意的小客户或小项目开始，投入优势兵力打胜仗，先切入这个市场，再通过小范围市场活动或转介绍的方式，不断扩大品牌在客户圈的影响力，从而提升公司的市场份额与影响力。

无论采用哪种方式，都可以看到的是，只有明确地盘布局的策略，才能让整个地盘的开拓形成一盘棋，让每个资源的联系都形成复利，而不是单纯数量的堆积。

（2）防守期的策略

当你作为地盘的新来者时，所采取的主要都是进攻的策略，目的是在市场上攻城略地。但随着地盘运作程度的逐渐加深，地盘的态势就慢慢地由你从竞争对手手中抢地盘，变成竞争对手从你手中抢地盘。这时你就进入了防守期。这时你的地盘策略，也需要由进攻的策略，转变成防守的策略。

进攻的策略和防守的策略，两者有什么不同？两者最关键的不同，就在于**进攻期主要打的是点，而防守期主要打的是面**。

如果说进攻期最关注的是成功率，在关键战役上可以投入大量成本。那么**防守期最注重的是投入产出比，必须保证投入的资源可以形成最大化的产出**。因为一个区域的竞争对手往往众多，每个竞争对手也都会往里投入资源，你的资源总和，一定是比不过竞争对手资源总和的。这就要求在防守期中，必须把策略从点转移到面，从单个客户单个项目的攻克，变成客户圈子、品牌效应的维护。只有让你的影响力在地盘上全面开花，才能让地盘源源不断地产出商机。

那么在防守期的策略，主要都有哪些呢？主要做好三项工作：**品牌工作、圈子工作和登峰工作**。

品牌工作，就是组织各种各样的品牌活动。在这个阶段，你可以激活公司已有的资源，全面策划多维度活动交叉进行，如与客户合作举办公益活动，与渠道合作举办答谢活动，与中间资源合作举办参观学习活动等。只有安排好不同活动的时间和节奏，让客户在一段时间密集接触到你的品牌，你的品牌在客户心目中的立体度就会提高，也可以提升客户对你的信任度和支持度。与客户的联系越深，就越容易获得更多的商机。

圈子工作，就是在当地持续维护客户圈子。具体来说，可以每周或半个月左右，与多个相熟的客户一起举办个活动，沟通联络一下感情，同时交换一下信息。很多销售人员在这一点上还容易产生误区，就是跟客户成单以后，就疏于与客户维护关系了，但是再深厚的感情，如果长时间不联系，也会逐渐淡化。而一个客户一个客户地沟通联络感情，投入和消耗的精力又太大，因此，在防守期较为适合的策略，就是成片地与客户建立联系，也就是联合客户关系圈的人组织活动，一方面可以批量地和老用户加深感情，另一方面也有可能借助这个机会，开拓出新的资源和商机。

最后是**登峰工作**，也就是在地盘当中，争取站到行业的制高点。例如与行业协会建立合作，发布团体标准等。如果你参与了当地的某些行业标准制定，你的品牌推广就有了很好的背书，这也能为你的企业发展挖出了很好的护城河。

5.2　月例会：从数据统计到对齐目标

销售过程管理体系的关键是确保业绩目标的达成。落实到每个月要做的工作就是目标盘点了。因此，目标盘点的关键，就在于**以全年业绩目标为导向，让销售人员时刻与业绩目标对齐**。通过对整个“销售漏斗”进行盘点，提前发现影响全年业绩指标的隐患，找出缩小差距的办法，并结合地盘的推进策略，落实成具体的目标和计划。

月度目标盘点的过程，主要由以下几个环节组成，如图 5-2 所示。

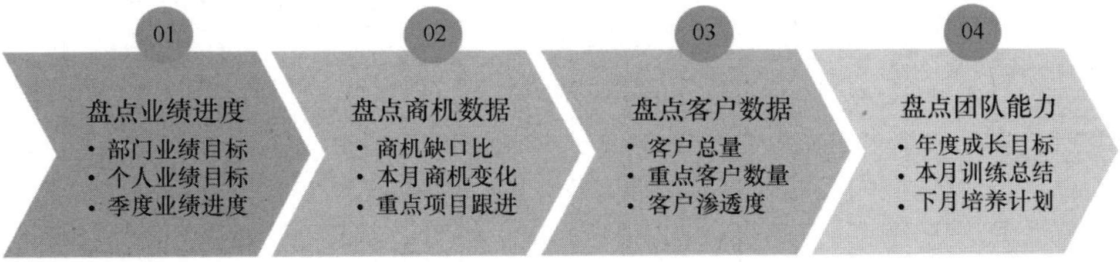

图 5-2　月度目标盘点的过程

1. 盘点业绩进度

（1）部门业绩目标盘点

月度目标盘点的第一步，就是**盘点业绩目标进度**。只有时刻盯住目标，才能确保所有的管理动作都是以完成全年的业绩目标为导向的。业绩目标盘点表如表 5-2 所示。

表 5-2 业绩目标盘点表

类　型	年 度	季 度				月 度											
时间/年	20XX	Q1	Q2	Q3	Q4	1 月	2 月	3 月	4 月	5 月	6 月	7 月	8 月	9 月	10 月	11 月	12 月
业绩目标/万元																	
完成业绩/万元																	
目标进度/%																	

首先，从表头来看，对业绩目标的盘点，应分成**年度**、**季度和月度**三个层次。其中，**年度的业绩目标是整个业绩目标表的指南针**，所有的业绩数据，都应当是为了完成年度业绩目标服务的。例如，季度和月度的业绩目标就应当是根据年度业绩目标拆分的。

其次，从每一行来看，除要关注业绩目标外，每个月还要统计**实际完成的业绩**，以及完成目标的百分比。例如，1 月的业绩目标是 1000 万元，实际完成的业绩是 600 万元，那么完成目标的百分比就是 60%。只有看到实际进度与目标的差距，才能持续以业绩目标为导向，寻找业绩没有达成的原因，并制定下一步提升业绩的策略。如果差距较大，还需要动态调整下个月或下个季度的目标，并将其分解到管理动作中，如表 5-3 所示。

表 5-3 动态调整后的管理动作分解

类　型	年 度	季 度				月 度											
时间/年	20XX	Q1	Q2	Q3	Q4	1 月	2 月	3 月	4 月	5 月	6 月	7 月	8 月	9 月	10 月	11 月	12 月
业绩目标/万元	13700	3000	3500	4000	3200	1000	1200	1200	1100	1100	1300	1300	1500	1200	1200	1000	1000
完成业绩/万元	600	600				600											
目标进度/%	4%	20%				60%											

在表 5-3 中可以看到，销售部门全年的业绩目标是 1.37 亿元，Q1 的业绩目标是 3000 万元，分解到 1～3 月每个月的任务指标就是 1000 万元。但是部门在 1 月只完成了 600 万元业绩，那么剩余的 400 万元任务，就要平摊到 2 月和 3 月当中，也就是每个月的任务变成了 1200 万元，季度任务目标调整也是同理，前面季度没完成的任务，需要分摊到后面的季度当中。这样做的目的，就是要让销售团队时刻形成紧盯目标的意识，在前面落下的业绩，必须在后面补上，而不是每个月能做多少算多少。

（2）个人业绩目标盘点

除盘点部门整体的业绩目标进度外，为了更清楚地看到业绩目标的问题和来源，还需要对部门内每个人的业绩进行盘点，个人的业绩目标盘点表的格式和盘点过程，与部门的业绩目标盘点表完全相同。

但是，如果企业的销售过程管理体系比较完善，或者销售人员的能力较为成熟，能够较好地实现对商机的管理和对业绩的预测，也可以使用扩展的业绩目标盘点表，如表 5-4 所示。

表 5-4　扩展的业绩目标盘点表

类型	年度	季度				月度											
时间/年	20XX	Q1	Q2	Q3	Q4	1 月	2 月	3 月	4 月	5 月	6 月	7 月	8 月	9 月	10 月	11 月	12 月
业绩目标/万元	13700	3000	3500	4000	3200	1000	1200	1200	1100	1100	1300	1300	1500	1200	1200	1000	1000
完成业绩/万元	600	600				600											
目标进度/%	4%	20%				60%											
预估达成/万元	2100						800	600	0	500	0	0	0	200	0	0	0
预估缺口/万元	11000						400	600	1100	600	1300	1300	1500	1000	1200	1000	1000

可以看到，扩展后的业绩目标盘点表相比基础的表格，多了最下方**预估达成和预估缺口**两行，其中，预估达成的金额，就是根据销售人员商机池中“确保”和“优势”的商机金额，分别乘以对应的系数来预估的。例

如，从表 5-4 的数据中可以看到，该销售人员预估在 2 月、3 月、5 月和 9 月均有项目能成单，具体的计算方法在“商机盘点”章节中已经讲过，这里不再赘述。

之后，用业绩目标减去已完成的业绩再减去预估达成的业绩，就是**预估缺口**。例如，从表 5-4 的数据中可以看到，该销售人员已经完成的业绩为 600 万元，预估达成的金额总数为 2100 万元，因此预估缺口就是 11000（13700−600−2100）万元，这个数字将作为下一步盘点商机数据的重要依据。

2. 盘点商机数据

（1）盘点商机总量

当盘点完业绩目标和进度之后，为了确保业绩目标的达成，接下来还要盘点业绩的来源，也就是商机池的数据。商机数据盘点表如表 5-5 所示。

表 5-5　商机数据盘点表

类　型	商机总数量/个	商机总金额/万元	商机缺口比	本月新增		本月关闭		下月计划	
				商机总数/个	商机总金额/万元	商机总数/个	商机总金额/万元	新增商机数量/个	新增商机金额/万元
部门总计									
个人									
个人									
个人									

在月度盘点商机时，重点关注的是目标，而不是商机的细节，因此重点要看三项数据：**商机总数量、商机总金额、商机缺口比**。

前面两项都很好理解。第三项商机缺口比，就是商机总金额与预估缺口的比值。例如，1 月的预估缺口有 1100 万元，如果已经摸到了 2200 万元的商机，那么商机缺口比就是 2∶1。为了完成业绩，就还需要挖掘更多的商机，争取将商机缺口比提升到 4∶1 以上，为了确保达成业绩目标，一个良好的商机缺口比是非常有必要的，因为业绩全部都是由商机转化来的，如果商机的总金额都不够填补业绩的缺口，就说明业绩根本没有来源，完成业绩的风险就非常大。

除商机总数外，盘点时还需要对商机的变化情况进行管理，如本月新增多少商机、关闭多少商机等。这里值得注意的是，商机的关闭可能会有很多种情况，除放弃的商机和丢单的商机外，成功下单的商机也需要关闭，因为已经成功转化成了业绩。

最后，还需要根据业绩缺口比，制定下个月的新增商机的目标数量和金额。例如，目前的商机缺口比只有 2∶1，这个比例还是有风险的，因此下个月新增商机总金额的目标就可以设置在 1100 万元左右，争取将商机缺口比提升到 3∶1。注意这里新增的商机总金额，不一定是销售人员有把握的商机，而是只要看到就可以，只有看到商机，才能有的放矢。

（2）盘点重点项目

重点商机盘点表，如表 5-6 所示。

表 5-6　重点商机盘点表

项目名称	客户名称	区域	金额/万元	项目阶段	成单概率/%	预计成单日期	下月推进计划	卡点及需要的支持

在月度盘点商机时，还需要对商机池中的重点项目进行管理。任何商机只有投入足够的精力和资源运作，才有可能最终落单。但销售团队的精力和资源是有限的，不可能面面俱到，这就要从商机池中筛选出重点项目，进行更加深入的管理。

在全年的业绩来源中，有两类项目属于重中之重，一类是大项目（A 级项目），也就是项目金额较大的项目，可能一个大项目带来的销售额，就能占据一名销售人员全年业绩指标的 20%，甚至更高。另一类是样板项目（S 级项目），也就是拿下这个项目后，可以让销售团队更高效地开拓其他客户。开拓一个样板项目或大项目的长远意义，远远大于数十个小微项目。选择比努力更重要，一次正确的动作，往往要大于数次低效的努力。因此，对于这些重点项目，应当投入足够的资源和关注程度，确保这些项目能够拿下。

原则上来说，每一个重点的项目，每两周至少要跟进一次。因此，在地盘分析和商机盘点完成之后，还需要把其中的大项目和样板项目提炼出来，列出下个月详细的推进计划，并分析目前遇到的卡点及需要的支持。必要时销售管理者还要开展项目分析会，详细为销售人员分析该项目所处的阶段、客户的组织架构，并明确下一步的策略和打法。

3. 盘点客户数据

当盘点完商机池之后，最后就是对客户池进行盘点了。客户数据盘点表如表 5-7 所示。

表 5-7　客户数据盘点表

四、客户数据盘点表			
	总　计	本 月 新 增	下 月 计 划
有效拜访数量/个	—		
客户数量/个			
重点客户数量/个			
渗透度>3 数量/个			

在月度盘点客户时，重点关注的也是目标，而不是客户的细节，因此重点也要看三项数据：客户的**数量**、**质量**和**关系**。

首先看客户的**数量**，这里所说的“客户”，指的是所有类型的资源，包括客户、平台和渠道。客户是一切商机的来源，如果一名销售人员的客户总量不多，就需要重点提高客户的数量。其次看客户的**质量**，也就是**重点客户**的数量。如果一名销售人员的客户数量很多，但重点客户的数量并不多，说明这名销售人员拜访客户的思路是有问题的，很可能没有带着目的寻找客户，而是漫无目的地在市场上闲逛。最后是看客户的**关系**，也就是渗透度>3 的客户数量，如果一名销售人员的客户数量和重点客户数量都没问题，但渗透度>3 的客户很少，说明销售人员和客户建立联系的深度不足，很可能都是跑新客户了，就需要让他回过头来，和地盘上的重点客户深化一轮联系。

当看完总计之后，就要看本月新增的数据了。在本月的数据当中，首先要看的就是本月的有效拜访数量。所谓有效拜访，就是销售人员至少见到了一位客户的负责人，并获得了对方的联系方式，只在门口打个卡出来是不算的。这项数据能够体现出销售人员的勤奋度。其次要看本月新增的客户数量，如果销售人员本月的有效拜访数量很多，但是新增的客户不多，则说明要么销售人员大部分都去拜访老客户了，要么销售人员在同一个客户那里去了很多次，这样对新市场的开拓也是不利的。关于后面两项新增重点客户的数量和新增渗透度>3 的客户数量，管控逻辑和上面是类似的，重点也是看比例是否失衡，如果出现某一项数据过高，但另一项数据过低的情况，需要及时挖掘背后的原因，并予以纠正。

最后，在客户盘点结束后，也要列出客户开发下个月的计划，包括下个月的计划拜访数量、计划新增的客户数量、计划新增的重点客户数量和计划新增的渗透度>3 的客户数量。原则上来说，前面哪一项的数据存在问题，下个月就应在哪一项上强化。例如，发现销售人员客户的渗透度不足，下个月就应当增加新增渗透度>3 的客户数量。

4. 盘点团队能力

团队能力盘点表如表 5-8 所示。

表 5-8　团队能力盘点表

姓名	年度主要成长点（1～2 点）	年度成长目标	本月训练总结	下月训练计划
管理者				
下属				
下属				
下属				

当盘点完所有池子的数据之后，最后还要考虑的一点，就是团队能力的提升。业绩的达成不能光靠管控，还要靠赋能。只有销售人员的能力足以胜任时，所有管控的标准才能真正落地。因此，对于销售管理者来说，每个月还必须考虑的事情，就是如何提升团队成员的能力。要做到这一点，就需要在每个月的

盘点中，看清楚团队当中成员的能力情况，明确每个人能力提升的方向和目标是什么，总结本月的训练成果，并制订下个月的训练计划。

这里需要注意的是，能力的提升不是一朝一夕的，而是要长时间反复训练的，因此在盘点团队能力的时候，每个人每年只需要列出 1～2 个成长点就可以。例如，以销售人员最核心的客户拜访能力来说，能够用一年的时间训练出来，效率就已经很高了。因此，能力的训练不要“眉毛胡子一把抓”，必须以业绩为导向，建立销售人员的能力模型，找到现阶段每名销售人员能力最大的卡点，力出一孔，每个月持续进行有针对性的训练，才能取得最佳的效果。关于销售人员的能力模型及能力培养，将会在下一章详细进行讲解。

通过以上的目标盘点表，销售管理者就把整个商机漏斗从客户池，到商机池，再到项目池，都管控起来了。既可以看到各项指标的进度，也可以制定下月的目标。但是，月度的目标盘点，只是做出了计划，而要想让计划真正落地，还需要做好更深一层的管控：**周例会**。

5.3 周例会：从只看动作到重点聚焦

如果每个月目标盘点的目的，是对齐业绩目标、制订下月的目标与计划、让销售人员知道要做什么、达成哪些指标，那么每周的周例会的目的，就是**对齐月度计划，管控好销售人员的动作，保证销售人员宝贵的时间和精力都用在最重要的事情上面**。

为什么一定要开周例会？因为目标盘点每个月只进行一次，如果在每个月盘点的时候，才发现上个月的实际工作和计划偏差很大，这时整个月都已经过去了，进度已经延后了，缺口已经产生了，再去补救就会非常困难。而对于 To B 的销售人员来说，如果每天管控进度，又过于频繁了，因为项目的进度没有那么快，一天可能什么事情也做不了。所以正常的管控粒度，应该是每周一次。

周计划盘点过程主要由以下几个环节组成，如图 5-3 所示。

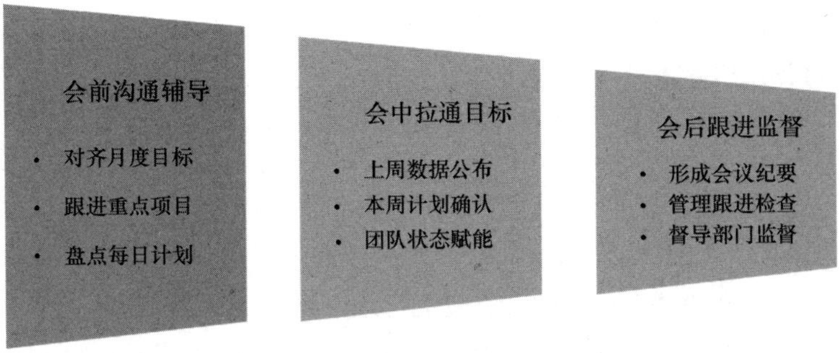

图 5-3 周计划盘点过程

1. 会前沟通辅导

周例会虽然是管控动作中非常重要的一个例会，但是在我们辅导企业的这些年，发现 99%的销售团队都开错了。大部分销售团队的周例会，都开成了进度汇报会和计划讨论会，首先是小组内所有的销售人员齐聚一堂，轮流上台讲自己上周的计划是什么，完成的进度是什么，目标没完成的原因是什么，遇到了哪些困难，需要什么样的支持。当所有人都发言完毕后，销售管理者再做个十几分钟的讨论和总结，明确下周的工作计划。这样的周例会往往一开就是一个上午，甚至有的会开一整天，不仅非常浪费时间，而且影响士气。这些时间原本是销售人员可以创造业绩的时间，却要被迫参加一个冗长的会议，销售人员也会产生抱怨心理，自己的发言只有那么一段时间，大部分都在听和自己没什么关系的内容，不管是销售管理者还是销售人员都很痛苦，这也是很多销售团队不愿意开周例会的重要原因之一。

所以，**真正有效的周例会，功夫一定是下在周例会之外的**。周例会绝不应该是盘点进度和讨论问题的时间，周例会有且只应该有一个作用，那就是**拉通目标**。而所有对上周工作总结与计划的事项，则应当放到周例会**之前**。销售人员需要在**每个周六**，把自己本周完成的进度，填写到上周的计划当中。然后销售管理者在**每个周日**，根据周计划的填写情况，与每一名销售人员进行一对一辅导反馈，这里的辅导反馈可以是线下的，也可以是线上的，指出销售人员工作中可能存在的问题，给出改进意见，并制订下周的工作计划。

那么，销售人员应当如何填写自己周工作进度与计划，销售管理者又要如何给销售人员辅导反馈呢？主要分为以下几个步骤。

（1）对齐月度目标

周例会最核心的作用，就是保证月度目标可以有效地达成，因此，在销售管理者每个周日对销售人员进行辅导时，第一项就是要对齐月度目标，月度目标对齐表如表 5-9 所示。

当月初的目标盘点完成后，会产出三个池子的目标：月度业绩目标、月度商机目标和月度客户目标。因此在周计划的第一步，就是将这些月度目标和每周实际的进度做对比，如表 5-9 所示。在表 5-9 中，月度目标每个月只需填写一次即可，中间不需要修改，而每周的数据需要在本周结束后，根据实际情况填写。

表 5-9　月度目标对齐表

时　间	业绩目标		商机目标		客户目标			
	任务目标/万元	预估达成/万元	新增商机数量/个	新增商机金额/万元	有效拜访数量/个	新增客户数量/个	新增重点客户数量/个	新增渗透度>3 数量/个
月度目标								
第 1 周								
第 2 周								
第 3 周								
第 4 周								

销售管理者在每周对销售人员进行辅导时，第一步就是要让销售人员自己重复一遍本月的目标是什么，并让销售人员根据本周达到的数据，和月度目标做对比复盘。如果销售人员的周进度领先，则可以让销售人员分享成功经验是什么；如果销售人员的周进度落后，则需要让销售人员分析问题的原因是什么，下一步计划如何改进。

（2）跟进重点项目

会前辅导的第二项，就是**重点项目跟进盘点**。

在之前说过，对于大项目和样板项目，如果很长时间不跟进，项目很可能会被拱手让人。而大部分销售人员往往都缺少全局思维，很容易发现一个新项目就一头扎进去，而忽略了最重要的目标，最后出现“丢了西瓜捡了芝麻”的情况。因此，重点项目跟进盘点的主要目的，就是避免销售人员出现这种情况，能够时刻把注意力保持在重点项目上。重点项目跟进盘点表如表 5-10 所示。

在表 5-10 中，销售人员先列出本月计划跟进的重点项目，之后还需要填写本月推进计划和本周推进进度。

表 5-10　重点项目跟进盘点表

重点项目名称	本月推进计划	本周推进进度

本月推进计划，就是销售人员在月度盘点时填写的计划，通常每周不需要变动，但如果本周项目的进展非常顺利，则可以将项目推进到一个新的阶段，也可以视情况调整该项目的推进计划。

本周推进进度，需要根据销售人员实际的情况填写，如果销售人员本周没有推进这个项目，则该项也可以留空。但如果销售人员本月此项多次为空，则说明销售人员没有把重点的时间和精力放到这个重点项目上面，销售管理者需要适时地提醒或使用管控手段。

（3）盘点每日计划

会前辅导的最后一项，就是盘点销售人员一周当中每天具体要做的事情，注意这里一定要具体到每一天，甚至要具体到上午、下午分别做什么。销售人员每日计划盘点表如表 5-11 所示。

相信在看到表 5-11 的时候，很多人的第一反应都是：啊？每一天都要做计划？有必要这么麻烦吗？能不能直接做一周的计划？而且销售人员很多时候都要看客户的时间，计划往往也不如变化快啊？

表 5-11　销售人员每日计划盘点表

每 日 计 划	上 午 计 划	下 午 计 划	当日工作结果
星期一			
星期二			
星期三			

（续表）

每日计划	上午计划	下午计划	当日工作结果
星期四			
星期五			
星期六			
星期日			

关于这些问题，我的答案是**有必要**。周计划要想产生效果，最好就是要做到每一天。

首先，从管理的角度来说，把任务具体到每一天，可以更好地评估销售人员的工作量，判断销售人员精力分配是否合理。由于销售人员的工作任务往往是比较主观的，很难具体评估工作量，如果不把一周的任务分配到每一天，而是全部列到一起，可能会出现看起来任务很多，实际上两三天就全部做完了的情况。例如，列了 10 条拜访计划，但一天就能拜访完 3～5 个客户，2～3 天就拜访完了。也有可能出现看起来任务很少，但实际上工作量很大的情况，如跟着客户一起下市场，或者与用户沟通解决方案，可能一个客户就要跟上 2～3 天，一周就只有 2～3 条计划。因此，把要做的任务细化到每一天，可以让销售管理者更准确地判断销售人员的工作量。

其次，从销售人员的角度来说，把任务具体到每一天，可以更好地养成地盘布局的思维。由于销售这个职业的特殊性，拜访客户之前，往往需要提前与客户预约时间，尤其是拜访客户的高层，可能至少需要提前 1～2 周，贸然拜访大概率是见不上的。因此，一名有地盘布局思维的销售人员，应当在月初就想好这个月要见哪些重点客户，并至少提前一周去约客户，这样，他在一周内大部分的日程应该是比较确定的，尤其是重点客户和重点项目的拜访。因此，把要做的任务细化到每一天，也可以让销售管理者更好地判断销售人员开拓客户的思维方式。

最后，在周计划实施的时候，销售人员可能还会有一个抵触心理，就是觉得计划赶不上变化，客户的行程随时会发生变化，哪怕和客户约了哪天见面，可能到时候也会临时改变，所以很可能会出现计划与实际的行动大幅度不一致的情况，这种情况虽然非常常见，但却是正常而且可以接受的。因为做出准确的周计划是一种能力，而这种能力只有通过长期的训练，才能越来越熟练。计划赶不上变化的情况，只是培养这种能力的必经阶段。刚开始做的计划必然不准确，但是长期做下去，销售人员对可能出现情况的预判能力越强，计划就会越来越准确，而且能够非常有效地培养销售人员的思维方式和布局能力。

案例分享

在销售领域，一个不争的事实是：没有客户就没有商机，没有商机就没有项目，没有项目就没有业绩。然而，许多销售管理者在管理过程中往往只关注项目和业绩层面，却忽视了对销售人员客户拜访的管理和赋能，这直接导致许多商机无法触及，业绩也难以完成。

我们曾服务过的一家软件公司就存在这样的问题。在销售团队开完第一次周例会后，我们发现了一个令人担忧的现象：有些销售人员，尤其是负责省会城市业务的，平均每天拜访客户的数量仅有 1～2 人，拜访效率极低，客户量远远不够。察觉到这一问题后，我们迅速将其反馈给公司的销售总监和销售管理者，并立即召集了一次销售分析会议，专门讨论客户拜访的情况。

其中一名销售人员是刚毕业的研究生，主要负责省会城市的业务，拜访的客户群体也相当广泛，包括政府、医院、学校和企业等。然而，他每天仅能拜访 1～2 个客户，有时客户有事，甚至一天连一个客户也见不上，宝贵的时间就这样白白浪费了。

面对这种情况，我们不禁思考：每周这些看似无法挽回的浪费时间，是否有机会将其高效地利用起来呢？答案是肯定的。我们帮助这名销售人员分析了自己的现状：作为销售新人，他既缺乏销售经验，又没有客户资源，客情关系也不深，对自己负责的地盘还没有完全摸清楚。如果他想在这个行业站稳脚跟，在当前阶段，就必须依靠勤奋，通过与客户频繁的沟通交流，快速拓展客户关系，才能与那些经验丰富的业务员一较高下。

这名销售人员对我们的分析非常认可，但他仍然困惑：如何才能把每周浪费的时间有效利用起来呢？带着这个问题，我们从以下两个方面对他进行了细致的辅导。

【拜访动线的设计】

首先，我们指导进行拜访动线的设计。他负责的省会城市，客户资源的丰富度和业绩拓展需求远高于非省会城市，因此，要想熟悉自己的地盘，必须把客户跑一遍。然而，在拜访客户的过程中，时间是最宝贵的资源，客户的上班时间主要集中在白天，如何在有限的时间内实现拜访效率的最大化呢？

关键在于提前做好拜访计划，将每天的时间安排得满满当当，对每个客户的情况了如指掌，为每次拜访做好充分准备。然后，根据客户职业的不同，选择合适的拜访时间。例如，拜访医生时要避开他们查房的时间段，因为那是医生最忙碌的时刻，此时去拜访无疑是徒劳无功。此外，在同一天内拜访的客户，最好都位于同一个区域内，距离较近，否则，如果客户分散在城市的各个角落，一整天的时间都可能浪费在路途上。

针对这名销售人员的客户群体，我们为他精心安排了一天的拜访行程，如表 5-12 所示。

表 5-12 精心安排的一天拜访行程

时间安排	拜访对象	拜访设计
7:30—8:00	医院或学校	上午可以去见医院或学校的领导，因为他们早上查房或上课，去的时候正好能跟他们说上话
9:00—11:00	政府	上午 9:00 之后，避开了政府部门早上最忙的时候，这时候去政府部门比较合适
11:00—12:00	医院	对于医生来说，上午 8:00—11:00 是最忙的时候，11:00 之后就轻松点，也有时间聊事，这时候就可以去医院客户那沟通一下
12:00—13:30	代理商	中午可以邀请 3～4 个代理商用餐，顺道聊聊项目，到一点多结束
13:30—14:00	学校	下午 1:30 左右，最适合去见校领导或教育局的客户，因为学校的管理比较严格，基本上这个时间点会比较合适
14:00—15:00	政府	下午 2:30 左右，去政府部门也比较合适，客户下午的时间相比上午要宽松一些
15:00—16:00	企业或其他重要客户	到了下午 3–4 点，属于黄金时间段，见谁都比较合适，这个时间可以着重好好安排一下，一般可以去见企业客户，或者其他需要重点开发的客户
16:00 之后	提前约见的客户	晚上可以根据自己的需要提前约，如说自己需要什么商机，需要什么聊什么项目，就着重去约哪个客户

按照这样的安排，销售人员一天至少能见 7 个客户。如果其他销售人员一天只见 3～4 个客户，那么这名销售人员在效率上就相当于其他人的 1.6～1.8 倍。坚持两年，就能实现其他销售人员 3～4 年的业绩效果。

拜访量的增加，使得销售人员地盘开拓的效率越来越高，与重点客户联系深化的效果也越来越好。反复与一个客户见 10 次和见 50 次，效果是截然不同的，能聊事的深度和联系紧密度也会有很大差异，最终达到的结果更是天壤之别。

【打造特色吸引力】

除了提升拜访效率，我们还指导他如何打造特色吸引力。在拜访的路途中，其实也可以充分利用时间。例如，可以观察周边有没有特色的小吃、饭店、点心店等，如果排队的人很多，这家店就一定不会差，即使不需要下车也可以看出来。这样，在拜访客户的过程中，就可以在脑海中绘制出一整张美食地图。

当销售人员记住每个客户周边有什么好吃的，等到邀请客户用餐的时候，就可以跟客户说："我知道附近有家店，你肯定没去过，那里的招牌不错，东西也很好吃，你跟我去试试吧。"通常情况下，客户是不会拒绝的，因为距离不远，价格也不贵。简单吃一顿，而且吃得满意，客户就会对这名销售人员产生好感，从而提高对销售人员的认可度。此时，再趁机跟客户聊聊天，说说事，关系就逐渐拉近了。

但是，仅仅一次跟客户拉近关系是不够的，要想办法把客户的下一次也约出来。这时候，就可以说："这只是我知道的一个地方，我还知道很多地方，下次我们还有机会一起去。"这种时候，客户听了，只会觉得这名销售人员有意思，善于观察，是一个很用心的人。吸引客户并不一定非要标新立异，美食地图也可以作为吸引客户的手段，让客户对你产生好奇和兴趣。

经过一个月的实践，当我们再次见到这名销售人员时，他整个人的气质都发生了翻天覆地的变化，与最初的销售新人判若两人。他兴奋地向我们分享道："自己在安排周计划的时候，最开始觉得特别有难度，但当我跑了一周之后，我真切地感受到每周计划不安排是不行的，不安排自己浪费太多时间了，而且当自己每天安排得满满当当的时候，自己也不会拖延了，也不会内耗担心业绩达不成了。尤其是前两天，我把自己每天在路上怎么储备美食库的事跟我们的一个经销商一说，他直接在公司周会上给其他销售人员分享了，让他的销售团队也把这样的方法用起来，提高开发客户的成功率。”

人的本性是懒惰的，在周例会实施的过程中，一些销售人员对管理产生抵触心理，无非就是觉得这样做没用。因为很多销售管理者并没有真正给销售人员赋能反馈，只是单纯管控销售人员的动作而已。越管控越抵触，越抵触越管控，这样的恶性循环，才是导致销售业绩无法提升的真正元凶。

因此，周计划的关键意义，在于确保月度计划能够准确落地，确保销售人员的时间和精力用在最重要的事情上。而重中之重一定不是建立销售动作管控的空中楼阁，而是像这样给予销售人员辅导，真正帮助销售人员达成业绩，才能提升整个销售团队的业绩水平。

当明确了每日计划的意义之后，当销售管理者对销售人员进行辅导的时候，就需要让销售人员把每一天的计划和结果列出来，把计划和结果进行比对，看看哪些计划完成了，哪些计划没完成；没完成是什么原因，完成了是什么结果，结果是否达到预期；如果没达到预期，则分析原因是什么，并以此进行改进。

在辅导完成之后，销售人员还需要提前填写下周每一天的工作计划，并在每一天完成工作后，将实际取得的结果填写到表 5-11 中。如果公司有 CRM，则可以直接将每天的拜访日志同步到表 5-11 的当日工作结果当中，可以极大地减少销售人员每天填表的工作量。

2. 会中拉通目标

当充分完成会前的准备工作之后，到了需要销售部门全体员工参与的周例会上，就变得非常简单了。

首先，**开周例会最好的时间，应该是周一早上上班之前**。销售团队上班的时间，往往也是客户上班的时间，在上班之前开完周例会，可以最大限度减少对拜访客户时间的占用。其次，**开周例会最好的时长，是半个小时以内**。假如公司 9 点上班，那么 8:30 开周例会，9 点就应该开完了，然后大家各自执行任务。最后，

开周例会最主要的目的，是拉通团队的目标。如果在周例会之前就把所有内容都准备好，那么在实际开周例会的时候，就只需要公布每个人的目标，大家彼此确认目标并公开承诺，同时了解团队成员都在做什么，对可能有交集的工作进行配合即可。这样开周例会效率又高，效果又好，对团队成员也没有消耗。

那么，周例会具体要怎么开呢？主要分为两个主要环节，一个可选环节。

（1）上周数据公布

周例会的主要环节之一，是**公布团队上周的数据**。

数据的类型，应至少包括**业绩、商机和客户**三种。其中，既要公布本周新增的数据，也要公布本月设定的目标。如果有条件，还可以对销售人员的数据进行排名：如业绩排名、商机排名、客户排名、拜访排名等。目的是强化销售团队对目标的关注，提升对结果的负责力。

除公布业绩数据外，还可以公布每日计划与完成结果的对比，如计划客户拜访数量、计划商机增长结果、计划项目推进目标等，将计划与实际完成的结果对比呈现，让团队清楚无论是过程还是结果，领导每周都在关注，持续强化销售团队的目标意识。

（2）本周计划确认

周例会的主要环节之二，是**公布团队本周的计划**。

首先，销售管理者应当公布团队中每个人在本周制订的计划，这个计划应当是在会前准备的环节中，和每一名销售人员沟通确认好的。明确告知销售人员这些目标周末就要检查，并且让销售人员在团队面前公开承诺是否能够完成。

其次，如果某些工作计划需要多人协作完成，或者需要统一为大家协调外部资源，则销售管理者也可以在公布周计划时，向大家公开说明哪些项目需要谁来配合，明确配合人员的职责、分工等。

（3）团队状态赋能

最后，周例会还有一个可选环节，就是团队的状态赋能。之所以这个是可选环节，并不是这个环节不重要，而是这个环节的内容往往需要更长时间的沉淀和准备，才能发挥出最好的效果。但间隔时间不宜过长，最好每个月至少有一次周例会上能够加入这个环节。

第一，团队状态赋能可以用经验或故事分享的方式来进行。例如，讲一讲某些销售人员拼搏的事迹、百折不挠的事迹、互相帮助的事迹，或者开发市场、挖掘资源、搞定客户的成功经验等。这些分享可以由销售管理者自己来讲，也可以安排销售人员亲自讲解。但是要分享哪些内容，用什么形式分享，都必须在会前沟通并准备好。

第二，团队状态赋能也可以用演讲的方式来进行，销售管理者要想真正带好团队，就不能只盯着团队的业绩，还要同时关注团队的状态。如果发现销售团队在某些时候出现了“塌腰”的情况，如出现开发新市场的恐惧、对销售业绩的担忧、对个人前景的迷茫等负面情绪，销售管理者就可以针对大家的状态，通过一些简短的演讲，分享一些对大家的理解、共情，或者对现状的认知、信念，帮助团队重振信心，提升士气。

3. 会后跟进监督

一个有效的周例会，不仅要会前充分准备，会中高效开展，还必须加入会后跟进监督机制，才能确保会中的决议能够在会后有效落地。

首先，在周例会的尾声，应当对本次周例会当中公布的计划与目标，在与团队达成一致之后，以文档的方式全部记录下来，并形成会议纪要。会议记录员可以由团队成员轮流担任，也可以由专人负责。如果当中存在团队赋能的内容，如解决问题的方法、开拓市场和客户的策略等，也要重点详细记录。

其次，在周例会完成后，销售管理者需要将会议纪要提交给督导部门，由督导部门负责考核与统计。销售部门与督导部门的关系，就像执法部门与政法委的关系，销售管理者需要对团队进行督导，但同时也需要接受督导。督导部门最好是一个独立的职权部门，至少也要和销售部门平级，最好能够在销售部门之上。督导部门需要对销售管理者提交会议纪要的时效性、会议纪要的质量进行督导，以确保销售管理者按时、按标准完成销售团队周例会的工作。

最后，销售管理者需要根据计划的内容，在周中督促团队的目标落地情况，并于下个周末对结果进行检查，形成闭环。督导部门也可以适时抽查销售管理者对周计划的监督执行情况。

5.4　销售过程管理节奏

以上，就是按照季度、月度和每周，对销售过程进行管理的节奏了，也讲到了销售管理者过程管理的三项工具：**地盘分析、目标盘点和周例会，如图 5-4 所示**。最后再来回顾总结一下。

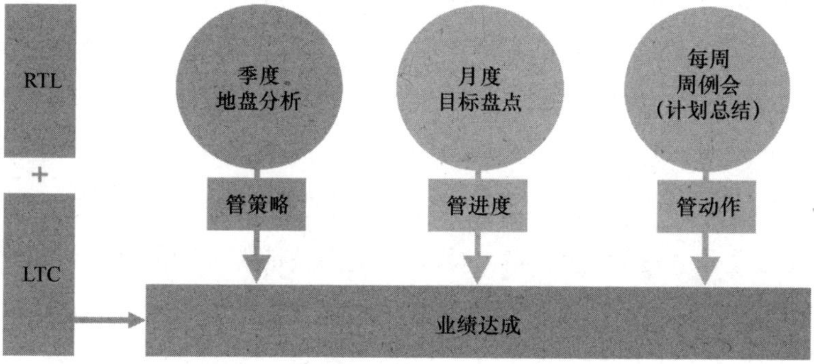

图 5-4　销售管理者过程管理的三项工具

首先，作为销售管理者，在初接到一块地盘时，应当在 RTL 管控的过程中，摸清地盘的基本情况，完成地盘的分析表，包括了解地盘的体量，竞争对手占据的份额，明确地盘当中有哪些重点客户、平台和渠道。按季度分析和更新这些信息，制定区域推进的策略、节奏，明确需要为销售团队提供哪些支撑，如业务费用、联合拜访、市场活动等。这样，销售管理者就可以根据地盘的推进策略，将年度的业绩目标，拆解到每个月的业绩目标当中去，并继续拆解到“销售漏斗”的各个池子的目标中去。

其次，在每个月初，销售管理者就需要对这个月的目标进行盘点。首先对项目池和业绩进行盘点，盘点部门和个人业绩目标的完成情况，看到目标与实际完成的差距，并制定下个月业绩的目标。其次对商机池进行盘点，盘点每个人商机池的数量、金额和漏斗比值，查看商机的变化情况，并制定下个月商机的目标。对于商机池中的重点项目，还要部署下个月重点要推进的计划。再次就是对客户池进行盘点，不仅要盘点客户池的数量，还要盘点客户池的质量。

对于客户池的数量，主要盘点客户数量和拜访量；对于客户池的质量，主要盘点重点客户的覆盖率和重点客户的渗透度。同样在盘点完成后，还要部署下个月要完成的目标。最后，对业绩相关的目标盘点完成后，还要对人员能力提升的目标进行盘点，确认每名销售人员上个月的培训情况，确定本月的培训计划，帮助销售人员突破能力卡点，支撑业绩的提升。

当月度的目标盘点完成后，就要落实到每一周的计划，对销售人员的动作进行管理了。周计划最关键的意义，就在于保证销售人员的时间和精力，用在最重要的目标与计划上面。具体来说有两个要点：首先，销售人员要把下周的工作计划具体到每一天，这有利于销售管理者的管控，与销售人员地盘布局思维的提升。其次，销售管理者一定要把和销售人员沟通周计划的工作，放到周例会之前进行，如和销售人员沟通上周工作的反馈及下周计划的安排。周例会最主要的目的，应该是拉通目标，而不是讨论目标。这样，才能高效地保证团队动作的一致和可控。

再次，当明确每周重点要跟进的客户和商机之后，销售管理者就可以在周中按照计划和销售人员的需要，举办项目分析会，对销售人员进行拜访辅导，帮助销售人员突破能力的卡点，顺利推进 RTL 和 LTC 的过程。

但是，这套体系说起来容易做起来难，因为规范的管理不是那么顺应人性的。任何企业在建立销售管理体系的过程中，销售团队都可能会产生很大的情绪：他们觉得以前只需要见客户就行了，但现在还需要写打卡记录和拜访记录，这就增加了很多无用功；企业对他们是不信任的，过去每周想干什么就干什么，现在还要让去写月计划和周计划，这样也让人很烦恼。此外，不仅要填写一堆表格，每周、每月还要开会。

这些制度的落实，一定都会遇到很大的阻力。这些阻力产生的原因，是大部分的销售团队都是散养出来的。为什么会散养？是因为大部分的销售团队都是从小长大的。从前的销售团队人数少，能留下来的人都非常有能力，去做销售的时候都是凭自觉，所以就会觉得散养是没问题的，上销售制度反而是画蛇添足。但是，随着企业的规模慢慢变大，到了几十人甚至上百人的时候，每个人的能力和态度开始变得良莠不齐，这个时候企业的发展就会遇到瓶颈。如果没有规范的销售过程管理，仅凭每个人的能力和自觉性，销售团队的规模越大，人效就会大大降低，企业可能会在一个业绩规模上卡住很长时间，就算不断加人，产生的业绩也会与增加的成本相抵消，业绩没有增长多少，反而降低了企业抗风险的能力。

因此，建立规范的销售过程管理体系，是企业在成长过程中的必经之路，这条路无法通过别的方式跨越，也没有其他的选项。靠人治理企业，企业是不可能做大的。在建立销售体系的时候，一定要清晰地知道自己为什么要做这件事，以及一定要想清楚是否下决心要做这件事，是不是即使在过程中遇到阻力，也一定要把这件事情做好。否则，一旦一个制度刚开始没有落实下去，后面再要想落实就更难了。

最后，一个完整的销售过程管理，不仅要对员工进行管理，还需要对管理者进行管理。例如，周计划不仅销售人员需要填写，销售管理者也需要填写。基层管理者要对销售人员的周计划进行辅导，中层管理者也要对基层管理者的周计划进行辅导。基层管理者要给销售人员开项目分析会，中层管理者也要监控重点项目开项目分析会的频率，以及可以通过旁听项目分析会，或者检查项目分析会材料的方式，判断基层管理者运作项目的思路是否正确，以及有没有把自己的想法准确地传达给销售人员。最好再有一个督导的角色，同时对基层管理者和中层管理者进行监督，如果管理动作做不到位，就要体现在绩效工资上面。让管理者明白做和不做不一样，做好和做坏不一样，让管理者层层监督，层层赋能，才能确保管理的动作真正落实，才能使销售管理的体系真正落地。

精华小结

- 季度会是对地盘进行盘点，管的是市场开拓的进度与策略。
- 月例会是对目标进行盘点，管的是销售团队的业绩与进度。
- 周例会是对动作进行盘点，管的是销售人员的动作与状态。
- 地盘分析的主要目的，是把地盘当作一个整体去攻克，当作一盘棋去布局，而不是单点突破。

- 目标盘点的关键，就在于以全年业绩目标为导向，让销售人员时刻与业绩目标对齐。
- 周例会的目的，就是对齐月度计划，管控好销售人员的动作，保证销售人员宝贵的时间和精力都用在最重要的事情上面。
- 真正有效的周例会，功夫一定是下在周例会之外的。周例会有且只应该有一个作用，那就是拉通目标。

第 3 部分

销售组织

第 6 章　销售组织：从人力消耗到人才复制的铁军工厂

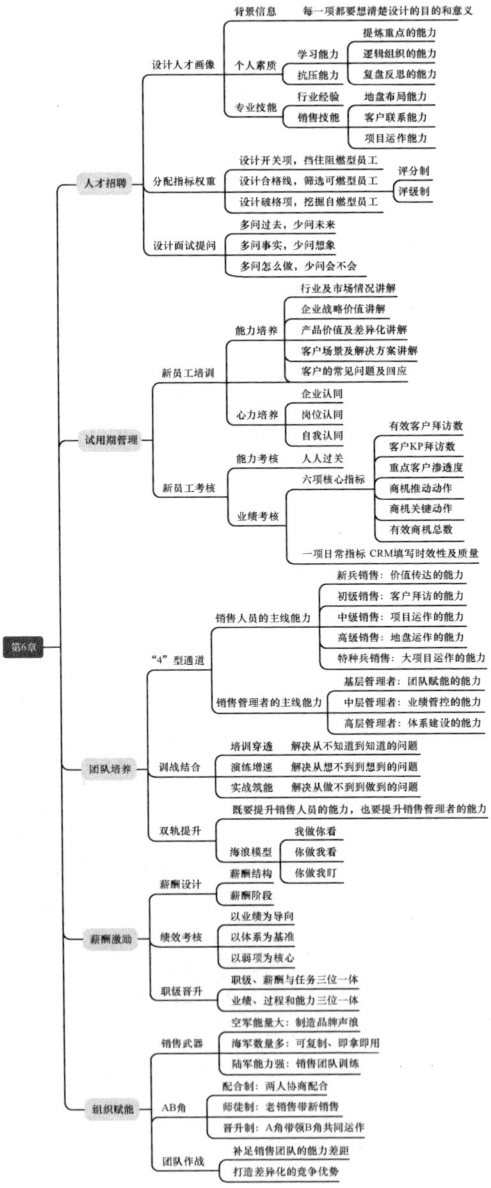

21 世纪最重要的是什么？人才！

这句话，是在电影《天下无贼》中，由黎叔（葛优饰）对王薄（刘德华饰）说的一句话，也是电影当中最经典的台词之一。在企业的销售团队中最重要的是什么？也是人才。任何的销售业绩，最终一定是由人达成的。而且在很多企业当中，大部分的销售业绩也是靠几个头部的销售人员支撑起来的。一名头部的销售人员一年所产出的业绩，可能比十个普通的销售人员的业绩都要多。这一点相信很多老板都有切身的体会。因为这个头部的、最大的、最有能力的销售人员，很有可能就是老板自己。

很多老板在培养销售团队的时候，就像辅导上小学的孩子写作业一样。明明自己觉得非常简单，可孩子无论如何就是学不会。明明自己做起题来毫无困难，可孩子磨磨蹭蹭总是做不对。辅导孩子学会做题，比自己亲自做题难多了。辅导销售人员学会做销售，也比自己亲自做销售难多了。这也就导致大部分企业的老板，名义上是在带领销售团队，但自己还是最大的销售人员，甚至成了最大的救火队员。遇到了大项目往往还是要亲自上阵，几乎 24 小时待在项目上，团队的能力也没有什么提升。

因此，一家企业的销售团队要想真正做到长久发展，就不能只依赖销售团队现有的人才，而是必须打造稳定、可靠的销售人才培养体系。就像中国当前的乒乓球国家队一样。之所以在每次国际赛事上差不多都能拿到冠军，是依靠于一套完整的、能够源源不断培养出人才的体系，而不是像网球等其他项目一样，只能依赖于某一个人的天赋和能力。所以，企业真正要打造的，一定是乒乓球的国家队，而不是网球的国家队。只有实现销售团队的可培养、可复制、可传承，才能实现可持续发展，才能源源不断地打造出企业所需要的销售人才，才能实现销售业绩的深度增长。

那么，要怎样打造一支可培养、可复制、可传承的销售团队呢？根据企业销售团队的打造顺序，主要可以分为三个环节：**选拔**、**培养**和**激励**。

首先，**选拔**是销售团队组建的基础，一名不合格的员工，是企业最大的成本。具体来说，要包含**新员工的招聘**、**新员工的培养**和**新员工的筛选**三个部分，这个环节的目的，就是从源头上确保进入企业并留下来的人，都是企业所需要的人才，至少是可培养的人才，不合格的员工要尽快淘汰，避免在错误的人身上白白投入大量的时间与资源，浪费了宝贵的机会成本。

其次，**培养**是销售团队打造的核心。对销售能力的系统化培养，可以大幅缩短新销售人员成才的周期，也能有效破除老销售人员旧有的思维盲点和误区。一名新销售人员越快能够产出业绩，企业的用人成本就越低。一名老销售人员的能力越全面，就越能有效提升项目运作的成功率。此外，除培养销售人员外，还必须培养销售管理者，只有实现销售人员和销售管理者的**双轨提升**，销售人才的培养才能实现自我闭环，而不是必须依靠外部的力量推动。

最后，**激励**是销售团队作战的动能，主要包含**薪酬设计、绩效考核和晋升通道**三个部分。如果薪酬设计缺乏竞争力，企业就很难吸引优秀的销售人员入职，后续的培养也就成了无根之木、无源之水；如果绩效考核缺乏合理性，销售过程管理也就成了一纸空谈，销售人员从来都不会去做你要求他做的事，他只会去做你考核他的事。你考核能力，销售人员才有动力去提升能力；你考核过程，销售人员才有意愿去做好过程。如果晋升通道缺少明确性，年初分配销售任务的时候就会困难重重，每名销售人员都不愿意领高任务，因为越高的任务，就意味着完不成的风险就越高。只有把销售任务与晋升通道挂上钩，让越高的任务对应着越高的职级和提成比例，才能让销售人员在面对销售任务时，从“要我做”变成“我要做”，发挥主观能动性去冲刺更高的业绩。

综上，**选拔、培养和激励，就是销售组织打造最重要的三个环节**。可能有些企业会觉得，这三个环节我们自己也在做，这不是人力资源必备的三个环节吗？是，也不是。企业对销售团队的人力资源管理，大多都是从通用管理的角度出发的，销售团队的培养虽然与通用管理有很多相同之处，但能否看到其中独特的差异，才是决定销售团队能否培养成功的关键所在。因此，本章中所有的内容，就是围绕着这三个环节，针对销售团队的培养，逐一进行讲解的。

6.1 人才招聘：从人员错配到精准识才

人才招聘，是销售团队组建的第一个环节，也是最关键的环节。原因就在于，**一名不合格的员工，是企业最大的成本**。这里所说的“不合格的员工”，不是指销售能力不足的员工，而是指**个人素养**不匹配企业要求的员工。这包括个人价值观、行为习惯及思维方式等。销售能力是可以培养的，但个人素养是一个人长久以来形成的，极难通过培养改变。

关于个人素养，“经营之圣”稻盛和夫把员工分为三种类型：一种是**自燃型**，另一种是**可燃型**，还有一种是**阻燃型**。自燃型的人你不去管他，他自己就会发光发热。自燃型的人在销售团队里，他就是一簇发光的火种，一座信心的灯塔，他可以把自己投入销售工作中的热情，弥散到整个团队里，带动整个销售团队的信心。可燃型的人虽然不会像自燃型的人那样自己发光发热，但是也容易被别人点燃，只要给予体系化的能力培养，就可以得到很快的能力提升；只要给予体系化的过程管理，就可以保质保量地完成销售工作。最后是阻燃型的人，他不仅不能被别人点燃，还会扑灭别人所燃起的热情。这样的人面对销售工作的态度是消极的，不仅自己对企业的培养和激励不以为意，还会在团队中散播这种消极的态度。这样的人对团队是有毒的，不仅要在招聘环节尽量避免，即使进入了企业，也应该在试用期中尽快识别出来，并坚决予以淘汰。

进一步地说，为什么说阻燃型的人对团队有毒呢？在于这样的人消耗的绝不仅是企业的薪酬成本，还是整个销售团队更大的隐形成本。

首先是**沟通成本**，出于团队管理的角度，销售管理者需要对团队中每一位成员给予关注，并且与表现不佳的员工进行沟通和赋能。由于阻燃型的人往往表现不佳，沟通了很多次也起不到效果，销售管理者就容易在这样的人身上投入大量的时间与精力来帮助他。而销售管理者的时间与精力是有限的，在这样的人身上投入的时间与精力多了，对团队中其他成员的关注就少了，无疑就造成了团队资源的浪费。

其次是**信心成本**，对于销售团队来说，信心比黄金更珍贵。阻燃型的人自己做不成项目，不去反思自己存在什么样的不足，反而会把责任推到企业头上，觉得是企业价格太高、产品竞争力不行、客户服务支持不到位等，一旦在销售会议甚至是团队内部持续散播这种负面和消极的信息，就很容易把团队带到抱怨的深渊。

再次是**管理成本**，阻燃型的人对于企业销售过程管理的要求，往往都抱着不以为然的态度，不是敷衍了事，就是弄虚作假。一旦他的某些做法企业没有及时看到并制止，让他成了漏网之鱼，其他人就会觉得原来这样企业也不管，就容易慢慢效仿，一旦破了规矩，企业销售管理的制度没有立住，以后再想重新树立就难上加难了。

最后是**机会成本**，企业培养人才的资源是有限的，培养了一个错误的人，就失去了培养一个正确的人的机会。此外，市场上的机遇也是转瞬即逝的，有时一个市场的窗口机遇期就那么三五年，一旦把错误的人投入一个区域，但他花了一年都没做起来，可能就把这块区域拱手让给了竞争对手，而企业则直接错过了机遇期，此消彼长之下，为企业带来的损失就更是难以估量。

因此，**一名不合格的员工，是企业最大的成本**。企业在构建销售团队时，必须把这句话谨记于心。无论是从零开始组建销售团队，还是正常补充销售团队流失的人员，选对人都是最关键，也是最重要的第一步。那么，选对人的关键是什么呢？首先，就是人才画像的设计。

1. 人才画像：构建人才标准，规避凭感觉招聘

俗话说，良好的开端是成功的一半。对于销售团队的建设来说，选对了人，也就成功了一半。而要想选对人，最重要的一条原则就是**销售招聘一定不能靠感觉，而是要靠标准**。

为什么销售招聘不能靠感觉，而是要靠标准？不妨先问自己一个问题：**企业里这些阻燃型的人，他们是怎么进来的？**相信每一个人都不希望阻燃型的人进入自己的企业，HR 和负责面试的销售管理者自然也不例外，但是之所以这些人还会进来，就是**很多人是凭感觉招聘的，而不是凭标准招聘的**。可能今天心情好，看对方比较顺眼，也可能是刚好和对方聊得比较投缘，就把这个人放进来了。即使这个人入职后被验证是真的不能胜任，也只会觉得是当初“看走眼了”，而不去反思招聘过程中哪里出了问题，如何才能避免再次出现这样的问题。没有明确的人才画像和招聘标准，是导致不合格的人进入企业的最大原因，**同时也是优秀的人进入企业的隐藏阻碍**。没有明确的人才画像和招聘标准，

招聘就只能是一门事前靠感觉，事后靠解释的玄学，而不是一门事前可预测，事后可迭代的科学。

因此，企业要想确保能够长期、稳定地招到适合企业的销售人才，就必须明确人才招聘的标准。把标准上升到企业层面，就是构建**销售团队的人才画像**。只有把企业希望招聘到的销售人才，分成几个大的维度去描述，每个维度再分成几个细项去打分，这样才可以让企业招聘人才的标准实现统一，避免每个招聘的负责人按照自己的感觉去选人。也可以根据销售人员入职后的实际表现情况，对标准进行持续的迭代和优化。

关于人才画像的维度，每家企业可能都略有不同，但是从整体来说，主要可以分为三大部分，分别是：**背景信息、个人素质和专业技能**。

背景信息，就是应聘者的基础信息和过往经历。例如年龄、学历、院校、工作年限、从业经历等。这些是大部分企业都会考察的信息，故不再赘述。但这里要强调的一点就是，在设计背景信息考核项的时候，**一定不能只是知其然，还要知其所以然**，也就是说，不能人云亦云地看他人在招聘中设置了哪些考核项，自己想都不想就跟风照抄。而是一定要想清楚为什么要设置这些项，每一项想要考察的究竟是什么，这样在招聘的过程中才能有目的地提问，避免招聘标准流于形式。

举个例子来说，为什么要考察销售人员的学历？其根本目的是**考察销售人员的学习与思维能力**。销售不是一个仅靠腿勤就能做好的行业，还要靠脑子勤，不仅要有持续思考的意识和习惯，也要有长期学习的意愿和能力。一名高学历的销售人员，思维能力几乎比低两个级别以上学历的销售人员要强，这句话虽然不是绝对的，但也是大概率事件。企业招人不是买彩票，成功率非常重要，与其冒风险去赌小概率事件的发生，不如直接采取成功率更高的策略。因此，如果企业产品相对复杂，以做大客户或大项目为主，对销售人员的思维能力有要求，学历这一项就是必须考察的。反之，如果企业的产品相对比较简单，只要销售人员拿底薪能卖货就行，就无须考察学历这一项。

除背景信息外，就要进入销售人才画像的第二个大维度了：**个人素质**。

所谓个人素质，指的就是**虽然不直接与销售工作相关，但却对整个职业生**

涯起到长期、重大影响的能力或品质。个人素质之所以重要，就是大多数个人素质都是很难培养的，它们是一个人在从小到大的成长过程中，经历了千山万水之后，被反复铭刻到性格当中的。企业要想改变一个人的素质所需要花费的成本，比从一开始就选择一个正确的人的成本要高得多。因此，在销售人才画像的设置中，必须设置个人素质的考察项，而且往往是最核心的考察项。

例如，在个人素质这个维度下，**抗压能力**就是销售人员非常重要的能力。抗压能力，就是看销售人员面对挫折的时候，是否有越挫越勇、屡败屡战的能力。**学习能力决定销售人员的上限，而抗压能力决定销售人员的下限**。因为销售人员见客户的过程绝不可能是一帆风顺的，甚至有可能出现多次吃闭门羹的情况，而且越是重要的客户关键决策人，往往就越难见到。如果一名销售人员的抗压能力不足，就很容易被畏难情绪打败，不敢去见客户的高层决策人，导致项目大概率丢单。反之如果拥有足够强大的抗压能力，遇到困难想尽办法也要见到关键决策人，不达目的誓不罢休，那么即使这名销售人员的资质一般，最后的结果也一定不会太差。

除背景信息和个人素质外，人才画像要考察的第三大维度，就是**专业技能**。这一项很好理解，就是销售人员为了达成销售目标，所具备的专业性技能。这里既包括销售人员的行业经验，如对客户行业、技术参数、应用场景的理解等；也包括销售人员的销售技能，如客户拜访能力、项目运作能力和地盘布局能力等。

在销售技能中，**客户联系能力决定销售人员与客户关键决策人的联系深度，项目运作能力决定销售人员运作项目的成功率，而地盘布局能力决定销售人员开拓和运作地盘的效率**。如果企业需要销售人员入职之后能够快速投入市场形成战斗力，就需要招聘专业技能比较扎实的老兵。但优秀的老兵很多是可遇不可求的，而且大都有着自己的思维和行为惯性，不一定会按照企业的销售体系去执行。因此企业最好的策略，还是搭建完善的销售人才培养体系，并招聘专业技能不足，但个人素质优秀的新兵进行培养，才能让销售团队长久、稳定地提升。

2. 指标权重：动态筛选机制，招到最匹配人才

当设计好人才画像的指标之后，下一件要做的事情，就是**为每项指标分配权重**。

为什么要设计权重？因为人才画像的设计，一定是基于企业对人才的需求所描绘出的最完美、最优秀的销售人员应该是什么样子的，但是，在实际的招聘中，不可能有销售人员完全符合人才画像的所有要求。此外，如果企业的销售团队正处于初创期，急需要第一批销售人员进来，则需要在部分标准上适当放宽一些要求。因此，权重决定的就是在人才画像当中，哪些标准是必须严格把控的，哪些标准是可以适当放宽要求的，如一个人的能力参差不齐，则需确定符合哪些标准就可以破格招聘，存在哪些问题就要坚决拒之门外。这样才能保证在人才画像标准不变的同时，仅仅通过调整各项指标的权重，就能够适应企业各发展阶段对人才的要求。

指标权重的设计原则，应当把握**一个下限**和**一个上限**。下限就是要能挡住阻燃型的人，确保阻燃型的人进不来，这种在人才画像的设计中叫作**开关项**。而上限就是要能发现自燃型的人，发现宝贵的人才要及时抓住，甚至可以破格录取，这种在人才画像的设计中叫作**破格项**。开关项和破格项，是在人才画像的权重设计中，必须考虑的两条原则。具体来说，可以分为以下三个步骤。

第一步：设计开关项，挡住阻燃型员工。

之前说过，一名不合格的员工，是企业最大的成本。因此设计指标权重的第一步，就是要确保能够把不合格的员工，也就是阻燃型的员工拒之门外。为此，设计权重的第一步，就是为部分指标设计一个特别的权重：**开关项**。

所谓开关项，就是**如果销售人员这一项不符合标准，直接就可以判定为淘汰，其他的能力均视为无效**。例如，在个人素质的维度上，正直就应当是一个重要的开关项。如果销售人员过去出现过飞单，或者弄虚作假的情况，即使这名销售员的其他能力再优秀，也应当坚决地刷掉，否则他给企业带来的业绩越高，带来的风险也就越高。再如，如果公司是一家成长型企业，对销售人员的成长性要求很高，在背景信息的维度上，就可以把学历设置为一个重要的开关

项，要求销售人员至少是本科毕业，只要在本科以下就直接淘汰。

但是要注意的是，**在设置开关项的时候，一定要足够谨慎，必须想清楚为什么要设置这个开关项，要达到什么目的**。因为开关项是“一棒子打死一船人”，是存在“误杀人才”的概率的。例如，设置学历低于本科就不要，是因为企业对销售人员的成长性要求很高，要求销售人员必须有较强的学习能力。但是，本科以下的人学习能力真的就不足吗？不一定，可能确实会存在有些人虽然学历不高，但学习能力很强的情况。但这毕竟只是小概率事件。

因此，**设计开关项真正的目的，是降低企业筛选掉不合格人员的成本**。如果企业急需人才，但前来应聘的人不多，就可以少设一些开关项，对每个人进行深入的了解。反之，如果企业对人才的需求并不迫切，对人才质量的要求很高，或者经常需要从大量应聘者中筛选出合适人才，就可以增设一些开关项。

但无论如何，一定要确保**不符合这个开关项的人才，大概率是不符合企业要求的**，而不是看到其他企业采用什么样的开关项，就原封不动地照抄过来。例如，招聘中非常流行的年龄大于 35 岁就不要，对于销售这个岗位来说，真的需要设置这个开关项吗？什么样的企业需要设置这个开关项，什么样的企业不需要？这个问题，你可以自己思考一下。

第二步：设计合格线，筛选可燃型员工。

当开关项设置好之后，下一步就是通过设计合格线，来决定哪些人员可以聘用，哪些人员不予聘用。这一步主要完成两件事：首先要确定人才画像的**评分标准**，其次要确定销售人员的**聘用标准**。

首先是确定评分标准，如果想让招聘流程标准化，仅仅设置要考核哪些项是不够的，还必须设置每一项的评分标准。因为对于同样一项能力来说，每个人的理解都是不同的，如果仅凭个人的理解进行打分，可能对同一个人同一项能力来说，不同面试官的评分就会出现很大的偏差。只有设置了评分的标准，才能避免因个人喜好导致的评分偏差，实现人才画像的标准化。

关于评分标准的设计，主要有两种方案。一种是**评分制**，也就是满分为 100 分，根据每一项能力的重要程度，设置相应的分值，最后根据总分来判断该人员是否被聘用。另一种是**评级制**，也就是每一项能力都分为 S、A、B、C、D

五个级别，最后根据应聘者各项能力的等级，来综合判断该人员是否被聘用。

评分制和评级制，这两种方式没有绝对的好坏之分。评分制的优点是一目了然，能够根据分数对应聘者进行排名，并按照分数线或名次来择优录取，但缺点是设置每一项的分值和评分标准比较复杂。这适用于企业的人才画像比较成熟，应聘人员比较多的情况。而评级制的优点则相对简单易用，而且可以看到每一位应聘者能力的长板和短板是什么，但缺点就是每个人的实力对比不够直观。这适用于企业应聘人员不够多，需要对每个人精挑细选的情况。如果企业是初次设置人才画像，则建议先从评级制起步，等到人才画像慢慢趋于成熟，并需要大量招聘销售人员的时候，再逐渐转为评分制。

当确定评分方案之后，就可以设置具体的评分标准了。如果企业选择的是评级制，通常只需要为每一项设置 A、B、C 三个级别的标准即可。其中 A 代表好，B 代表中，C 代表差。如果某项的表现非常突出，则可以评级为 S，如果某项的表现非常差（如杜撰个人经历等），则评级为 D。

如果企业选择的是评分制，还需要为每一项设置分值。每一项的分值，需要根据企业的企业文化、当前的发展阶段，以及未来的战略目标综合考虑。如果企业是成长型的文化，需要销售团队和企业共同成长，更看重人员的长期性，那么个人素质这个维度的分值就可以增加，专业技能维度的分值就可以降低。反之如果企业是业绩型的文化，需要销售人员入职之后短期就能为企业创造业绩，那么背景信息和专业技能这两个维度的分值就可以增加，而个人素质维度的分值就可以降低。

当每一项的评分标准都确定下来之后，最后的一步，就是设置销售人员的聘用标准了。如果采用的是评分制，就可以设置一个合格的分数线，如 75 分。如果在合格线以上的销售人员比较多，则可以按照总分的排名择优聘用。

如果采用的是评级制，就可以设置评级的聘用标准。例如："在 10 个评级项中，必须不少于 3 个 A 和不多于 3 个 C，且学习能力与客户联系能力不能为 C"。如果想要进一步细化聘用标准，则可以分别设置，如在每一个维度当中，不能少于多少个 A，以及不能多于多少个 C，避免销售人员出现"偏科"的情况。例如，有些从大公司出来的销售人员，背景信息比较强，但个人素质不一定强。这时就可以要求销售人员在个人素质维度上至少要取得一个 A，且不能出现两个或以上的 C。

第三步：设计破格项，挖掘自燃型员工。

之前说过，销售团队人才画像的设计原则，应当把握**一个下限和一个上限**。下限就是确保阻燃型的人进不来，而上限就是要有发现自燃型的人的能力。下限的控制方式，就是在人才画像中设置**开关项**。而上限的控制方式，则是在人才画像中设置**破格项**。

为什么要设计破格项？在我之前服务过的众多企业当中，经常会发现这样一个有趣的现象：因为我们与企业建立的销售咨询合作通常是三年，所以有很多机会见证一名销售人员从入职开始，到成长起来的全过程。我们发现，很多后来成长为企业头部的销售人员，并不是当初那些行业老兵，而是在来到这家企业之前，从事其他行业的人。在他们刚刚进入企业时，他们对企业所处的行业几乎是一无所知，在这个行业当中几乎没有任何的人际资源。更有甚者，之前根本就不是从事销售这个岗位的，但依然不妨碍他们成长为企业的头部销售。为什么会这样？

经过进一步深入的观察，我发现在这些人的身上，都存在着一个显著的特性，那就是**他们的长板特别长**，而且这个长板经常出现在两个方面：**学习能力和客户联系能力**。学习能力特别突出的人，即使之前缺乏行业经验，但是在每一次企业培训的时候，都可以非常准确地抓住重点，并且立刻运用到销售工作中去。他不仅能够自己快速学会，能给客户绘声绘色地讲出来，甚至还能给销售团队后来的新人做培训。而客户联系能力特别突出的人，即使之前没有任何行业内的客户资源，也可以和任何一个高层领导在不认识的情况下，快速通过社会关系找到这名领导，并迅速地把他发展成自己的支持者或导师。这些人无一例外都是自燃型的人才，能够持续感受到他们对销售目标的执着，以及对销售工作的热情，他们也非常愿意向团队分享自己在销售过程中的经验，带动团队共同成长。

因此，设计破格项的目的，就是发现这些宝贵的自燃型人才。即使这个人在其他能力上还存在短板，只要最关键的核心能力的长板特别长，也可以破格将其纳入团队当中。设计破格项的方式，就是将人才画像中最关键的能力如**学习能力和客户联系能力**，设置成破格录取的条件。例如，如果一个应聘者的学习能力为 S 级，或者客户联系能力为 S 级，即使其他能力稍显不足，只要不触达开关项的底线（如诚信方面存在问题），也可以破格聘用。

关于选择哪些项目作为破格项，企业也可以根据自身的实际情况进行选择，但是通常不要超过三个。因为决定一名销售人员是否特别适合一家企业的因素并不多，所以在设置的时候一定要深思熟虑，在深不在多。

3. 面试提问：打造真相雷达，穿透候选人伪装

在为每一项设计评分标准的时候，还需要同时做一件非常重要的事：**设计面试提问**。

为什么要设计面试提问？首先，你**问出什么样的问题，就会得到什么样的答案**。只有设计了面试提问，才有可能针对应聘者可能的回答，给出具体的评分标准。其次，标准化的面试提问，可以带来标准化的面试流程，确保不同的面试官对应聘者的判断是统一的。最后，也是最重要的一点，在面试的过程中，所有的应聘者多多少少都会对自己做一些美化，尤其是阻燃型的人，更是非常善于伪装的。因此设计问题的目的，也是把这些伪装破除掉，问出真实的水平。

那么，要怎样设计问题，才能实现这个目的呢？一个最基本的原则就是：**多问过去，少问未来；多问事实，少问想象；多问怎么做，少问会不会。**

举个例子，如果想要考察销售人员的抗压能力，如果设计的问题是："如果你跑客户的时候经常被客户拒绝，你会不怕困难，继续拜访吗？"几乎所有的应聘者都会说"会"，那这就是个无效问题。

但如果设计的问题是："在你过去跑客户的经历中，有没有过反复在一个重要客户处吃闭门羹，但最后还是成功拿下这个客户的情况？能说一说当时的过程，以及你是怎么做的吗？"通过这个问题，无论面试者怎么回答，你都能对这个人的抗压能力产生一个有效的判断。因为想象是可以编造的，但现实是有细节的。问对方过去的现实，对方就不容易去编。而且即使其是编造的，只要

多追问两个细节的问题，对方就很容易露馅。

此外，为了确保所有招聘人员对评分标准的理解是一致的，还应当在每个问题下面，基于应聘者可能给出的回答，对评分标准做尽量详细的描述。例如，对抗压能力的考察，评级标准就可以这样设置。

评分的标准

- A：能够清晰地说出自己过往遇到困难的经历，包括遇到了什么困难，客户的态度是怎样的，自己当时的思考是怎样的，以及最后是怎么克服困难拿下客户的，过程中体现了面对压力仍然坚持的精神。
- B：能够说出自己过往遇到困难的经历，但说服力稍有不足。例如，在解决困难的过程中，对关键细节表述不清或一笔带过（且追问时也没有给出有说服力的答案），或者例子中没有很好地体现出自己的抗压精神。
- C：无法说出过往遇到困难的经历，或者表达支支吾吾，细节非常模糊；或者文不对题，完全没有体现出自己的抗压精神。

除问过去的经历外，还有一种有效的方式，就是当场对应聘者的素质与能力进行验证，这一步主要是通过设计面试环节实现的。

例如，如果想要验证应聘者的学习能力，就可以在面试流程中增加当面复述的环节。当面复述，就是在面试的过程中，由面试官先进行一个三分钟左右的企业讲解（也就是销售人员通常要给客户介绍的内容），包括企业背景、客户群体、产品定位，以及市场差异化等关键信息。之后，再让销售人员复述他们所听到的内容，看看销售人员从之前自己所说的话中能够提炼出多少要点，能否用自己的逻辑把它组织起来。最后再问一问销售人员，他对自己刚才的表现感觉如何？认为自己还能如何改进？这样就能够快速检验出一个人学习能力的强弱。一个学习能力强的人，一定是能够快速抓住重点，并且用清晰的逻辑表达出来的人，也能在复盘的时候，准确地识别并指出自己表达中的不足之处。

以上，就是人才画像和招聘标准的设计流程。当设计完成后，这些标准便可以立即应用于实际招聘中。在最初设计人才画像和招聘标准时，企业可以不必过于担心设计得是否准确。**最关键的是先从无到有，之后才是慢慢地**

从有到优。由于在设计初期，这些标准大多还是出于头脑中的想象，而不是现实中的反馈。这时可以根据企业的关注点，结合企业的发展阶段，把考察指标列得多一些。试运行 1～3 个月之后，再根据招聘进来的人在工作中的实际表现，逐渐澄清优秀人才的核心要素，对人才画像的标准和权重进行迭代和优化。

能够持续进行迭代和优化，是设计人才画像和招聘标准的核心价值之一。如果没有一套明确的招聘标准，企业就无法有效识别和吸引适合企业的人才，哪怕已经招聘了 100 个人，结果和只招聘了 1 个人是一样的，招聘能力的提升将难以实现。但只要有了招聘标准，即使在初期可能并不完全符合企业的实际情况，但只要企业能够持续进行迭代和优化，随着招聘人数的增加，无论是 5 人、10 人还是 20 人，企业的招聘能力都将实现质的飞跃。

6.2　试用期管理：从人力成本到人才资本

当新员工入职之后，就可以进入试用期了。试用期主要做两件事，一个是**培养**，另一个是**淘汰**。培养是培养合适的人，淘汰是淘汰不合适的人。对于合适的新员工来说，试用期的培养机制可以帮助他们尽快走上“战场”，缩短成才的周期。而对于不合格的人来说，试用期的检验机制也可以将他们尽快淘汰，降低用人的成本。

1. 新员工培训：心力+能力，大幅缩短成才周期

首先，是新员工的培养。关于新员工培养体系的设计，很多企业都容易陷入两个误区：一个是**浅尝辄止**，另一个是**操之过急**。

第一个误区是浅尝辄止，就是很多企业在招来新员工之后，只给他们把企业和产品从头到尾讲一遍，就让他们去下市场了，至于在市场上会遇到哪些问题，这些问题该怎么解决，全靠新员工自己摸索。这样表面上看起来是节约，实际上是浪费。因为新员工下市场之后，一定会遇到各种各样的问题，例如找不到有效客户，不会与客户建立联系，和客户讲不清价值等。新员工需要自己

摸索很长时间，才能解决这些原本可以通过企业培训来解决的问题。新员工的成才周期越长，产生业绩的时间就越慢，企业的人力成本也就越高。而且新员工长时间拿不到业绩，也会产生挫败和压力，导致人员不稳定，离职率增高，增加企业的用人成本。因此，如果能建立完整的新员工培养体系，就能将新员工的成才周期大大缩短，降低新员工培养的成本，同时也提高团队的稳定性。

设计新员工培养体系的第二个误区，就是操之过急，也就是对新员工培养的效果抱有不切实际的期望，恨不得销售人员经过新员工培训之后，马上就能产出订单。但这就和希望孩子小学毕业以后，马上就能考上大学是一样的。**新员工培养的真正目的，不是直接产出订单，而是为他们进入市场做好准备。**销售技能的掌握需要长时间的积累，也需要反复的磨炼，一名成熟的销售人员的培养，至少也需要 1～2 年，不可能在短短几个月内完成。因此，新员工培养的目标是让新员工能够顺利小学毕业，而不是直接参加高考；是为了让新员工尽快走出企业，走向市场，顺利地拜访客户，而不是立即运作成功项目。因此，企业一定要对人才培养有正确的预期，坚持长期主义，避免急功近利的心态。这样才能设计出真正有效的新员工培养的体系。

那么，一个真正有效的新员工培养的体系，应该是什么样子的呢？一句话：**一名新销售人员初下市场的时候需要什么，就培养什么。**更具体来说，主要是两个方面：**一个是能力，另一个是心力。**

（1）能力培养

首先，是新员工的能力培养。能力培养为什么重要？因为一名新销售人员能不能走出企业，走向市场，能不能成功开发客户，主要取决于能力是否过关。如果一名销售人员到了客户那里，连企业和产品都讲不清楚，客户的问题也不会回答，又何谈开发客户呢？

因此，在试用期期间对新员工能力的培养，按照从宏观到微观的顺序，主要应包含以下几个方面。

- 行业及市场情况讲解；
- 企业战略价值讲解；
- 产品价值及差异化讲解；

- 客户场景及解决方案讲解；
- 客户的常见问题及回应。

① 行业及市场情况讲解。

所有进入企业的新销售人员，不一定原来就是从事这个行业的。因此，为了帮助新销售人员尽快“入行”，需要首先对新销售人员开展行业及市场的培训，帮助新销售人员从整体上了解这个行业的基本情况，并且在下市场之前，就对市场的情况有一个心理上的预期和预判。

行业及市场情况培训的内容，可以从过去和现状两个维度展开。行业的过去，重点要培训行业的发展历史，例如，整个行业发展到现在，一共经历了哪几代的产品，每一代产品改进的契机是什么，满足了客户什么样的需求，解决了什么样的问题。通过行业的发展历史，可以帮助销售人员更好地理解行业的发展过程，客户需求的演化，以及产品换代和客户需求之间的关系。如果销售人员遇到了还在使用旧版产品的客户，也可以很好地说清楚新产品可以给他带来的价值。

行业的现状，重点要培训行业的全景图。这包括谁是供应商，谁是客户，谁是合作伙伴，以及谁是竞争对手等。在这个板块的讲解中，还要包含对市场情况的讲解，包括主要客户分布在哪里，重点区域的市场格局如何，以及竞争对手的势力范围及分布情况等。对于行业内的常见竞争对手，还要讲清楚对方比自己的优势在哪里，对方比自己的劣势在哪里，让销售人员不容易被竞争对手的优势“牵着鼻子走”，而是能利用企业优势赢得竞争。

② 企业战略价值讲解。

企业战略价值讲解，就是给新员工讲清楚企业是一家什么样的企业，未来的战略是什么，和别人有什么不一样。为什么要给新员工讲这些？一方面，可以让新员工统一思想，对企业形成认同感和归属感。另一方面，则是为了让新员工拜访客户的时候，能够不只会讲产品价值，还会讲企业价值。很多企业在新员工培训的时候，经常只会做产品方面的培训，让销售人员脑子里装满了产品的知识，这样销售人员到了客户那里很容易就开始滔滔不绝地讲产品，殊不知这种效率其实是非常低的。当销售人员第一次拜访客户的时候，尤其是拜访客户高层的时候，客户可能根本就不关心产品价值，而是关心能给他带来的战略价值。这个时候如果能先讲企业的战略价值，就更容易吸引客户的注意力。企业价值是“大王”，产品价值是“小王”，“大王”和“小王”一起出，才能产生王炸的效果，才能让客户立刻感觉到你和别人不一样，才能真正打入客户的心智当中。

企业战略价值讲解的内容，可以包含企业的愿景、使命、价值观，也可以包含企业的发展历程、目标定位，以及未来 3～5 年的发展战略。如果有条件，还可以讲企业创始人的故事。但注意一定不要讲一些“假大空”的理念，更不要“喊口号”，这样会很容易让新员工感觉是“画饼”，最好多讲企业已经做到的，或者正在做的事情，并且以讲故事的方式呈现。让新员工看到企业不仅有理念，还有实际行动，对企业战略的信任感就会高得多。

③ 产品价值及差异化讲解。

产品价值及差异化讲解，主要是给新员工讲清楚有哪些类型的产品，不同类型产品的区别是什么，适用场景是什么，能给客户带来什么样的价值，以及企业的产品和别人有什么不一样。在产品价值讲解的模块，一定要注意用销售的语言讲解，而不要以技术的语言讲解。技术的语言，就是技术人员讲给销售人员听的话。销售的语言，就是销售人员讲给客户听的话，这两者是有很大的不同的。

企业中，最懂产品的往往是技术人员，因此负责产品培训的往往也是技术人员。但技术人员在讲产品的时候，经常会过于关注逻辑性和严谨性，讲产品有哪些技术参数，性能指标如何等，洋洋洒洒说了一大堆，但销售人员真正能记住的没多少，而且也没法直接讲给客户听。销售人员在面对客户的时候，大部分都不会去讲技术参数，而是会讲能给客户带来什么样的好处，以及背后的原理是什么。所以技术部门在给新销售人员做产品培训的时候，一定要把产品的参数和场景关联起来，换句话说，你要让销售人员理解这个参数为什么要这样设计，满足了客户什么样的需求，和别人有什么不一样。如果有条件，最好还能让每位新员工手里拿着产品，一边讲解，一边现场实操，这样比起干讲 PPT 的方式，新员工的参与度会高得多，理解的程度也会高得多。

④ 客户场景及解决方案讲解。

客户场景及解决方案讲解，主要是讲解不同行业的客户，会在哪些场景下使用企业的产品？是怎样使用企业的产品的？这一项非常重要，也是很多企业在给新员工培训的时候都容易忽略的。

对于 To B 的企业来说，客户大部分是在项目场景中使用产品的，而且销售人员获得客户信任的最好方式，就是以专家顾问的身份帮助客户定制解决方案。这就要求销售人员不仅要理解企业的产品，更要理解客户的场景，了解客户究竟是怎样使用企业产品的，对产品有着哪些具体的需求，这些需求究竟是为了解决什么样的问题。只有销售人员懂得这些，才能在面对客户的时候，站在客户的角度和他分析需求，而不是站在销售的角度介绍产品。

⑤ 客户的常见问题及回应。

新员工的最后一项培训，就是客户的常见问题及回应。通过把销售人员下市场时，客户经常提出的一些问题，以及参考回答的话术，整理成文档或手册的形式，对新员工进行培训。这一项也是我们在为每家企业提供销售咨询的时候，要求企业一定要做的培训。

为什么这一项这么重要？是因为它与新销售市场开发的关系最大。新销售人员在开发市场时，每到一个客户那里，客户都一定会提出各种各样的问题，例如，你们公司是做什么的？怎么没听说过你们公司？我为什么要换成你们的产品？你们的产品能满足我……的需求吗？看似问题很多，但大部分都是重复的，如果不做这项培训，销售人员每次遇到相同的问题时，就会按照相同的思路回答。如果回答的思路有问题，那么每次都会给客户留下不好的印象，而销售人员却不自知，无形中就会浪费大量的机会。

这一项培训的内容，通常是以团队共创的方式来完成的，也就是由资深老销售人员来整理并回答这些问题。并且通常也不需要放到课堂上去讲，而是以资料的方式给到新员工，让新员工自学并进行考核即可。

（2）心力培养

对于新员工除能力培养外，还需要心力的培养。

什么是心力？心力就是内心的力量。如果说，**能力决定了销售人员的业务**

水平，心力则决定了销售人员的能力能发挥出多少。能力和心力，两者是相乘的关系。如果一名销售人员的能力是 100 分，但只发挥出了 60%，最终在客户那里就只有 60 分。反之，如果一名销售人员的能力是 60 分，但发挥出了 120%，最终在客户那里就有 72 分。心力也决定着销售人员敢不敢去见客户的高层领导，以及在高层领导面前的表现如何。由此可见，能力和心力都非常重要，缺一不可。

对新员工心力的培养，主要可以从三个方面进行展开：**企业认同、岗位认同、自我认同**。

① 企业认同。

企业认同，就是让员工发自内心地认同企业，认为跟着企业共同成长是一件很有前途的事。为什么要培养企业认同？是因为大多数初入企业的员工，入职时都不是一张白纸，可能想“我来企业就是为了赚钱的”。这样的话，他们对企业就不会有什么归属感，也不会有太强的融入感，就会有一种“你别管我怎么干，只要我能拿到业绩就行”的态度，而不愿接受企业的体系化管理。因此，培养企业认同的目的，就是让员工意识到企业是一个值得他全身心投入的平台，认同与企业共同成长是最佳选择。为达到这个目的，企业就需要给员工“秀肌肉”。让员工看到企业过去的成绩，看到现在的实力，也看到未来广阔的前景。

首先，是企业**过去的成绩**，这部分可以讲企业的创始人故事，可以讲企业的发展历程及大事记，也可以讲企业过去的标杆项目，让新员工看到企业一路走来的艰辛与辉煌，对企业形成信任。其次，是企业**现在的实力**，可以讲企业的核心资质，可以讲企业的标杆客户，也可以讲企业的行业地位，让新员工看到企业的资源和行业竞争力，对企业充满信心。最后，是企业**未来的前景**，可以讲企业的愿景、使命、价值观，可以讲企业 3～5 年的战略目标，也可以讲企业上市的布局思路等，让新员工看到企业的前景是十分广阔的，对企业充满希望。

总之，凡是有助于员工理解企业、认同企业的内容，都可以放到企业认同的培训当中。让员工形成对企业的自豪感，认同这是一家有实力、有文化、有发展的企业，对企业才能更加忠诚，在面对客户时这种自豪感也会自然地展露出来。

但是要注意的是，在进行企业认同培训时，一定要避免“假大空”。如果只是空讲企业的愿景、使命、价值观，以及企业的战略目标等，很容易让新员工觉得企业是在“画大饼”，虽然讲得很好，但企业不一定做得到，而且和他自己也没什么关系。为了避免这一点，首先，在讲述战略目标时，一定要结合企业的发展历程来讲，告诉新员工曾经的战略目标是什么，这几年是如何一步一步实现的，让新员工看到企业为战略目标实际做到的事，才会相信企业未来的战略目标也能够实现。其次，在讲述企业的价值观时，也要融入“人”的因素，一方面要把企业的价值观融入员工的行为规范当中，形成企业文化。另一方面也要体现在创始人自己的言行当中，讲好创始人故事。让员工看到，这些价值观的部分不仅是和他自己有关系，也是企业的创始人身体力行的，是企业骨子里的文化基因，这样员工才会相信企业文化是真实存在的，也会明白自己需要融入这样的文化当中。

② 岗位认同。

岗位认同，就是让新销售人员发自内心地认可销售岗位的价值，相信这是一个有挑战、有前途的岗位，而不是觉得低人一等。

很多人一提到销售岗位，都会觉得这是一个低声下气求人，或者死缠烂打磨人的岗位，实际上这样的想法是不对的，是把销售和推销混为了一谈。市面上的确有很多水平不佳的销售人员，觉得不管采用什么手段，只要最终能让对方掏钱就行，从而给人留下了不佳的印象，但事实上，销售是一个很典型的门槛低，但上限高的岗位。

如果用爬山来比喻，技术岗位就像把山门放在了半山腰，必须经过刻苦的爬山，才能摸到岗位的门槛。而销售岗位就像把山门放在了山脚下，虽然入行容易，但这才是登山的开始。因此，低水平的销售人员和高水平的销售人员，水平差距是非常大的，销售人员的能力越强，在这座山上爬得越高，视野就越广阔，对销售岗位的理解就越不同。所以岗位认同培训的目的，就是向新销售人员提前分享站在高处的景象，让他们看到销售岗位不只有眼前的苟且，还有高处的辉煌。

在岗位认同的培训中，最核心的一个观念，就是一定要让销售人员知道，**销售是给客户提供价值的岗位，而非向客户推销产品的岗位**。越高段位的销售人员，就越是客户解决方案的专家，而不是推销者。越高段位的销售人员，就越靠客户的尊敬来成单，而不是客户的同情。只有通过岗位认同的培训，让销售人员对销售岗位有了正确的认识，销售人员才能愿意接受企业的销售管理，让自己尽快成长为专业的销售，用投资的心态做事，而非投机的心态做事。

③ 自我认同。

自我认同，就是让新销售人员破除仰视客户的心态，发自内心认为自己是和客户平等的。

To B 的销售人员，在项目运作的过程中，必须面对客户的高层领导，这时销售人员的身份级别和客户一定是不对等的。这时很多销售人员就容易产生畏惧心理，要么是迟迟不敢去见，即使见到了也会不由自主地表现出卑微的姿态。

但事实上，销售人员应该把自己放到与对方完全平等的位置上，才能真正吸引对方与自己交流。客户可能会同情弱者，但客户只会尊敬强者，身份地位越高的客户，就越愿意跟专业的人打交道。靠同情要来的业绩，都是别人吃剩的边角料。

那么，要如何让新销售人员形成自我认同，把自己放到与客户平等的位置呢？一个有效的办法，就是把这个问题抛给新销售人员，让他们分享自己是如何解决这个问题的。

综上所述，**企业对新员工的培训，不仅要提升能力，还必须培养心力**。这样新员工在走出企业、踏上市场之后，面对客户才会更加专业有度，更加游刃有余。同时，销售人员在实际工作中，往往会面临着业绩、关系、能力等方面的压力，当压力达到阈值时，往往也会导致心理上的自我否定，形成逃避甚至放弃。因此，销售管理者也不能只注重销售人员的业绩，还要善于观察销售人员的工作状态，引导他们调整心态，才能更好地提升团队的战斗力。

案例分享

在企业发展的过程中，新员工培训一直是一个至关重要的环节。但是，很多企业对新员工的培训模式都存在着问题，影响了培训效果和新员工的成长。以下是我们针对某家企业进行新员工培训的一个真实案例，展示了我们是如何解决这些问题的。

【问题调研】

这是一家做医疗设备的企业。我在为这家企业设计新员工培训方案的时候，首先调研了他们之前新员工培训所存在的问题。

首先，是培训系统性差。新员工培训的内容非常零散，大部分讲的是产品知识，也有一些企业的规章制度等，缺乏系统的规划和安排。这导致新员工培训完了依然是一头雾水，到了市场上依然不会干，面对客户时依然不会说价值。

其次，是培训落地性差。新员工培训的内容，往往与销售工作是脱节的。负责培训的人往往是企业的技术部门或产品部门，他们讲的大都是技术的语言，例如产品参数、产品性能、产品原理等。销售人员听不懂，学不会，也讲不出来。就算能听懂，也不能直接把这样的语言讲给客户听。导致新员工所学的知识基本用不上，无法直接转化为工作能力。在面对客户提出的各种问题时，依然不知道该如何回答。

最后，是缺少企业认同的培训。新员工来到企业后，对企业文化、价值观等缺乏深入了解，还没有对企业形成认同，这个时候直接讲产品知识，大部分销售人员是听不下去的，对企业的归属感弱，试用期的离职率高。即使企业在用“老带新”的方式培养新销售人员，但老销售人员往往也没有足够时间辅导新员工，新员工在市场上的成长和业绩提升缓慢，进一步影响了团队的凝聚力和战斗力，不利于团队的稳定和发展。

【方案设计】

为了解决上述问题，我们就为这家企业的新员工设计了 21 天的系统培训。整个培训分为三个部分：**企业认同培训、产品讲解培训和市场策略培训**，每个主题的培训时长为一周。

第一周：企业认同培训，解决凝聚力差的问题

第一周培训的主题及安排，如表 6-1 所示。

表 6-1 第一周培训的主题及安排

培训日期	培训内容			
	一级主题	二级主题	三级主题	培训目的
第 1 天	开班仪式	开班流程	设计开班仪式的各个环节	• 打造仪式感，让学员对学习重视起来； • 培养学员对企业的身份认同感
		开班讲解	《开场白致辞》	
			讲解课堂纪律、考核标准	
			讲解学习组织的文化	
	企业战略讲解	企业使命	企业定位	• 打造销售人员的企业认同； • 强化企业的核心理念； • 激发销售人员的信心和荣誉感
			企业发展历程	
			企业 3～5 年发展战略	
		企业愿景	企业未来的行业地位	
			企业的战略控制点	
		企业价值观	企业的核心价值观	
	成长路径讲解	专业销售的销售体系化成长	销售的成长阶段	• 让销售人员看到销售能力提升的全景图； • 对自己所处的成长阶段心中有数，也能看到未来晋升的路径； • 能用长期主义的态度对待工作
			销售的能力体系	
			专业销售的成长路径	
第 2～3 天	核心价值讲解	企业核心价值之路	讲解国家战略、产业	• 让学员了解企业的发展前景； • 让学员对企业核心价值形成初步认知
			宏观阐述企业发展之路	
		企业的工厂参观	参观工厂车间	
			企业未来的工厂规划	
	核心产线参观	参观核心产线	参观核心产线车间	• 眼见为实，强化对企业产品实力的信心
			讲解企业 IPD 研发流程	
			讲解核心产线的生产流程	
			讲解企业产品的质检标准与流程	
	核心产线讲解	核心产线对客户的价值	如何向客户介绍企业	• 让学员知道面对客户时如何讲核心产线的差异化价值
			如何给客户讲核心产线的差异化价值	
			如何强化客户对核心产线的认知	
	晚上安排座谈会	迈向行业之巅——工业巨人之行业新高度	在工厂主办，兼欢迎仪式 引导大家多问关于行业的困惑	• 打消对企业的疑虑，提升对企业的归属感

（续表）

<table>
<tr><th rowspan="2">培训日期</th><th colspan="4">培训内容</th></tr>
<tr><th>一级主题</th><th>二级主题</th><th>三级主题</th><th>培训目的</th></tr>
<tr><td>第 4～6 天上午</td><td>“人人过关”准备</td><td colspan="2">结合三天学习的内容，销售人员分成小组，每人做一份企业讲解的 PPT，每个小组一名销售管理者，辅导组员完成 PPT 的准备</td><td>• 以教为学，变被动学习为主动学习，提升学习效率</td></tr>
<tr><td>第 6 天下午～晚上</td><td>“人人过关”</td><td colspan="2">销售人员按照自己准备的 PPT，依次上台进行企业讲解</td><td>• 对每个人的表现进行打分，分组进行 PK</td></tr>
<tr><td rowspan="2">第 7 天</td><td>优秀学员分享</td><td>分享学习经验</td><td>优秀学员分享自己的学习经验，发放小礼品</td><td>• 给优秀学员激励，同时让其他人学习优秀经验</td></tr>
<tr><td>团队凝聚力活动</td><td>组织迎新活动</td><td>组织欢迎新员工的活动；
增强彼此的了解，深化团队的关系</td><td>• 增强新员工对企业的归属感和认同感</td></tr>
</table>

企业培训的第一周，主要解决的是新员工凝聚力差的问题。正如上文所说，新员工刚刚来到企业，对企业还没有形成认同，换句话说就是还没有决定要在这家企业好好干下去。因此如果上来就培养产品知识，则效果往往是不好的。因此，我们在第一周的设计，重点是为销售人员“秀肌肉”，让员工充分看到企业的实力，以及看到企业未来发展的愿景，让员工对企业形成憧憬，愿意和企业一起奋斗和成长。

为达到这个目的，我们在第一周的培训中主要就安排了三个部分。首先，是企业战略及核心价值的培训，企业创始人向新员工讲述企业的战略规划，明确企业的愿景、使命、价值观及核心价值，让新员工了解企业的长远目标和文化理念，增强他们对企业文化的认同感和归属感。其次，由我向新员工讲解销售人员的成长路径，让新员工看到个人在企业的发展前景，以及整个销售岗位未来的发展前景，让他们知道销售不仅仅是一份工作，更是未来可以长期发展的事业，激发他们的工作热情和忠诚度。但是，如果仅仅是口头上说这些，会让新员工觉得很虚，于是从第二天开始，就安排新员工实地访问工厂，亲眼看到企业的服务文化、生产流程、研发体系是如何落地的，进一步加深对企业文化的理解和认同。

由于新员工刚刚进入企业，前三天接收到的信息比较密集，因此在第一周的后半程，给销售人员留出了两天半的时间进行消化。这里所说的“消化”并不是单纯的重复学习，而是准备考核。把 12 名新销售人员分成三个小组，每组由销售管理者带队，辅导每个人完成一份企业价值讲解的 PPT，之后以“人人过关”的方式，让新员工对自己所理解的企业价值进行讲解，对员工的表现进行打分，并且按照小组的分数进行 PK。通过“以赛代练”的方式，激发新员工分享所学知识和心得。

在第一周的最后，我还组织了一场学习经验的分享会，表彰“人人过关”中表现突出的新员工，邀请他分享学习的经验。同时组织一场新员工的欢迎活动，通过吃饭和游戏等环节，加深新员工之间的了解和关系，增强对企业团队的归属感和认同感。

第二周：产品讲解培训，解决培训系统性差的问题

企业培训的第二周，主要解决的是新员工培训系统性差的问题。经过第一周的企业认同培训，销售人员对企业已经形成了比较全面的了解，也激发了想要与企业共同奋斗的愿望。但还缺少对企业产品具体的了解，不知道如何说价值才能打动客户，因此第二周培训的核心，就是对价值的讲解，如表 6-2 所示。

表 6-2 第二周培训的核心

<table>
<tr><th rowspan="2">培训日期</th><th colspan="4">培训内容</th></tr>
<tr><th>一级主题</th><th>二级主题</th><th>三级主题</th><th>培训目的</th></tr>
<tr><td rowspan="7">第 8 天</td><td rowspan="7">行业培训</td><td rowspan="2">行业背景</td><td>行业的全景图</td><td>• 了解企业的设备在整个医疗设备行业的位置</td></tr>
<tr><td>行业的发展历程（重点讲功能是如何根据客户需求发展的）</td><td>• 根据用户用的是第几代设备引导需求</td></tr>
<tr><td rowspan="3">行业现状</td><td>行业的上游（供应商）</td><td rowspan="3">• 为四精联动做准备，知道可以通过哪些途径触达客户</td></tr>
<tr><td>行业的中游（同行及合作伙伴）</td></tr>
<tr><td>行业的下游（渠道及终端客户）</td></tr>
<tr><td rowspan="2">行业趋势</td><td>国家的政策要求</td><td>• 了解客户更换设备的政策原因</td></tr>
<tr><td>未来的发展趋势</td><td>• 再次强化企业战略的意义和价值</td></tr>
<tr><td rowspan="3">第 9 天</td><td rowspan="3">市场培训</td><td rowspan="3">目标客户</td><td>目标客户的行业</td><td>• 知道找哪些行业的客户</td></tr>
<tr><td>目标客户的业务场景</td><td>• 能够根据客户的业务场景引导需求</td></tr>
<tr><td>不同行业客户的关注点和痛点（可选）</td><td>• 能够根据客户的关注点讲解产品价值</td></tr>
</table>

（续表）

培训日期	培训内容			
	一级主题	二级主题	三级主题	培训目的
第 9 天	市场培训	竞争对手	主要竞争对手：上市企业&其他企业&竞争厂商	• 对可能遇到的竞争对手做到心中有数
			竞争对手的优劣势	
			竞争对手的打法（可选）	
		资源平台	资源平台的定义	• 为四精联动做准备，知道什么是资源平台； • 让销售人员掌握如何通过公开信息顺藤摸瓜找到目标客户的路径
			资源平台的类别和价值	
			不同类别资源平台的合作方法	
第 10～11 天	产品培训	基础知识	设备的类型	• 掌握设备的基础知识； • 能够与客户有效沟通
			设备的主要参数	
			不同类型设备适用的场景	• 能够根据客户的业务场景引导需求
		企业产品	企业现有的产品	• 能够根据客户的需求，协调不同的内部流程
			企业可定制化的产品	
		技术平台	—	—
		产品对标	市面上常见竞争对手的对标产品	• 针对使用竞品的客户，能够讲出产品的差异
			我司产品相比对标产品的优势	
第 12～13 天	复习消化	复习课上所学的产品、行业和市场知识，准备考试		• 变被动学习为主动学习，消化吸收知识
	答疑会	针对复习过程中不了解的点，进行集中答疑		
第 14 天	笔试	考核产品知识的掌握程度（注：谁准备课程内容，谁准备考试试题）		• 不合格者予以淘汰
	模拟拜访（“人人过关”）	考官扮演客户，销售人员模拟拜访时先讲企业介绍，再回答客户问题		
	研讨交流座谈会（晚上）	行业市场产品交流	讨论学习过程中的收获心得	• 以教为学，帮助学员消化吸收知识
			见到客户如何活学活用	

为了销售人员能够更加系统地掌握说价值的能力，这部分的培训是按照“从宏观到微观”的顺序进行讲解的。首先是宏观的行业知识，让新员工了解整个行业的发展背景、行业目前的生态格局，以及行业未来的发展趋势。让新员工不仅知其然，还知其所以然，知道产品是如何根据客户的需求一步步发展到现在的，知道市场上有哪些可以借力的合作伙伴，也能够看到未来的发展前景

和挑战。其次是深入中观的市场分析，详细讲解竞争对手的产品特点、市场策略，相比自己的优劣势，以及自己可利用的资源平台等，帮助新员工全面了解市场格局，做到知己知彼。最后才是聚焦到微观的产品参数和客户需求，让新员工掌握企业不同的产品线，产品的具体类型与参数，不同行业客户有哪些核心需求，知道如何针对客户需求去说价值。

在第二周的结束，我们再次安排了对新员工的考试，由于产品知识需要相对更加准确地掌握，因此这次增加了笔试的部分。在考试结束后，我们再次安排了一场研讨交流座谈会，让新员工根据自己之前的销售经验，分享自己是如何理解这个行业与市场的，以及如何在见到客户时活学活用培训所学到的知识。

第三周：市场策略培训，解决培训落地性差的问题

企业培训的第三周，主要解决的是新员工培训落地性差的问题。所谓的落地性差，指的就是新员工经过培训之后，到了市场上依然不知道要如何开拓客户。不知道要拜访哪些客户，也不清楚开拓客户的节奏是什么。因此第三周培训的核心目标有两个：一是让新员工学习市场开拓的节奏、方法和策略；二是让新员工根据所学的知识，提前收集市场的信息，并设计市场开发的策略。销售人员只有想清楚了，下市场的动作才能更加精准，开发市场的效率才会更高。基于以上的目标，第三周的培训内容如表 6-3 所示。

表 6-3　第三周的培训内容

培训日期	培训内容			
	一级主题	二级主题	三级主题	培训目的
第 15～16 天	资源列名	销售人员根据自己负责的区域，对客户和资源平台列名，自己制订地盘开拓计划，并制作 PPT		• 让销售人员全面审视自己的地盘
第 17 天	讲解思路（上午）	销售人员讲解自己开拓地盘的思路（地盘开拓计划）		• 变被动学习为主动学习，引发听课需求
	RTL 讲解（下午）	RTL 的思维方式、具体打法、案例讲解		• 培养销售人员 RTL 的思维方式
	策略研讨（晚上）	销售人员研讨开拓地盘的策略		• 碰撞交流，拓展地盘开拓的思路
第 18～19 天	策略制定	销售人员按照 RTL 的方式，拟订资源拜访的计划，提前与资源平台预约		• 为下周走出去拜访做好准备

（续表）

培训日期	培训内容			
	一级主题	二级主题	三级主题	培训目的
第 20 天	策略考核	销售人员公开讲解自己地盘开拓的思路； 对销售人员的地盘开拓策略进行公开点评和辅导		• 不合格者予以淘汰
第 21 天	模拟拜访 （“人人过关”）	考官扮演客户，销售人员模拟拜访； 先讲企业介绍，再回答客户问题		

第三周的培训，主要是以“翻转课堂”的形式进行的。所谓翻转课堂，就是翻转老师和学生的角色。传统课堂主要由老师进行讲解，而翻转课堂主要由学员进行讲解。

具体来说，学员需要在上课的前两天，按照过往的销售经验，自己先制定地盘的开拓策略。到了上课的时候，首先由学员分享自己的地盘开拓策略，老师再对每个人的地盘开拓策略进行点评，然后再讲解整个 RTL 地盘开拓的思路，通过对比，就可以让学员鲜明地看到 RTL 的策略有哪些优势。

当课程结束后，再让学员根据 RTL 的思路，重新规划地盘开拓的策略，并再次进行讲解，同时老师再次进行反馈。当第二次改进结束后，每个新员工的地盘开拓策略就制定出来了，而且完全是由他们自己制定的。通过这样的“先准备—再讲解—再改进”的过程，既能让学员主动进行思考，又能把所学到的知识切实应用到工作之中，最重要的是，由于地盘开拓策略全程是他们自己设计的，因此最符合他们自己的实际情况，也会有很强的自主性，变“要我做”为“我要做”。

经过 21 天的系统培训，新员工的转正率大幅提高，12 名新员工中有 9 人顺利转正，转正率达到了 75%，远高于以往的培训效果。并且转正的新员工从半年开始就为企业产出业绩，迅速成长为企业的骨干人才。通过系统的培训和实践，新员工对企业有了更深的认同感和归属感，团队凝聚力显著增强，整个销售团队的战斗力和凝聚力得到了极大的提升。

2. 新员工考核：过程+结果，前置人员淘汰机制

在之前说过，一名不合格的员工，是企业最大的成本。虽然企业设置了

标准化的招聘机制，但有些人在面试的时候，为了赢得面试官的好感，通常会对自己的经历和能力做一些美化。因此，在试用期当中，对新员工除要培训外，还必须设计好考核和淘汰的机制，如果发现有些员工不能胜任，应尽快予以淘汰。

那么，要如何设计新员工的考核机制呢？这里主要从两个方面进行设计，一个是对**能力的考核**，另一个是对**业绩的考核**，两者缺一不可。

（1）能力考核

能力考核，就是在新员工培训之后，对每个人的学习效果进行考核。有了考核，才能引起新员工对培训过程的重视，也能真正验证新员工学习的效果。

许多企业的新员工能力考核的方式，就是让新员工做一套试卷，但效果其实并不理想。这是因为笔试主要考查的是对知识的掌握，而销售人员向客户讲解价值是一项技能。企业不仅要考核新员工对知识的掌握程度，还要考核他们掌握的知识在面对客户时能发挥多少，能不能有效地把企业、产品的价值传达到位，并赢得客户的信任。为了实现这一目标，就需要用到一个重要的考核工具，叫作**“人人过关”**。

“人人过关”，就是**用 1～2 天的时间，让每名销售人员根据培训的内容，自己制作 PPT 进行讲解**。在这个过程中，由中高层管理者担任评委，每一名销售人员依次上台，根据自己准备的 PPT，把台下的评委当作客户，进行 20 分钟左右的讲解。当销售人员讲解完成后，由台下的评委再扮演客户，对销售人员提出各种各样的问题。这些问题主要从企业新员工培训的《客户的常见 100 问》当中挑选，也可以在现场根据销售人员的回答自由追问。如果提问超出了培训的范围，还要观察销售人员的应变能力。因为一名销售人员到了客户那里，被问到一个自己不懂的问题的可能性是很大的。这时如何用得体的方式去回应，也体现了这名销售人员的能力与素质。当销售人员讲解完成之后，每一位评委根据评分表给这位销售人员的表现打分（打分标准见表 6-4），并对销售人员的优点和不足给予点评和反馈，帮助销售人员提升。最终的分数，将纳入该销售人员试用期的考核依据当中。

表 6-4　评委对销售人员表现打分的标准

评　分　项	权重/%	评 分 标 准
重点突出	25	• 以企业差异化为主题，打造一个核心记忆点； • 听完能对核心的记忆点，留下深刻的印象 （核心记忆点可以是一句话，也可以是一个词）
逻辑清晰	25	• 结构清晰、顺序合理、详略得当、细节准确； • 听完能对讲解的价值体系，形成完整的理解 （可以讲企业体系，也可以讲产品体系，但需要围绕核心记忆点展开并讲透，不要“乱枪打鸟”）
专业感染力	15	• 内容有画面感，有故事感； • 有现场感染力，发自内心的流露，能打动人心； • 听完能产生信任感，并愿意与之合作
演讲台风	10	• 不怯场、不扭捏，态度自信、仪态大方； • 能感觉听众的变化，及时应变，调动； • 听众的注意力能自然被带着走，不容易走神
问答能力	25	• 当客户询问具体的细节时，会回答的问题能给出专业的回复，不会回答的问题能给出得体的回复； • 听众能感受到对方的专业，也能感到自己被尊重

如果想让“人人过关”发挥出真正的效果，还要注意以下两点。首先，**“人人过关”真正的关键，不在于考核当天，而在于考核前的准备。**“人人过关”的本质，就是让销售人员通过以教为学的方式，把培训的知识消化吸收，再用自己的话讲出来。所以，“人人过关”考前的准备比考核当天更重要。销售管理者应至少提前半个月发布“人人过关”的通知，或者在新员工培训的第一天就告知大家要提前准备考核。只有销售人员有充足的时间去准备，才能保证考核的效果。其次，在“人人过关”的全程，每名销售人员上台讲解时，其他销售人员都必须在台下旁听，而不能单独进去讲完就走。因为“人人过关”真正目的是让销售人员真正掌握所学知识，当销售人员听别人讲解时，每听一个人讲一遍，对知识就强化一遍，而且每个人讲解的风格、客户答疑的思路都不同，通过全程旁听，也可以让销售人员发现他人的长处，并化为己用。

在新员工的试用期期间，“人人过关”至少应举办三次，最好能每个月底都进行一次。因为在第一次过关中，大家的成绩几乎一定是不理想的，这个时候新员工学到知识的时间还不长，而且实际上市场应用这些知识的机会也比较少，因此第一次“人人过关”的重点，是看新员工准备“人人过关”的态度，以及对知识吸收掌握的程度。接下来第二次“人人过关”，可以安排到第一次“人人过关”的一个月之后，看销售人员在这一个月期间能力提升了多少，是否能够把所学的知识应用于客户拜访当中。在第二次“人人过关”中没有通过的人员（70 分以下），就要安排第三次的补考。如果连续三次都没有通过，或是某一次“人人过关”当中得分过低（50 分以下），说明这个新员工要么是学习态度不足，要么是学习能力不足，就可以考虑将其淘汰。

案例分享

在我们服务过的客户中，有一家企业三次“人人过关”的过程，给我留下的印象非常深刻。

这是一家做智慧城市解决方案的企业，在新员工培训的第一天，我们就通知销售团队，将在为期两周的培训结束后，进行第一次的“人人过关”，并公布了“人人过关”的考核标准与规则，希望销售人员从培训的第一天开始，就有每天复习的意识。

但是事与愿违，第一次“人人过关”的效果并不理想。销售人员在上台讲解企业价值时，大都是拿着企业培训的 PPT 上台照本宣科，甚至还有人直接照着 PPT 上的文字念，理所当然地，这些销售人员都被打了低分。

销售团队会出现这样的状况，其实并没有出乎我的意料。因为大多数销售团队都是如此。为期两周的新员工培训，讲解的知识点往往非常密集，销售人员很难在两周内消化和吸收，再加上大部分的销售人员对学习这件事都不够重视，也缺少有效的学习策略，因此第一次的“人人过关”，只是整个销售团队训练的开始。

在第一次过关结束后，我就再次为销售团队公布了第二次“人人过关”的时间——一个月之后。并公布了第二次“人人过关”的考核标准与规则，大部分评分标准与第一次没有明显的变化，但新增了一条限制性规则：必须自己制作 PPT，不能直接照抄培训的 PPT，更不能照着 PPT 上的文字念。如果发现这样的情况，评委有权打断发言，并针对 PPT 上的内容进行追问。如果销售人员无法回答上来，每出现一次这样的情况，都要在总分中扣除 10 分。

在公布规则后，我又给销售管理者额外布置了两项任务。第一，把两周所有培训的资料收集起来，整理成学习资料，提供给销售团队反复学习。这件事可以让人力部门辅助配合，但销售部门必须为这件事的结果负责。第二，从当下开始，直到第二次“人人过关”为止，每名新员工必须每周提交一个企业讲解的视频，讲解的内容可以是两周培训过程中的任意知识点。销售管理者必须监督新员工按时提交视频，并对讲解的内容进行反馈和辅导，以帮助新员工更好地消化课程中学到的内容。

经过四周的强化训练，在第二次“人人过关”的时候，大部分的销售人员的表现和第一次相比就有了非常显著的提升。很多销售人员在 PPT 中加入了自己对企业的理解，对企业价值的讲解相比第一次也更加生动，更加贴近和客户讲解的状态。之后和这些销售人员沟通也了解到，在这一个月当中他们实际拜访客户的时候，每周演练的内容是真的发挥了很大的作用。

但是，在第二次"“人人过关”的时候，我们还发现有一名新销售人员的表现非常特殊。首先，虽然他并不是销售管理者，但是在第一次和第二次“人人过关”之前，他都主动在前一天晚上组织了同事进行演练，说明他对这件事是非常重视的。其次，在我和他交流的过程中，他整体表现出的态度也很虚心，每周的作业也在认真完成，遇到不懂的问题也会私下里向我提问，说明他的学习态度也是端正的。但是，他在第二次“人人过关”中的表现却非常差，不仅整体的逻辑混乱，重点不够清晰，语言也缺少感染力，让人很难听下去。根据这样的表现，我判断这位销售人员的问题其实不是学习态度，而是学习能力。

学习能力不足，其实也是销售团队中比较常见的一种情况。很多销售人员不是不想学，而是学不会。因为销售这个岗位的特性，决定了销售人员大部分的时间都是在与客户建立联系，而不是在学产品。在学习上长期投入的时间不足，再加上缺乏有效的学习方法，就导致了很多销售人员即便想要好好学习，也会心有余而力不足。因此在这种情况下，如果想要真正培养这名销售人员，就还需要对他的学习方法进行辅导。

因此，在第二次“人人过关”后，我们带着他的销售管理者，与这名销售人员进行了一次深度的沟通。发现他在学习方法上最核心的问题，是缺少结构化的思维。换句话说，他在学习的时候，脑子里记的都是零散的知识点，并没有把它们串联起来，这就导致他在面对大量知识点的时候只能死记硬背，一方面知识太多学不过来，另一方面也很难把它们发挥出来。

发现这个问题之后，我就带着他的销售管理者，从学习方法上对他进行了针对性的辅导。首先，我们借助思维导图的工具，帮助他梳理了整个企业价值讲解的逻辑，从企业价值到产品价值，从客户需求到产品参数，帮助他形成整个价值讲解的逻辑结构。之后，我们给他布置了循序渐进的学习任务，按照逻辑结构的顺序，要求他每天对一个价值点进行学习和讲解，并将讲解视频发送给销售管理者，避免“眉毛胡子一把抓”。

最后，到了第三个月再次“人人过关”时，这名销售人员终于成功过关。虽然整体表现比起最优秀的销售人员还是略有逊色，但已经明显能够看出他的进步，站在客户的角度也能够感受到他传递出的企业价值了。之后又过了两个月，他又带来了一个喜讯：他成功获得一位重点客户的认可，共谋出了一个 4000 万元的大项目，并在几个月后成功签单。

通过这个故事，我们应当再次认识到，“人人过关”的关键不在于现场的表现，而在于提前的准备。而且，过关的目的不仅仅是考核销售人员，更重要的是查漏补缺，找出销售人员的不足之处，并针对这些不足进行辅导。这样，当销售人员真正面对客户时，才能够清晰地传达企业的价值，展现出企业统一的形象和能力，这才是“人人过关”真正的价值所在。

（2）绩效考核

新员工的培训，通常会持续 7～14 天左右。当培训期结束后，新员工就要走出企业，进入市场了。要想考核一名新销售人员是否合格，除考核能力外，还需要考核其在绩效上的表现。

对新员工绩效的考核，要把握的一个核心原则就是**循序渐进**。新员工培养的目的，是让销售人员胜任地盘开拓的要求，而不是直接拿到订单。因此，新员工绩效考核的指标，应当以**过程数据**为主，而不是以**销售业绩**为主。新员工绩效考核的指标具体如表 6-5 所示。

表 6-5　新员工绩效考核的指标

考　核　项		试用期 1～3 个月重点考核项					
		第 1 个月		第 2 个月		第 3 个月	
		考核数据/个	权重占比/%	考核数据/个	权重占比/%	考核数据/个	权重占比/%
六项核心指标	**有效客户拜访数**	20	30	20	15	20	10
	客户 KP 拜访数	5	30	10	20	15	10
	重点客户渗透度	1	10	2	30	3	30
	商机推动动作	—	—	2	10	—	—
	商机关键动作	—	—	—	—	2	30
	有效商机总数	1	10	6	10	11	10
一项日常指标	CRM 填写时效性及质量	20		15		10	

从表 6-5 中可以看出，对新员工的考核，主要分为**六项核心指标和一项日常指标**。每项指标在不同的月份，考核的标准和权重也是不同的。接下来将逐一进行讲解。

① 第 1 个月考核。

在第 1 个月，对新员工重点考核的指标有两项：**有效客户拜访数、客户 KP 拜访数**。

为什么要重点考核这两项？因为当新销售人员刚刚进入市场时，几乎没有任何资源，因此必须广泛拜访客户，与客户深化联系，才能提升后续地盘开拓的效率。因此这两项的考核权重是最高的。其中客户的 KP，指的是关键决策人（Key Person），也就是客户组织的一把手或二把手。在表 6-5 中还可以看到，这两项被加粗，代表着这两项为**淘汰标准**。也就是说，如果销售人员没有完成这两项指标中的任意一项，业绩指标就是不合格的。如果该人员的能力过关，则可以给予重点指导。如果该人员的能力不过关，则应考虑尽快淘汰。

② 第 2 个月考核。

到了第 2 个月，销售人员在地盘上已经初步积累了一些资源，地盘开拓的效率也有所提升，但依然有很多资源需要拜访，与重点资源的联系也需要加深。因此本月重点考核的指标就变成了：**重点客户渗透度**。

客户渗透度，就是与客户关键决策人的联系深度。这个概念在之前 LTC 的章节中已经讲过。表 6-5 中所考核的数据，指的是“渗透度达到 3 以上”的客户数量。例如，在第 2 个月，就要求销售人员至少要与 2 个客户的渗透度达到 3（即客户的决策者为自己的支持者或导师，同时拍板者不是反对者）。同样，渗透度不能是销售人员说多少就是多少，而是必须通过标准验证才算有效。销售管理者需要和销售人员联合拜访客户，通过观察客户的言谈举止，来判断两者的关系如何。关键不是看销售人员为客户做了什么，而是看客户为销售人员做了什么。只有客户愿意与销售人员一起谋事，例如安排一场技术交流等，才说明对销售人员是比较认可的。

在第 2 个月，销售人员还应当与客户进行一些商机推动的动作。例如，和客户做一场技术交流，或者安排技术人员对客户的问题进行诊断等，帮助客户更好地定位问题，争取与客户共谋商机。

③ 第 3 个月考核。

到了第 3 个月，如果销售人员开拓市场的思路与能力没有问题，此时应当与一部分优质客户建立了较深的联系，并获取到了一些商机。因此从本月开始，考核的重点应继续向项目运作方向移动。重点考核的指标就变成了：**重点客户渗透度、商机关键动作。**

商机关键动作，**指的是销售人员可以有效提升商机成功率的关键动作**。例如，和客户 KP 共谋项目如何推动、给客户安排测试并促成良好结果，以及邀请客户来企业访厂等。它与“商机推动动作”的区别在于，商机关键动作可以有效提升项目运作的成功率，而商机推动动作主要为了推进商机的进展。例如，安排技术人员对客户的问题进行诊断，可以让客户更加了解他们的问题，有助于让商机从 L1 推进到 L3，但客户并不一定就会因此选择你。但给客户安排测试并促成良好结果，则可以直接借这个契机让样机在客户内部使用，从而提升项目的成功率。

如果销售团队按照这样的节奏，对新员工的绩效进行考核。在第 3 个月试用期结束时，新销售人员应当在自己的地盘上已经拜访过至少 60 个客户，与至少 15 个重点客户的 KP 建立了足够深的联系（渗透度达到 3 以上），手中有 10 个左右的商机，并且也完成了 2～3 个保障商机成功率的关键动作。这样就为后续销售业绩的达成，打下了坚实的基础。如果在这个过程中发现销售人员的绩效差距过大，或者存在数据造假的情况，就可以尽快淘汰。

6.3　团队培养：从散兵游勇到正规团队

当新员工出了试用期之后，就要进入正式的销售岗位了。

销售管理，归根结底是人的管理。“销售漏斗”中每个环节指标的达成，都需要一系列销售团队能力做支撑。无论是刚出试用期的新员工，还是企业任职多年的老员工，销售能力的培养，都是提升他们战斗能力最重要的方式。

但是，很多企业在做销售团队培训的时候，都会遇到一个头痛的问题：课上了不少，钱也花了不少，但培训的内容就是无法落地怎么办？销售人员往往是课上一听就会，课下一用就废，上课看起来一个个都积极互动，下了课还是一动不动，销售培训看似热热闹闹，但销售业绩就是无法提升。

为什么会这样？一个主要原因就在于，这些培训并不是以业绩为导向的，并不能解决销售人员真正需要解决的问题。当一名销售人员连拜访客户都不会的时候，学再多演讲谈判又有什么用呢？而且这些培训都是碎片化的，每节课之间没什么关联。这个月学个演讲，下个月学个谈判，一节课上完了就是上完了，后面的课程也不对前面的知识进行强化，这就注定了学过就忘。

因此，要想真正打造训练有素的销售铁军，必须打造以业绩为导向的、完整的销售团队培养体系。按照销售人员的成长阶段，有节奏地分批推进，而不是走一步算一步。培训体系设计得越完善，节奏越合理，销售人员的成才周期就越短，人才培养的成本就越低，才能越快把一个纯粹的行业小白，培养成训练有素的士兵。

那么，要如何设计销售团队的培养体系呢？首先要从一个关键的模型开始：销售团队的“4”型通道。

1. “4”型通道：销售能力提升的体系化模型

什么是“4”型通道？它是我们首创的销售团队培养模型，它把从销售人员到销售管理者，从初级到高级所有需要培养的主线能力，都用一张图展示了出来，如图 6-1 所示。

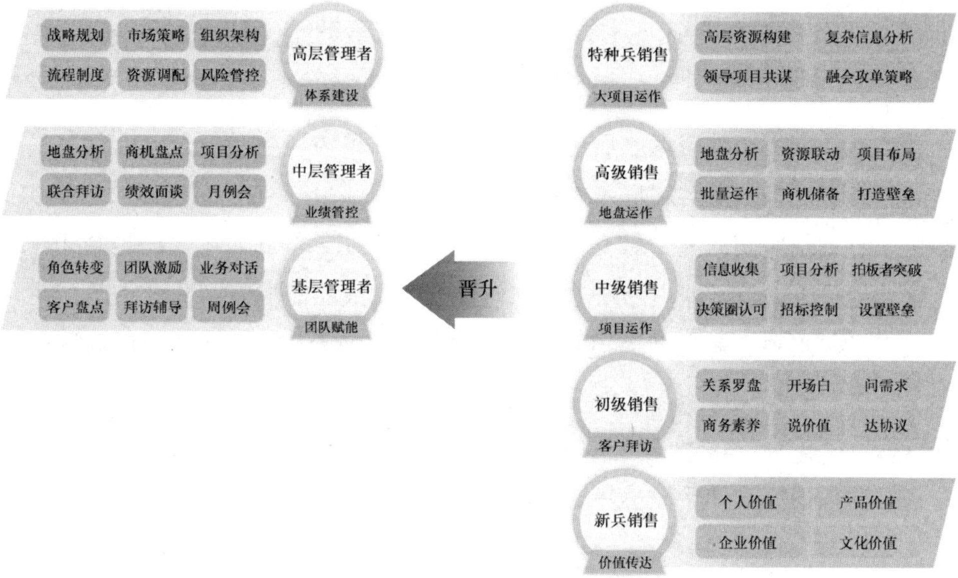

图 6-1 “4”型通道：销售能力提升的体系化模型

从图 6-1 中可以看到，整个通道分为左右两个部分。通道的右侧，是**销售人员**成长的路径。通道的左侧，是**销售管理者**成长的路径。在两条路径之间，还有一条晋升通道，代表着从销售岗位到销售管理者岗位的转换。由于整条路径拼接起来像“4”字，故命名为“4”型通道。在每个级别的旁边，都清晰地标注了该级别可培养的子能力，企业可以以此为基础，构建销售岗位的能力模型和销售团队的培养体系。

在图 6-1 中，体现了销售团队培养的两个重要原则。

（1）优先培养主线能力，其次培养支线能力

主线能力，就是**在销售的过程中，与达成业绩直接相关的能力**。例如，在销售人员拜访客户的时候，开场白就是主线能力，它决定了销售人员是否能与客户快速拉近关系，让客户愿意与自己聊下去。而**支线能力，则是与业绩不直接相关，但可以为主线服务的能力**。例如，销售谈资就是支线能力，它可以让销售人员在开场白的过程中，更加有话题和客户聊，但如果开场白没有成功，则销售谈资也没有了用武之地。因此，在培养销售团队的时候，必须优先培养主线能力。当主线能力培养扎实之后，再去有选择地培养支线能力，两者的主次一定要分明，不能混为一谈。

那么，不同级别的销售人员，需要培养的主线能力分别有哪些呢？根据我们多年为企业培养销售团队的经验，具体设计的逻辑如下。

① 新兵销售。

首先，是新兵销售的培养。对于一名销售新员工来说，各项能力都有所不足，所以处在整条晋升通道的底端，此时最需要培养的能力，就是**价值传达**的能力。一名新员工只有能够清楚地让客户知道自己能给他带来什么价值，才能真正走出去面对客户。

这里的价值传达，不仅是要说清楚产品的价值，而要说清楚 4 个级别的价值：**个人价值、产品价值、企业价值、文化价值**。这四个价值是逐层递进的，越是面对客户的高层，说价值的层次就应当越高。价值传达的能力，直接决定了一名新兵销售在拜访客户时的成功率。

② 初级销售。

当新兵销售出了试用期，能够走出企业，去拜访客户的时候，就进入了初级销售阶段。初级销售最需要培养的能力，是**客户拜访**的能力。

在客户拜访的过程中，**开场白、问需求、说价值、达协议**这四项能力非常重要。**开场白**就是在刚刚见到客户时，能够快速破冰与客户拉近关系，要到后续交流时间的能力。**问需求**就是通过深入的提问和追问，挖掘用户显性和隐藏的需求，更有针对性地讲解价值的能力。**说价值**就是能够针对客户关心的价值，进行手术刀一样精准而深入的讲解，激发客户合作欲望的能力。**达协议**则是能够根据拜访的情况，安排双方下一步的动作，让每一次的拜访都能够在上一次的结果上有所推进的能力。如果销售人员拥有较为成熟的客户拜访能力，就可以定为初级销售的级别。

③ 中级销售。

接下来，到了中级销售的级别，销售人员就必须具备项目运作的能力了。项目运作的能力主要就是围绕着 LTC 的过程展开的，包括**信息收集**、**项目分析**、**拍板者突破**、**决策圈认可**、**招标控制**，以及为竞争对手**设置壁垒**。这些内容已经在 LTC 的章节中详细地讲解过，在此不再赘述。

④ 高级销售。

从中级销售再向上一级，就是高级销售的级别。高级销售和中级销售最主要的区别，就在于**中级销售运作的是项目**，而**高级销售运作的是地盘**。中级销售更多的是打点，而高级销售更多的是打片。

具体来说，高级销售首先要能够进行**地盘分析**，看清楚自己的地盘上有哪些资源，并选择最适合的地盘开拓策略。其次要能够**资源联动**，通过与资源平台共谋活动或转介绍的方式，让地盘开拓的效率成倍增长。在运作项目时，一方面要做好**项目布局**，针对竞争对手可能采取的策略都提前做好应对。另一方面要做好**批量运作**，利用客户之间的圈层关系，组织各种形式的市场活动，批量获得客户关键角色的认可，避免顾此失彼。最后，还需要做好**商机储备**，在运作手中项目的同时，让地盘能够源源不断地产出商机，让每一年都有稳定的业绩来源。以此来打造企业在这片区域市场的**竞争壁垒**，让竞争对手必须花费很大的代价，才有可能在这个市场上和你分一杯羹。

⑤ 特种兵销售。

在销售岗位上的最高一级，就是特种兵销售。特种兵销售和高级销售在能力上并无明显的强弱之分，只是发展的方向不同。高级销售更适合地盘作战，深耕运作某个**区域市场**。而特种兵销售更适合机动作战，单点狙击具有战略意义的**大型项目**。

由于大型项目的金额较大，人员关系往往非常复杂，因此特种兵销售首先要具备**复杂信息分析**的能力，能够从纷繁复杂的项目信息和角色中，梳理出对项目决策起到关键作用的人员。其次要具备**高层资源构建**的能力，一方面要影响项目的决策者和拍板者，另一方面也要影响项目之外具有影响力的高层资源。

此外，要能与这些**关键角色共谋项目**，在合情合规的情况下，让项目的成功率更加有利于自己。最后还需要**融会攻单策略**，对于项目中难以攻克的资源，或者可能存在的隐患，能够将多种攻单策略融会贯通，以确保达成目标。

（2）既要培养销售能力，又要培养管理者能力

在“4”型通道中还可以看到，当销售人员到达中级或以上的时候，就可以有两条路线可以选择：一条是专业路线，也就是晋升为高级销售；另一条是管理者路线，也就是晋升为销售管理者。

为什么至少要到中级销售才能晋升为管理者？是因为销售管理者最核心的职责，就是对团队进行**管控和赋能**。如果销售管理者自身都不具备项目运作的能力，对销售人员的辅导也就无从谈起。销售管理者的晋升路径，可以分为**基层、中层、高层**三个级别。每一个级别所承担的职责和要关注的重点是不一样的。

① 基层管理者。

基层管理者主要是小组长的身份，手下带着 3～5 名销售人员，此时需要关注的重点就是**角色转变、过程管控和团队赋能**。

首先是**角色转变**，当销售人员晋级为管理者的时候，首先需要做的第一件事就是思维方式的转变。很多新晋销售管理者遇到的最大问题，就是还是处于“大销售”的心态，而不是销售管理者的心态，销售管理者和“大销售”最大的不同就在于：**销售人员是凭借自己的能力成功的，而销售管理者是依靠团队的能力成功的**。如果一名销售管理者是以“球场明星”的身份去带团队，则下面的人遇到了什么问题都自己顶上，这样的管理者是无法带出团队的。因此，从销售人员到管理者心态和意识的转变，是新晋管理者必须学会的第一堂课。

其次是过程管控，包括**客户盘点、拜访辅导和周例会**的能力，这三项能力都是与业绩直接相关的。销售管理者需要通过客户盘点帮助销售人员看清楚要重点拜访哪些客户，通过拜访辅导帮助销售人员突破与客户的联系卡点，并通过周例会管控销售人员关键动作的落地执行。这些在上面的章节中也已经讲过，在此不再赘述。

最后是团队赋能，为了帮助销售团队把战斗力维持在最高的水平上，销售管理者不仅要关注事，还要关注人，因此还需要具备**团队激励和业务对话**的能力，能够通过团队激励来让销售团队保持在最好的状态，也能通过业务对话帮助销售人员激发出自己解决问题的动力。

② 中层管理者。

当基层管理者继续向上晋升时，就成为中层管理者。中层管理者通常是区域经理的角色，如果说基层管理者主要是为团队的能力负责，那么中层管理者主要就要为业绩的达标负责。

首先，为了对业绩负责，中层管理者要具备开**月例会**的能力，对每个月的业绩和过程数据进行分析，并拆解到下个月的各项指标及工作计划，让整个销售团队以业绩为导向去做事。

其次，为了让业绩落实到行动，中层管理者要具备**地盘分析、商机盘点和项目分析**的能力，能够从整体上把握好地盘的开拓情况，把握好团队商机池的健康度，并能通过项目分析来提高重点项目的成功率。

最后，中层管理者同样也要对团队赋能，因此还要具备**联合拜访和绩效面谈**的能力，对于地盘上的重点客户和项目，在能够与销售团队联合拜访客户，提高项目成功率的同时，也让销售团队贴身学习项目运作的思路。对于绩效表现不佳的团队，也能通过绩效面谈帮助团队的管理者找到工作中的卡点。

③ 高层管理者。

当中层管理者继续向上晋升时，就成为高层管理者。高层管理者通常是销售总监的角色。销售总监要做的事，就已经和企业的发展方向高度一致，包括明确企业的战略目标、明确企业的定位、确定当年的业绩目标，明确市场开拓的策略等。高层管理者通常是与企业的战略发展绑定的，不仅要看到现在，还必须看到未来。因此，首先，高层管理者必须具备**战略规划和市场策略**的能力。

其次，高层管理者要管理的是整家企业的销售团队，管理的区域和人数较多，不再可能用人治的方法管理，而是必须靠流程和制度管理，一方面要打造企业组织建设的体系，将个人能力提升为组织能力。另一方面要打造销售过程管理的体系，让整个销售团队有序运转。因此高层管理者必须具备构建**组织架构和流程制度**的能力。

最后，高层管理者还需要控制好整个销售团队的成本，必须把有限的资源，投入最大化产出的活动中，同时还要注重风险的管控，避免灾难性风险的出现。因此还需要具备**资源调配和风险管控**的能力。

需要注意的是，“4”型通道里面提到的所有岗位层级，是职责划分相对较为完整的版本。但如果企业正处于发展阶段，销售团队的规模不大，也可以对其中的某些职级进行合并。例如，可以将销售总监与区域经理的职责合并，销售总监既负责销售战略的制定，也负责业绩过程的管控。也可以将区域经理与销售组长的职责合并，销售管理者既负责业绩过程的管控，也负责销售团队的培养。具体的分配方式，可以根据企业的实际情况而定。

2. 训战结合：让课堂培训应用于客户实战

当设计出销售团队的能力培养模型之后，为了让销售团队的能力真正提升，还需要设计销售团队的训战体系。为什么要设计训战体系？因为**销售是一项技能，而不是知识**。知识是靠听课就能学到的，而技能是要靠反复练习才能掌握的。而且所有技能的掌握都有一个规律：**来得越快的东西，走得也越快**。相信所有企业都或多或少感受过，仅仅通过 2～3 天的培训，就算效果再好，销售团队的面貌短时间发生了很大的变化，大概也只能持续一周，最多一个月内就会打回原形。因此，销售团队的能力提升，仅仅靠培训是不够的，而是必须有一套完整的训战体系，才能真正确保把学到的知识，内化成工作中的能力。具体来说，销售团队的训战，至少要分为**培训穿透、演练增速、实战筑能**三个环节，如图 6-2 所示。

图 6-2　销售团队的训战过程

首先，是**培训穿透**。这个环节的目的，是解决销售人员**从不知道到知道**的问题。也就是老师在上面讲，学员在下面听。企业大部分销售培训的过程，都只有这个环节。但其实这个环节真正的意义，并不是让销售团队真的听懂、学会，而是为了**统一语言、统一认知**。只有大家拥有统一的语言和认知，才能形成有效的交流，从而形成统一的标准和行动。

例如，只有在经过项目运作的培训之后，销售团队才能对“渗透度”这个概念形成统一的理解，当销售管理者和销售人员说“你需要把客户的渗透度提升到 4”的时候，销售人员才能知道究竟是要让他做什么事。

培训穿透环节的时长，通常在 2～3 天。但是仅仅通过这个环节，只能让销售人员停留在“知道”的层次上面，到了真正运作项目的时候，很可能又把“渗透度”这个概念抛到脑后去了。因此还需要进行第二个环节：**演练增速**。演练增速的目的，是解决销售人员**从想不到到想到**的问题。演练增速最主要的形式，就是场景演练，也就是让销售人员根据课堂上所学的方法，在一段时间内每天打卡演练。

例如，对于项目运作的演练，就可以在 21 天内，每天设定一个项目运作的场景，让销售人员每天在线上打卡，分析项目的关键角色，寻找项目的突破点，制定项目运作的策略，销售管理者从中发现销售人员在项目运作中存在的问题，并给出点评和反馈。

但是，演练增速主要是思维层面的演练，目的是让销售人员不断强化思维，但要落实到真实的销售工作当中，还需要经过最后一个环节的夯实，那就是**实战筑能**。**实战筑能**的目的，是解决销售人员**从做不到到做到**的问题。实战筑能最主要的形式，就是模拟实战，也就是在企业内部模拟客户的真实场景，让销售人员根据课堂上所学的方法，在线下综合演练。实战筑能最核心的意义，就在于**把“战场”搬到练习场，让销售人员把问题暴露在企业内部，而不是拿客户做实验**。

例如，对于项目运作的演练，就可以拿出一个企业过往的真实项目作为原型，改编出项目运作的剧本，里面包含项目信息、客户角色、隐含诉求等，再让企业的销售管理者分别扮演不同的客户角色，让销售人员分成不同的小组，模拟真实项目运作的过程，去拜访相关的“客户”。每次拜访结束后，销售管理者都需要现场对销售人员的表现进行点评和反馈，通过真实的演练和反复的点评，帮助销售团队发现自己在实战中存在的问题，不断强化知识在实战中的运用。

关于这三个模块在企业中的落地实操，下面这个案例就非常具有代表性。

案例分享

2019 年，一家大型企业找到我们，想让我们帮他们的销售团队提升拜访能力。但是提出了一个特别的要求：希望我们能为培训的结果负责。

为什么会提出这样的要求？经过与他们的沟通，发现原来该企业之前每年都会在销售团队的培训上投入数十万元，但业绩的提升并不明显，反而让很多员工成了“培训老油条”：参加培训只是为了应付任务，只要课堂上走走过场就行了，课下该怎么干还是怎么干。也就是说，经过多年的培训，员工提升的只是课堂表现，而不是实际的工作能力。

于是，我进一步调研他们过去组织的培训形式，发现大多都是以老师讲课为主，1～2 天的课程上完就完了，既缺乏针对性的实操演练，也没有后续的指导和跟踪。企业对老师考核的方式，也只是让员工填写满意度表单。这样很多老师只要在课堂上“表演”出色就行了，只需要注重课堂的效果，而不用关心业绩的结果。久而久之，就变成无论是老师还是学员都只是在“逢场作戏”，导致培训资源被大量浪费，员工也觉得培训没有效果。

因此，带着这样的问题，我就为该企业销售团队的拜访能力提升，设计并实施了一整套解决方案。

【培训穿透】

首先，任何能力的提升，都必须从培训开始。培训真正的目的，并不是单纯提升销售团队的能力，而是统一销售团队的思想。只有让整个销售团队对客户拜访的全流程形成完整的认识，对每个环节的标准达成统一的认知，后续整个团队才能用统一的语言进行沟通，对销售人员的辅导才能有效且高效。

因此，在项目的开始，我们为销售团队开展了为期两天的“高效能客户拜访”课程培训。通过案例讲解、互动讨论，以及角色扮演等方式，深入剖析了高效能客户拜访的四大步骤，包括开场白、问需求、说价值及达协议。在课堂上，销售人员的参与度都非常高，发言也非常积极和踊跃，但我清楚，对于真正提升客户拜访能力来说，这只是万里长征的第一步。

【演练增速】

两天的课程结束之后，就到了演练增速环节。这个环节的目的，就是解决销售团队“从想不到到想到”的问题，让销售团队在日常拜访客户的时候，能够回想起课程中学到的四部曲，并且有意识地去使用。

要想达到这样的效果，持续、高频的练习是必不可少的。因此，我为销售团队组织了一场 21 天的“高效能客户拜访大练兵”，让销售人员在 21 天内，每天都对课上学到的内容进行演练。但由于销售团队常年在外出差，只能采用线上打卡的形式，所以必须解决一个问题：线上打卡见不到人，难以对销售人员进行监督，如何才能保证销售人员认真参与打卡，让演练真正发挥效果?

为此，我设计了一个方案——小组 PK 制，将所有参加演练的销售人员，每 4～5 人分成一个小组，每个小组设置一个组长，由组长负责督促组内成员按时打卡，并每天从组内挑选出一份优秀打卡，提交到高管群内，由高管投票选出当日的最佳打卡。每天获得最佳打卡的小组可以得到小组积分，最终在结营的时候，根据小组积分，评选出小组的前三名，并给予企业级别的奖励。

这个方案的好处有三个。首先，每个人是否按时打卡，是否认真打卡，都由组长负责监督，可以有效解决员工不按时打卡、敷衍打卡的问题。其次，每个人的打卡不仅是为了自己，也是为了小组的排名，可以让员工为了集体荣誉而努力，也激发组内成员的相互协作。最后，每天获得优秀打卡的成员，可以有更多在企业高层领导面前展示的机会，为个人提供了提升影响力和职业发展的契机。由此可见，仅仅设置打卡规则还不够，必须给予员工把事情做好的充分动机，才能真正激发员工的积极性。

当能够解决员工积极性的问题之后，接下来还需要考虑一个更关键的问题：如何设计打卡的主题，才能尽可能保证理论与实际工作相结合?

线上打卡这种形式，其实很多企业也并不陌生。有些培训课程在课后也会留打卡作业，但多是以复习课程知识为主，或者让学员写自己的收获和感悟。这样虽然也有一定的效果，但对于销售技能的提升来说，这样的打卡方式太“虚”了。客户拜访是一项技能，而不是一项知识，技能的提升，必须在真实的场景中演练才可以。

因此，我们的打卡内容是这样设计的：首先，按照高效能客户拜访的四大步骤（开场白、问需求、说价值、达协议），把整个 21 天的打卡分成了四个模块，确保每个模块都可以得到针对性训练。其次，根据销售人员过往拜访客户的真实案例，为每个模块提炼出打卡的场景，销售人员每天都需要根据给定的拜访场景，模拟拜访客户的过程对话。最后，在整个演练的最后四天，还安排了两场综合演练，销售人员需要根据自己当天真实拜访客户的过程，记录自己拜访客户的全过程对话，以检验和巩固前面四个模块的训练成果，提升实际拜访客户的能力。通过这样的设计，我们确保了销售人员所学的知识能够得到不断的强化，并且能够在工作中真正地运用，具体的演练日程安排如图 6-3 所示。

图 6-3 具体的演练日程安排

但是，以上的措施只能保证销售人员认真对待打卡，并且能够在真实的场景中去打卡，但是如果销售人员的拜访能力不足，即使认真对待，打卡的质量还是不佳，应该怎么办呢？客户拜访是一门技能，而不是知识。任何技能的掌握，都需要经过自我的反思复盘和外部的反馈改进，才能真正有效得到提升。因此，为了解决这个问题，我又设计了第三个环节：复盘日+点评分享会。

复盘日，就是在每个模块的最后一天，我都专门留出来一天，让大家做复盘，这一天销售人员不用根据场景打卡，而是要回看其他销售人员在这个模块的打卡内容，并对自己这三天的打卡收获进行复盘。销售人员需要把其他人员的打卡内容和自己的打卡内容做对比，找到自己的做法还存在哪些不足，并记录自己在这个模块中打卡的收获。

在每个模块复盘日当天的晚上，我们也会组织"点评分享会"，带领销售管理者对销售人员该模块的打卡进行点评，挑选一些销售人员的典型打卡，为整个销售团队做分享。说清楚这份打卡中哪些地方做得好，哪些地方说得不好，不好的地方应该怎么改进，不仅说出改进的思路，还给出具体的改进话术。这让销售团队不仅知道自己错在哪里，还能看到正确的方法是怎么做的，具体的演练日历如图 6-4 所示。

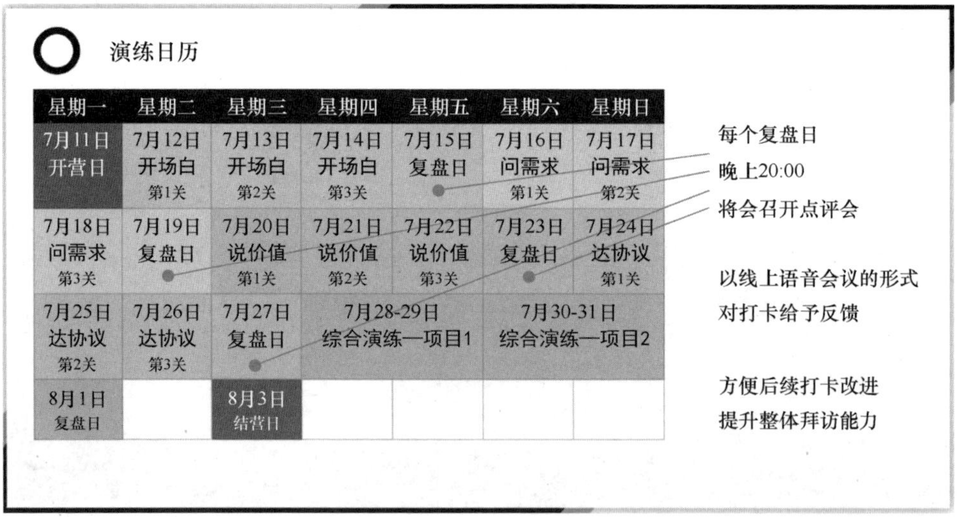

图 6-4　具体的演练日历

当整个 21 天客户拜访打卡完成之后，我们还做了一项非常重要的事情，把 78 名销售人员 21 天打卡的内容，按照高效能客户拜访的四大模块 21 步做了详细的拆解，如图 6-5 所示，并对拆解出来的每一条打卡内容进行分析。在这个过程中，我们拆解出了 3838 条打卡内容，并通过横向对比每名销售人员的打卡记录，以及纵向对比同一销售人员在不同模块的表现，对每一条打卡进行了打分，并将优秀的打卡内容整理出来，形成一套优秀销售技巧的范例库。同时，通过对销售人员打卡内容的拆解和分析，我们还对销售人员的各项能力进行盘点，针对销售人员的每一项能力在每一个环节上的得分表现，形成了整个销售团队的能力图谱。

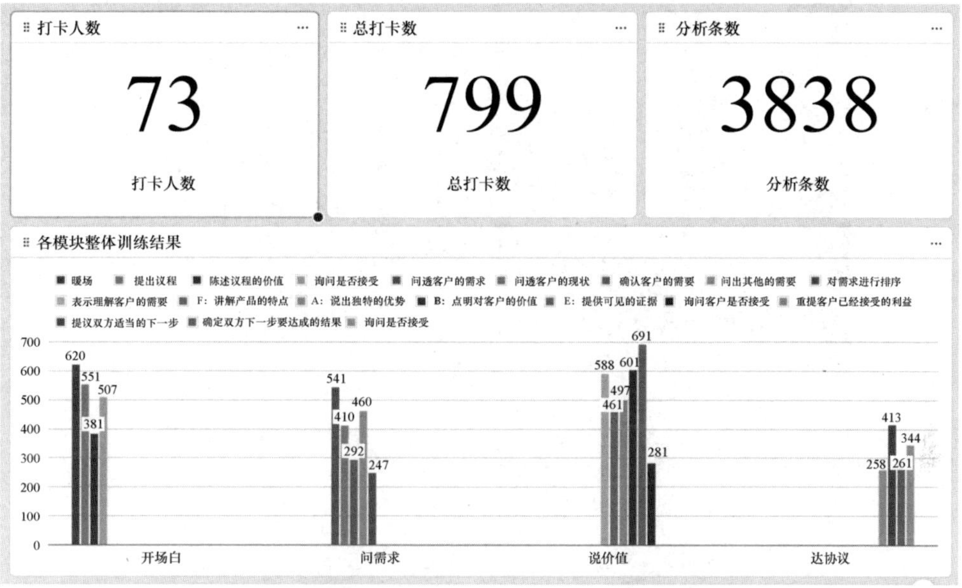

图 6-5　高效能客户拜访的四大模块 21 步的详细拆解

这个环节的好处非常多，首先，它可以让打卡的内容形成复利，沉淀成销售团队的优秀经验库。在这 21 天打卡的过程中，有些销售人员的打卡内容非常优秀，可以让整个团队借鉴学习。当有了这份文档之后，销售团队就可以很容易找到哪些话术比较优秀，并且把它应用在自己的工作中。其次，它可以形成整个团队的能力图谱，如图 6-6 所示，销售管理者可以通过这份图谱对整个团队的能力一目了然，知道每名销售人员的能力强项是什么，弱项是什么，也知道每一个人该如何去培养。

组别	姓名	总分（265满分）40%-60%为黄	开场白（满分15分）				问需求（满分15分）					说价值（满分15分）						达协议（满分10分）			
			暖场	提出议程	陈述议程的价值	询问是否接受	问适客户的需求	问适客户的现状	确认客户的需要	问出其他的需要	对需求进行排序	表示理解客户的需要	F：讲解产品的特点	A：说出独特的优势	B：点明对用户的价值	E：提供可见的证据	询问客户是否接受	重提客户已经接受的利益	提议双方适当的下一步	确定双方下一步要达成的结果	询问是否接受
华北一组：刘**	张**	92	9	7	4	2	7	4	8	11	0	6	4	3	9	8	0	2	4	1	3
	吴**	148	13	13	8	9	5	10	10	7	9	10	7	8	11	12	0	2	4	4	6
	马**	109	8	9	5	7	6	5	0	11	8	7	6	7	6	11	0	5	4	2	2
	张**	128	10	8	6	9	9	5	4	12	5	7	6	7	8	12	8	2	5	0	5
华北二组：段**	陈**	129	11	6	6	7	7	10	8	9	5	9	6	4	7	12	0	8	6	6	2
	冯**	110	7	7	8	7	10	7	0	7	6	4	4	4	9	8	8	5	6	3	0
	孙**	138	11	7	6	7	4	7	4	12	9	13	4	2	8	8	7	8	8	7	6
	袁**	89	7	5	2	7	4	0	0	0	0	8	8	8	4	12	5	2	7	4	6
华北三组：董**	董**	135	11	6	12	8	5	5	4	6	5	8	6	7	13	12	7	7	3	2	8
	王**	135	11	7	9	9	9	4	0	9	9	8	6	9	10	12	4	5	8	4	2
	张**	144	8	8	3	9	12	7	0	10	9	11	3	10	10	8	9	3	7	8	9
华北四组：孙**	程**	94	9	6	1	8	7	5	0	0	0	11	3	7	11	10	6	5	3	0	2
	赵**	74	6	10	0	3	8	0	4	0	0	6	5	8	4	4	0	3	4	2	7
	高**	141	11	9	6	9	6	4	3	8	0	14	6	10	12	10	12	8	5	0	8
	陈**	99	8	6	2	5	8	5	2	7	0	8	4	7	6	10	4	5	7	5	0
华北五组：史**	刘**	111	6	4	1	4	8	7	14	10	0	7	5	5	6	11	0	8	6	0	9
	马**	129	10	12	4	5	13	11	4	6	0	11	4	5	6	9	10	2	6	5	6
	陈**	85	11	9	7	4	7	2	0	3	0	4	5	4	3	8	0	5	9	4	0
西北一组：吕**	段**	113	14	7	8	6	4	6	4	10	6	9	8	6	8	8	1	2	3	0	3
	张**	119	8	4	5	7	3	1	4	4	3	5	8	11	11	12	9	2	6	8	8
	姜**	160	13	9	7	10	10	5	11	11	6	13	10	13	15	8	8	2	4	2	3
	李**	176	12	8	12	8	10	8	7	12	7	14	9	11	15	11	12	5	6	3	6
西北二组：贾**	杨**	139	9	11	4	9	11	12	0	0	0	6	7	11	11	14	12	2	6	6	8
	崔**	142	10	10	6	11	2	5	8	9	3	12	4	8	12	12	5	2	9	8	6
	谢**	32	7	4	2	6	8	5	0	0	0	0	0	0	0	0	0	0	0	0	0
	蒋**	128	7	10	4	9	3	7	12	11	6	9	6	6	10	7	4	3	5	7	2
	马**	93	7	4	3	4	7	7	4	9	0	5	6	4	11	8	6	2	4	0	2
东北一组：刘**	李**	100	4	9	3	5	12	7	4	3	0	4	7	8	8	13	0	5	7	1	0
	王**	30	3	4	2	4	10	7	0	0	0	0	0	0	0	0	0	0	0	0	0
	尹**	112	4	7	4	10	6	0	7	3	0	11	8	9	8	12	2	2	6	7	6
	李**	39	3	5	5	2	4	0	0	0	0	2	3	2	0	4	2	1	4	0	2
	贾**	67	7	0	2	0	8	3	1	3	0	1	4	8	5	10	0	4	6	1	4
东北二组：孙**	赵**	101	7	7	6	5	6	7	0	3	3	7	9	10	8	11	1	2	4	2	3
	傅**	67	5	9	3	3	7	0	2	0	0	0	6	3	6	6	0	5	8	3	1
	张**	166	11	9	11	9	9	7	5	8	6	12	12	12	12	12	9	2	7	6	7
	从**	113	9	9	6	0	9	8	4	7	3	12	8	8	6	11	0	5	3	3	2
	王**	114	7	8	6	9	6	3	3	6	6	11	4	12	8	11	0	2	3	2	7

图 6-6　整个团队的能力图谱

东北三组：陈**	陈**	126	11	8	4	9	11	10	8	0	3	13	8	4	6	9	0	6	6	2	8
	赵**	138	8	10	6	9	8	11	9	11	6	8	5	4	7	6	8	2	8	5	7
	吴**	107	8	3	5	5	8	1	8	3	0	4	9	10	9	10	3	2	8	4	9
	刘**	118	10	5	9	6	9	8	0	7	3	6	10	7	5	11	1	3	9	7	2
	刘**	127	10	7	8	9	7	11	3	7	7	11	6	7	9	5	0	7	5	4	4
华南一组：任**	武**	155	10	10	9	8	10	9	7	11	10	9	5	7	13	13	3	2	7	5	7
	贾**	112	6	10	3	7	7	5	4	12	0	13	6	8	3	13	6	2	4	3	0
	马**	120	8	4	1	9	7	6	6	6	6	5	5	8	11	12	2	2	9	6	7
	吴**	144	9	8	4	9	6	7	2	10	9	14	9	9	11	10	8	2	6	4	7
华南二组：胡**	段**	106	5	8	2	10	1	4	1	7	3	6	6	8	10	12	4	5	6	2	6
	赵**	101	5	9	1	9	6	8	4	10	0	6	7	1	6	13	0	2	4	4	6
	王**	167	10	10	9	9	9	14	9	13	3	6	7	12	14	12	6	2	8	7	7
	崔**	153	7	11	9	9	10	6	5	12	8	9	6	7	15	11	9	6	5	6	2
华东一组：祝**	张**	136	11	5	11	8	10	6	6	8	6	10	6	5	8	10	4	5	5	4	8
	董**	169	12	10	10	8	14	9	8	11	10	10	8	8	12	9	7	5	6	7	5
	姜**	70	7	7	5	3	8	0	0	0	4	9	6	2	0	4	1	3	6	0	5
	翟**	74	3	6	0	3	6	6	0	0	0	9	6	6	4	8	2	5	6	2	2
华东二组：高**	王**	165	10	6	9	10	11	9	8	10	3	10	9	7	13	9	13	8	8	8	4
	孔**	80	8	8	5	6	4	3	0	0	0	11	7	5	5	3	0	5	4	2	4
	张**	123	10	7	4	8	13	2	4	6	6	6	8	7	12	12	0	2	5	6	5
华东三组：康**	赵**	115	11	10	8	10	6	6	3	11	9	6	5	3	4	8	0	2	4	3	6
	孔**	122	10	9	8	9	6	6	4	7	0	10	8	5	10	11	3	2	9	0	5
	胡**	89	10	9	5	3	6	3	1	0	0	10	8	6	9	10	1	3	2	3	0
	马**	117	9	5	5	8	9	5	0	7	7	11	4	4	8	8	9	2	6	4	6
华东四组：赵**	唐**	116	9	12	4	10	8	5	4	7	3	10	6	5	5	9	3	2	4	3	7
	程**	129	10	6	6	7	8	8	4	0	0	8	8	8	13	13	10	4	7	3	6
	陈**	113	6	8	7	4	7	2	7	0	5	6	7	11	6	11	6	6	4	6	4
	杜**	133	9	11	8	10	8	6	8	6	6	8	8	6	12	8	0	3	7	2	7
技术一部：周**	果**	105	5	10	2	6	9	7	4	7	3	8	5	7	6	8	4	5	3	2	4
	赵**	78	10	6	3	6	4	3	0	0	0	9	3	4	4	2	4	2	4	6	8
	马**	45	3	4	2	3	3	0	0	0	0	1	4	6	4	7	0	2	3	0	3
	王**	143	9	9	4	9	9	6	3	11	9	10	7	10	6	9	7	3	8	8	6
技术二部：于**	刘**	133	13	10	6	8	5	6	6	7	4	3	6	11	14	8	0	2	10	7	7
	卢**	100	9	3	5	10	5	6	3	10	0	10	9	2	6	11	0	1	6	0	4
	陈**	77	7	7	3	7	2	0	0	0	0	4	7	6	8	8	4	6	6	0	2
	赵**	129	8	7	4	7	8	7	9	6	0	7	10	7	12	10	2	2	8	6	9

图 6-6　整个团队的能力图谱（续）

【实战筑能】

在完成了前两步的培训和演练之后，我们就进入了整个训战结合方案的第三步：实战筑能环节。这一阶段的目标是让销售人员在更加贴近实际工作场景的环境中，进一步提升他们的销售技能和实战能力。

在这个环节，我们为销售团队组织了一场模拟销售人员真实项目的“剧本杀”活动。首先，我从企业过去的销售案例中，挑选出一些具有代表性的成功和失败的项目，深入挖掘这些项目背后的客户角色、项目背景、客户需求，以及销售过程中遇到的各种挑战和问题。然后，基于这些信息，设计出一套客户拜访演练的剧本，每个场景都包含了客户的真实组织架构、角色关系，以及可能的反应和需求。

接下来，我们安排团队的销售管理者作为考官，每人扮演剧本中的一个角色，并对考官进行了考前培训。要求考官必须进入角色，客户实际上是怎么表现的，他们就要怎么表现，如果销售人员的表现不行，就要像真正的客户那样把人赶出去。不能因为这是在演练，就给销售人员放水，不在演练中流泪，就得在战场上流血。对于角色的隐藏信息，如果销售人员没有问，就不要主动说，即使销售人员问了，如果关系还没有处到位，也可以不说甚至给一些误导性的信息。当本次拜访结束后，还要基于销售人员在拜访过程中的表现，对销售人员进行点评和反馈，并对小组的表现进行打分。

在之后两天的时间里，各个销售团队就以小组为单位，进行大量的拜访实战演练。这种实战演练相比真实工作的好处在于，它可以让销售人员短期高频地拜访同一个客户，在真实的工作中，销售人员并不是想见一个客户就能见到的，也很难在两天时间内大量重复拜访同一个客户。但通过演练，就可以把销售人员从陌生拜访到与客户谋事的时长大幅缩短，进而系统化地演练拜访客户的全过程。与此同时，在真实的工作场景中，客户也几乎不可能给销售人员拜访能力上的反馈，如果销售人员哪些方面表现得不好，客户直接就把销售人员拒绝了。而在实战演练的过程中，销售管理者就可以给销售人员明确的反馈，告诉他哪里做得好，哪里做得不好，做得不好的地方要怎么改进，这样的一次拜访对销售人员能力的提升，比销售人员在客户那里摸索十次都有效得多。

在活动的最后，我们根据小组每次拜访的得分，以及小组运作项目成功所取得的“业绩”进行综合统计和排名，对表现优秀的销售小组进行表彰和奖励。之后在每个季度，我们都会为该团队再次组织一次实战演练的活动，全年共举行了四次，让销售人员把客户拜访技能在真实的销售场景中得到充分的运用和检验，积累宝贵的实战经验，为取得更好的业绩打下坚实的基础。

最终，通过“培训穿透”“演练增速”“实战筑能”这三个环节，我们用一年的时间，让销售团队的拜访技能取得了脱胎换骨式的提升，销售人员在实际拜访客户过程中的表现有了显著改善，客户拜访的成功率大幅提高，进而带动了整个销售团队业绩的稳步增长。企业也由此认识到，培训并非只是单纯的知识传授，而是要通过系统的培训、针对性的演练，以及贴近实战的模拟，才能真正将培训效果转化为实际的工作成果，让培训投入产生有效的回报，同时也为企业的销售团队打造了一套可复制、可持续提升拜访能力的有效模式，为企业的长期发展奠定了坚实的人才基础和业务保障。

通过整个训战结合的过程，可以看到，只有通过**培训穿透、演练增速、实战筑能**三个环节，才能将每项销售技能在销售团队中真正落地。同时也会发现，无论是演练增速的环节，还是实战筑能的环节，销售人员的能力提升和销售管理者的反馈辅导都是密不可分的。因此，对销售团队的能力培养，绝不能仅培养销售人员的能力，还必须同步提升销售管理者的能力，也就是**双轨提升**。

3. 双轨提升：让人才培养实现自动运转

什么是双轨提升？**就是任何一项销售能力的培训，既要提升销售人员的能力，也要提升销售管理者辅导团队的能力。**

销售人员能力的提升是一个循序渐进的过程，必须在实际的业务中大量的刻意练习。刻意练习最重要的就是有人能给予辅导。老师固然是重要的辅导资源，但工作中最重要的辅导资源还是销售管理者。

为什么是销售管理者？一方面，老师虽然擅长专业能力，但销售管理者是最懂业务的，最懂客户的，也是最懂团队的。另一方面，老师对团队的辅导频率是有限的，但销售管理者几乎天天都要和团队沟通交流，每次交流都可以是一次辅导的机会。因此，如果销售管理者拥有辅导团队的能力，整个团队的能力提升就会比只有老师辅导要快得多，也会持久得多。

但是，很多销售管理者虽然自己会做业务，却并不一定会辅导团队。面对这种情况，很多企业就会采用三种做法：第一是**放任不管**，让销售管理者凭自己的良心去辅导，但结果往往是销售管理者根本就不去辅导团队，遇到什么项目都是自己上。第二是**用制度管**，规定销售管理者每个月至少要对团队做几次辅导，但因为销售管理者并不知道应该怎么辅导团队，结果往往是流于形式。第三是**替他们管**，让其他懂辅导的人来代替销售管理者辅导团队，但销售管理者还是不会辅导，其他人也不可能永远代替销售管理者管理团队，如果不可复制，也就不可持续。

因此，要想真正解决销售管理者不会辅导团队的问题，关键还是**要对销售管理者辅导团队的能力进行辅导**。而辅导的最好时机，就是在销售管理者需要对团队进行辅导的时候。例如，当提升销售团队客户拜访能力的时候，销售管理者就需要对团队进行拜访辅导；当提升销售团队项目运作能力的时候，销售管理者就需要帮团队进行项目分析；也就是说，**提升销售管理者辅导团队能力的最好时机，就是在提升销售团队能力的时候**，所以就称为“**双轨提升**”。

那么，双轨提升具体要怎么做呢？我们开发出了一个有效的辅导模型，叫作**海浪模型**。

什么是海浪模型？它把销售管理者的能力培养，总共分成了三个阶段，分别是：**我做你看、你做我看、你做我盯**。由于这三个阶段是层层推进，相互穿插的，就如同海浪一样，一浪接一浪连绵不绝，故名为海浪模型。

海浪模型的第一波，是**我做你看**。因为很多新手销售管理者都是销售岗位晋升上来的，并不知道怎样辅导销售团队。即使是口头上告诉他们该怎么做，也只能给他留下一个模糊的印象，因此，必须在实战中让他亲眼看到，才能有切身的感知。靠实战的案例去学，比课程中去学要有效得多。具体来说，就是在销售团队的演练和实战当中，由有经验的管理者亲自带头，为销售管理者示范如何对销售团队进行辅导。

海浪模型的第二波，是**你做我看**。纸上学来终觉浅，绝知此事要躬行。销售管理者要想真正掌握辅导能力，光看清楚是不行的，还必须亲身实践。因此在这个阶段，就需要让销售管理者亲自辅导团队，同时让有经验的销售管理者在一旁观察，并对整个辅导过程给予反馈和辅导。

海浪模型的第三波，是**你做我盯**。盯和看的最主要区别，在于盯更侧重管控，而不是辅导。经过 1～2 个月的辅导与反馈，大部分的销售管理者都已经在一定程度上掌握了团队辅导的技能。但是在日常工作中会不会去用？会不会用着用着又会变成流于形式？还需要后续的监督和抽查。

案例分享

关于对销售管理者的辅导，还有这样一个案例。

我们曾经辅导过一家处于发展关键期的企业，他们的销售管理者张总，是从销售一线提拔上来的。他个人在项目运作上有着出色的能力，曾凭借一己之力拿下多个重要项目。但是，当他走上管理岗位后，面临着一个棘手的问题：不知道团队怎么带。

在日常工作中，每当销售人员在项目推进中遇到难题时，张总总是毫不犹豫地亲自上阵解决，却不知道如何引导团队成员自己解决。同时，他也不知道如何把控团队成员的项目工作计划和进度，往往是任务安排下去后，对执行情况一无所知，直到项目出现了问题，他才匆忙去救火。这种状况导致整个销售进度总是不尽如人意，张总自己也常常忙得焦头烂额。

为了帮助张总解决这一销售管理难题，我决定先从周计划的管理入手，其核心目标是确保销售团队能够将关键的时间与精力，投入最重要的客户和项目之中。在推进周例会实施的过程中，总共分为几个阶段。

【第一阶段：我做你看】

第一阶段，为了让张总能够直观地掌握周例会的流程与精髓，第一次周例会采取了“我做你看”的示范方式。在会议召开的前一周，提前通知所有销售人员认真填写周例会的表格，对本周工作进行梳理与总结。到了周六，我们以线上会议的形式，带着销售总监一起，与销售人员一个一个地沟通。在沟通的过程中，我们与每一名销售人员认真分析了他上周的工作，包括工作的成果如何，重点客户与项目的跟进情况如何，工作的节奏对不对，思路对不对，遇到了什么问题，用什么方法去解决，并确定了下周重点要拜访的客户与项目。在这个过程中，张总全程在会议中认真旁听，熟悉整个周例会的流程。每名销售人员的沟通完成后，我都会要求张总对这名销售人员的周例会过程进行复盘，他看到了什么，想到了什么，收获了什么。就这样，当七名销售人员的周例会辅导全部完成之后，张总也完整地观摩了七次周例会的全过程，并进行了七次复盘，在他的心目中，对周例会的流程与要点就形成了极为深刻且清晰的印象。

【第二阶段：你做我看】

第二阶段，从第二周开始，我将周例会从前期筹备到正式开展的全流程任务都交由张总负责执行。张总需要提前向销售人员发出会议通知，并要求他们填写相关表格，做好充分准备。到了周例会当天，我采取了“你做我看”的模式，要求张总主导会议，带领销售人员对周计划的完成情况进行盘点，包括检查任务是否按时推进、梳理过程中遇到的难点与阻碍等，并在会议中对销售人员进行针对性辅导，以促进团队能力提升。

但是，通过与前三名销售人员的沟通，我发现张总在开周例会时存在一个明显的问题。那就是没在会议的一开始先与销售人员拉通目标，而是直接就陷入项目细节的讨论之中。只是在询问销售人员本周参与了哪些项目、拜访了多少客户、取得了哪些具体进展，以及遭遇了哪些问题等，却忽略了对月度目标的强调与引导。这种情况在销售管理者当中其实是非常常见的。很多由销售一线提拔上来的销售管理者，往往因长期专注于项目本身，而缺乏对目标管理的系统思维，容易将管理重心从宏观的目标把控降维至微观的事务处理层面。针对这一问题，在与第三名销售人员的沟通结束后，我对张总进行了进一步的辅导，指出他在关注目标方面存在的问题，并告诉他下一步要怎么去做。从第四名销售人员开始，直到所有销售人员沟通结束，张总在这方面的问题明显得到了解决。

在紧接着的第三周与第四周，我们依旧沿用“你做我看”的辅导模式。在这两周，张总在主持周例会时所出现的问题已明显减少，但偶尔仍会出现一些问题，例如在与某些销售人员沟通时，张总对项目细节的追问过于深入，导致与单名销售人员的沟通过程耗时过长，达到了 45 分钟左右，影响了会议的整体效率。因此在张总完成对这名销售人员的辅导后，我便及时给他进行反馈，项目的细节应当放到项目分析会中去讨论，周例会更应当专注于目标、动作与计划的沟通。随后与下一名销售人员开会时，张总便继续按照反馈去改进。经过这一系列的实践与调整，到了第四周结束的时候，张总基本上已经掌握了周例会的完整流程，不仅能够较为熟练地引导会议流程，对团队工作进行有效的梳理与指导，还清楚在整个过程中需要注意哪些细节，避免哪些误区。

【第三阶段：你做我盯】

因此，从第五周起，辅导就进入了第三阶段，即“你做我盯”。我们不再对周例会进行全程参与，而是要求张总在每次周例会盘点结束后，提交该次会议的录音资料。我们通过检查提交的时效性，检查张总是否能够按时开展管理工作，以此来逐步培养他每周主动进行管理的意识。同时，我们也会对随机抽查录音的内容，以便发现张总在会议中仍然存在的问题，进而提供更具针对性的辅导建议。

在这个过程中，我们也在企业内部设立了“销售督导”这个岗位，逐渐把检查的职责过渡到该岗位的负责人，确保当我们的咨询周期结束之后，企业的整套体系也能够实现自运转。最终到了第二个月结束的时候，张总已经将周例会的组织与开展，内化为销售过程管理中不可或缺的习惯，能够自主且规范地完成周例会的相关工作，有效推动了销售团队的管理与发展。

通过这个案例可以看到，对于销售管理者而言，从优秀的业务骨干转变为合格的团队领导者并非一蹴而就，而是必须有意识地进行系统辅导。只有通过**我做你看、你做我看、你做我盯**这三个环节，才让销售管理者既能看清楚正确的辅导过程，又能通过亲身实践去试错和改进，还能通过制度监督来养成辅导团队的习惯。也只有通过这三个环节的培养，才能帮助销售管理者逐步掌握培养团队的思维与方法，才能真正提升团队的整体效能。让管理者真正成为带领团队成功的“幕后将军”，而不是自己单打独斗的“球场明星”。

由此给团队带来更长远的好处是：不仅销售人员的能力提升会更快、更持久，也能对这种培养的过程时刻耳濡目染。当销售人员自己未来成长为管理者的时候，也就会自然而然地将这种辅导传承下去，从而让整个销售团队真正具有自我成长、自我复制的能力。

6.4 薪酬激励：从形式考核到动能激活

要想让销售团队发挥出强大的战斗力，薪酬绩效体系的重要性不言而喻。但是，有一个问题始终困扰着众多企业：为什么企业的人力资源部门，总是做不好销售部门的绩效考核模型呢？这绝非一个无关紧要的小问题，而是关系到销售团队核心竞争力和长远发展的关键所在。

究其原因，在于许多人力资源从业者对销售业务缺乏深刻的理解。他们不了解销售团队的成长路径，不清楚销售人员在不同阶段的成长规律，更不知道应该在何时提供何种能力提升和培训。这种对业务的隔阂，使得绩效考核模型往往流于形式，无法真正贴合销售工作的实际需求。

而一个优秀的绩效模型，也绝不仅是为了短期的业绩提升。它应该既能牵引业绩增长，又能兼顾销售人员的个人成长。如果一名销售人员业绩出色，但个人能力停滞不前，那么在 2～3 年后，他可能就会因为无法适应市场的变化而被淘汰。如果一名销售人员业绩很好，但却不服从管理，甚至将这种不良风气传播到整个团队，也会对团队的战斗力带来巨大的影响。

但问题是，这些问题并不是每家企业都知道怎样去解决的。那么，一个真正优秀的销售绩效管理应该如何构建呢？它必须符合销售的实际场景，既要包含团队的梯队成长规划，又要把整个销售过程管理体系融入其中，还要能科学地衡量绩效结果。只有这样，才能打造一个既能激励员工，又能促进团队健康发展的绩效考核体系。在本章中，就深入分析如何构建这样一个理想的销售绩效管理体系，为销售团队注入长久的活力。

1. 薪酬设计：如何低成本招到好销售

在设计销售团队的薪酬模式的时候，很多企业头疼的一个问题是：**如何在控制好用人成本的同时，又能让好销售人员进得来？**

很多企业在设计销售薪酬体系的时候，都会采用低底薪+高提成的模式。也就是设置一个很低的固定工资，销售人员大部分的收入都来自业绩的提成。这样做的好处是企业的用人成本很低，即使招聘很多销售人员，也不会有很多工资的支出，特别适合于采用“人海战术”开拓市场。只要销售团队的人数足够多，哪怕每个人产出的业绩比较低，总利润也是比较可观的。

但是，在这种模式背后，也存在着不小的隐患。因为**低底薪意味着低门槛，而低门槛通常意味着低素质**。首先，低素质的销售人员不会用价值争取客户，只会靠软磨硬泡开拓客户，开拓出的客户往往价值比较低，要想完成业绩就只能靠数量去弥补。而低价值的客户往往对企业的挑剔更多，一旦数量一大，就会带来高昂的维护成本。其次，低素质的销售人员对客户维护的手段有限，大部分靠拉关系，如果市场上没有竞争对手还好，一旦竞争对手有专业化的销售团队，能给到客户更高层次的价值，即使好不容易争取到的客户也会纷纷倒戈，导致销售团队失去信心，甚至大量离职。最后，即使销售团队里真的有一些高素质的人才，但因为企业给的底薪很低，一旦竞争对手用高薪争取，这些高素质的人才也很容易流失，顺便带走一批企业的高价值客户，给企业带来的损失更是不可估量。因此，低底薪可以让企业在增量市场中存活，但很难在存量市场中发展。

但是，如果企业只是使用高底薪的模式是否可行呢？也不可行。一方面，企业的用人成本很高；另一方面，销售人员如果没干出业绩也能拿到较高的底薪，就容易失去奋斗的动力。销售岗位应该是拿结果的岗位，而不是计工时的岗位，要想保持销售团队的战斗力，就必须让销售团队的收入大部分来自业绩，而不是底薪。

因此，要想**让好销售进得来的同时，还能保持销售团队的战斗力，还要兼顾到企业的用人成本**，就不能只设计一个一成不变的销售团队薪酬体系，而是要设计“**分阶段**”的薪酬体系。

什么是“分阶段”的薪酬体系？就是在销售人员入职的前几个月（通常称为保护期）和几个月之后底薪与提成的比例是不同的。具体来说，在销售人员入职的前几个月，由于很难立即产出业绩，就可以采用“**高底薪+低奖金**”的方式，设置一个行业内有竞争力的底薪，以吸引到高素质的销售人才。当度过保护期的几个月之后，销售人员已经具有了产出业绩的资源和能力，就可以采用“**低底薪+高奖金**”的方案，让销售人员尽快走出舒适区，以业绩为导向去做事，表 6-6 就是一个薪酬体系设计参考示例。

表 6-6　一个薪酬体系设计参考示例

项　目	占　比		子　项　目	占　比
	保　护　期	正　式　期		
基本工资	80%	40%	底薪	40%
			绩效工资	60%
奖金	20%	60%	—	

在表 6-6 中可以看到，每名员工的薪酬，分为**基本工资和奖金**两大部分。首先是基本工资，基本工资是由**底薪和绩效工资**两部分组成的。底薪是销售人员无论如何都能拿到的部分，而绩效工资则是根据月度绩效得分按比例拿到的。

设置绩效工资的原因在于：**销售人员不会去做正确的事，只会做你去考核他的事**。如果想让销售人员重视企业对销售过程的管理，就必须在绩效工资中增加对相关动作的考核，例如，如果想让销售人员按照 CRM 的标准填写数据，就需要在绩效考核的指标中增加对 CRM 填写时效性和质量的考核。如果销售人员此项的动作不合格，就要扣除最高 10%的绩效工资。这样就可以有效避免销售人员只看重最后的业绩，不重视过程管理的情况。

在保护期内，由于员工通常很难产出业绩，因此基本工资的占比可以高一些（例如表中的 80%），并对销售的过程数据做强考核，根据考核的结果决定绩效工资发放的比例。这样才可以确保新员工按照企业的标准去行动，同时也降低不合格员工所带来的成本。

当员工出了保护期，就进入正式期了，由于正式期员工的关键就是要产出业绩。此时基本工资的比例就应当下调（如表中的 40%），同时上调奖金的比例（如表中的 60%）。奖金与绩效工资的区别在于：**绩效工资考的是销售过程，而奖金考的是业绩结果**。如果一名销售人员客户拜访的数量、客户联系的深度、商机的数量与质量，以及 CRM 填写的规范全部达标，就可以拿到全额的绩效工资；但如果业绩不达标的话，就无法拿到全额的奖金。这样也可以有效避免销售人员只刷数据，不出业绩的情况。

奖金可以采用两种方式来设计：一种是**提成制**，另一种是**年薪制**。提成制，就是销售人员完成多少业绩，就按比例发放多少提成。例如，销售人员完成了 100 万元的销售业绩，提成比例是 3%，就可以拿到 3 万元的提成。这种方案简单粗暴有效，也是大部分企业都在采用的，但最大的弊端在于，**销售可能会过于注重个人的业绩，而不考虑企业的战略发展**。例如，当企业推出一个新的战略产品时，销售人员经常不愿意去卖，原因就在于只要继续卖老产品就能得到不错的业绩，而新产品还要花时间去学，还要花精力让客户去认可，就没意愿去卖新产品了。这就会导致企业的战略产品难以推向市场，但年薪制就可以有效解决这个问题。年薪制和提成制最大的区别在于，**年薪制不仅可以考核业绩的金额，还可以考核业绩的结构**。例如，要求销售人员在全年的业绩当中，战略产品的销售比例不低于 20%，才能拿到全额的年终奖。这样就可以有效引导销售人员按照企业的战略方向行动，而非单纯关注业绩的金额。

可能有的企业还会担心，那如果销售人员保护期的时候拿高底薪，进入正式期之后不愿意换怎么办？这里其实也涉及对销售人员的检验。在销售人员入职之前，由于对企业还不够了解，高底薪实际上是对自己的保障，可以在一定程度上打消入职的顾虑。但在经过几个月之后，销售人员对企业已经非常了解，也有了一定的资源和能力，如果还是不愿意放弃高底薪+低提成的模式，就说明该销售人员比较贪图安稳，没有追求业绩的野心和动力，这时就需要进一步加强对其销售过程的监管，或者视情况予以淘汰。

2. 绩效考核：如何精准考核绩效动作

在上一节中，讲到了绩效考核的核心目的，就是让销售人员既要关注最后的业绩，也要关注过程的管理。那么，企业的绩效考核具体应该怎样设定，才能达到这个目的呢？在这一节中，将介绍一些绩效考核设计的原则与案例。

首先，绩效考核设计的第一原则就是：**以业绩为导向**。很多企业在设置绩效考核体系的时候，都没有想清楚每项指标设置的目的是什么。例如，觉得销售人员每天的工作量不饱和，就考核销售人员每天拜访客户的数量。或者看到其他企业都在考核销售人员的日志和周报，就考核销售人员的日志和周报。但销售人员每天拜访大量的客户，并且认真填写日志和周报，业绩就能提升了吗？很显然是要打个问号的。因此，企业在设置绩效考核指标的时候，一定不能拍脑袋觉得应该考什么就去考什么，也不能看别的企业都在考什么就去考什么，而是一定要想清楚，每一项指标和业绩究竟有什么关系？是不是销售人员只要把这些过程指标全部做到位，就大概率能取得好的业绩？绩效考核不是为了扣销售人员钱的，而是为了引导销售人员在正确的方向上做事的。绩效考核引导对了，让销售人员按照绩效考核的标准去做事就能取得好的结果，销售人员才会更加信任企业的销售管理体系，服从度也会更高。

其次，绩效考核设计的第二原则就是：**以体系为基准**。换句话说，就是**销售体系怎么做，绩效考核就怎么考**。在之前的章节中讲到，销售人员从开拓市场到最终成单的过程，大体上可以分成 RTL 和 LTC 两个阶段，包含从客户池，到商机池，到项目池，最终到业绩的转化。因此，绩效考核的指标，就应当是对销售人员每个池子的数量和转化率进行考核，如表 6-7 所示。

从表 6-7 中可以看出，绩效考核的指标，主要就是围绕**客户开发、联系深化、商机挖掘和项目运作**四个阶段的动作进行考核。更细心一点的读者可能会发现，这张表格中的考核项和新员工绩效考核的内容是完全一样的。是因为**员工从保护期进入正式期，改变的只是考核的权重，而不是销售的流程**。只有用同一套考核体系贯穿销售人员工作过程的始终，才能让销售人员意识到企业的考核体系是系统和完整的，是与销售管理体系紧密结合的。

表 6-7　绩效考核指标

类　型	阶　段	考　核　项
业绩指标	客户开发	有效客户拜访数
		客户 KP 拜访数
	联系深化	重点客户渗透度（考核渗透度 3 或以上客户的数量）
	商机挖掘	有效商机总数
	项目运作	商机推动动作（考核有效动作的数量）
		商机关键动作（考核有效动作的数量）
日常指标		CRM 填写时效性及质量

最后，绩效考核设计的第三原则就是：**以弱项为核心**。曾经有一句广告语叫“哪里不会点哪里”，绩效考核就是“哪里不行考哪里”。每名销售人员的强项和弱项都是不同的，有的销售人员可能擅长与客户建立联系，但就是不擅长运作项目。而有的销售人员擅长运作项目，但手里的客户和商机总量特别少。我们都知道，要想让业绩能够稳健增长，既要有源源不断的商机，又要有稳扎稳打的运作，缺了哪个都不行。因此，一个真正有效的绩效考核方案，应当是因人而异的，能让不同的销售人员，有针对性地去补足自己的短板，也就是“**以弱项为核心**”。

那么，具体要如何设计呢？表 6-8 是针对三类不同短板的销售人员所设计的绩效考核方案模板。

表 6-8　针对三类不同短板的销售人员所设计的绩效考核方案模板

模板 1：客户渗透度重点提升				
类　型	阶　段	考　核　项	考核数据/个	权重占比/%
业绩指标	客户开发	有效客户拜访数	—	—
		客户 KP 拜访数	6	10
	联系深化	重点客户渗透度	**6**	**50**
	商机挖掘	有效商机总数	—	—
	项目运作	商机推动动作	2	20
		商机关键动作	1	10
日常指标		CRM 填写时效性及质量	—	10

（续表）

模板 2：商机总数重点提升				
类　型	阶　段	考　核　项	考核数据/个	权重占比/%
业绩指标	客户开发	有效客户拜访数	—	—
		客户 KP 拜访数	6	20
	联系深化	重点客户渗透度	4	10
	商机挖掘	有效商机总数	**12**	**50**
	项目运作	商机推动动作	2	10
		商机关键动作	—	—
日常指标		CRM 填写时效性及质量	—	10
模板 3：项目推动重点提升				
类　型	阶　段	考　核　项	考核数据/个	权重占比/%
业绩指标	客户开发	有效客户拜访数	—	—
		客户 KP 拜访数	—	—
	联系深化	重点客户渗透度	4	10
	商机挖掘	有效商机总数	8	10
	项目运作	商机推动动作	4	20
		商机关键动作	**3**	**50**
日常指标		CRM 填写时效性及质量	—	10

可以看到，表 6-8 中的 3 个模板中的项目都是完全一样的，只是每个项目考核的数量和权重占比有所不同。当销售人员从保护期进入正式期后，如果发现销售人员拜访客户的数量还可以，但是与客户的联系深度不足，就可以采用模板 1，即“客户渗透度重点提升”的模板，要求销售人员本月至少与 6 个重点客户的渗透度达到 3，并把该项的考核权重提升到 50%，避免销售人员在地盘上只是走马观花地拜访客户，或者不敢见客户的高层，只是与客户的底层人员建立联系。同理，如果发现销售人员的主要问题是商机总量不足，就可以采用模板 2，即“商机总数重点提升”的模板，要求销售人员本月至少挖到 12 条有效商机，并把该项的考核权重提升到 50%，避免销售人员一心扑在少数的几个客户或项目上，没有为后续的商机做储备，导致出现“青黄不接”的情况。最后，如果发现销售人员的客户联系还不错，商机总数也可以，但项目就是迟迟

出不了业绩，就可以采用模板 3，即“项目推动重点提升”的模板，要求销售人员本月至少完成 3 项提升商机成功率的关键动作，并把该项考核的权重提升到 50%，迫使销售人员突破舒适区，与客户去做真正能够推动项目运作的事，而不是一直被动地等待。

采用这样多套模板的方式，既可以保证销售管理者针对每名销售人员需要提升的短板，用绩效考核引导关键的行为，又可以有效利用销售管理者的精力，让销售管理者不必每个月花费过多的时间在绩效考核方案的设计上，只要为每个人选择对应的模板，并微调其中的数据就可以。让绩效考核真正成为帮助销售团队达成业绩的工具，而不是限制销售团队发挥的阻力。

3. 职级晋升：如何让销售主动领取任务

当建立好绩效考核体系之后，销售团队还需要建立一个体系，即**职级晋升体系**。

为什么要建立职级晋升体系？一个最直接的原因，是为了**让销售任务能够顺利分配下去**。如果没有职级晋升体系，所有销售人员拿的底薪和提成都一样，就没人愿意领高任务。毕竟高任务必然对应着完不成的高风险，如果高风险不能带来高收益，销售团队就不愿意承担这个风险。更深一层的原因，是为了**让销售人员有盼头，有积极性，有主动向上走的动力**。因为销售人员的能力是在不断提升的，他们掌握的资源也在不断增加，能给企业带来的业绩也越来越多。如果没有职级晋升体系，销售人员在企业的发展一眼就能看到头，即使刚开始的薪酬有竞争力，慢慢地也会变得不满足。如果没有一个明确的晋升体系，销售人员可能会缺乏安全感，从而产生二心。再深一层的原因，是**对人才进行分层分级，对资源合理分配**。能力强的人和能力弱的人，在开拓市场和项目运作方面，所带来的效率和成功率是不一样的。很多企业没有人才分层分级，把一些非常重要的战略市场，或者资源非常丰富的区域交给能力不足的人去开拓，结果开拓了几年也没有见到成效，反而被竞争对手抢占了大量的份额。所以，能力分层分级的目的，就是把重要的区域或客户交给能力强的人去开拓，让资源合理分配，避免产生浪费。

基于以上这些原因，在设计销售团队职级晋升体系的时候，就需要考虑以下两大原则。

第一个原则，是**职级、薪酬与任务**三位一体。换句话说，就是**职级越高，薪酬越高，同时任务也越高**。一名销售人员有越高的职级，就应该领越高的薪酬，同时领越高的任务。表 6-9 就是我们为某企业所制定的职级—薪酬—任务表。

表 6-9　我们为某企业所制定的职级—薪酬—任务表

销 售 等 级	年薪范围（万元）	任务范围（万元）
S1	10～20	400～600
S2	25～35	600～800
S3	35～45	800～1200
S4	45～55	1200～1600
S5	60～70	1600～2000

从表 6-9 中可以看出，销售人员的等级，分为 S1 到 S5 五个级别，分别对应着“4”型通道中从新兵销售到特种兵销售的五个级别，级别越高，任务就越高，同时年薪也就越高。注意这里的年薪，代表的是销售人员一年能够拿到薪酬的总和，企业还应当根据自身的实际情况，将其拆分为底薪、绩效工资和奖金三部分。从表 6-9 中还可以看出，提供的年薪和任务指标都是一个区间范围。这是因为即使同一级别的销售人员，由于个人能力的差异以及所负责区域资源的不同，他们所承担的任务和获得的薪酬也应当有所区别。因此，应该给予销售管理者一定的自主性，让他们能够在年薪和任务的区间范围内，根据销售人员的实际情况和能力，确定具体的数值。

职级晋升体系设计的第二个原则，是**业绩、过程和能力**三位一体。对销售人员职级的评定，不能只看最后的业绩，而应该由这三个方面共同决定。为什么要同时考核这三个方面呢？因为如果其他两个方面有任何一个不足，销售人员的业绩就很难稳定。例如，一名销售人员今年的业绩很好，但能力不行，很可能是因为他今年碰巧遇到了一个大项目，帮助他完成了业绩。但这种业绩能持续吗？不能。如果他的能力没有提升，明年业绩就很可能会下滑。反过来说，如果一名销售人员的能力和业绩都很强，但就是不服管，不按照企业的销售管理体系去做事，客户和商机的填写都不符合规范，那他是一名合格的销售人员吗？肯定也不是。这样的人虽然可以拿到业绩，但是对企业的长期发展是比较大的隐患。因为所有的客户都只是他的个人资产，而非组织资产。这样的人可能就需要特别管理，未来也需要防范离职的风险。

那么，这几项分别要如何考核呢？首先是**对业绩的考核**，这一项也是最容易的，因为只需要看他最终完成的业绩即可。例如，年度的任务是 1000 万元，完成的业绩是 800 万元，那么业绩考核的分数就是 80 分。当然，如果企业还有对业绩结构的要求，如要求至少销售 20%的战略产品，也需要考虑在内。其次是**对过程的考核**，这一项也是相对比较容易的，只需要把每个月的绩效考核结果加权平均即可。例如，每个月平均绩效得分是 80 分，那么过程考核的分数就是 80 分。最后是**对能力的考核**，这一项是很多企业都不会做的，也做不好的。首先要明确的一点是，对能力的考核，应当重点考核销售人员的**主线能力**，根据“4”型通道，每个级别销售人员对应的主线能力，如表 6-10 所示。

表 6-10　根据“4”型通道，每个级别销售人员对应的主线能力

销售等级	价值传达	客户拜访	项目运作	地盘运作	大项目运作
S1	√				
S2	√	√			
S3	√	√	√		
S4	√	√	√	√	
S5	√	√	√	√	√

那么，具体要如何考核每一项能力呢？可以通过**模拟演练和实战考核**两种方式来进行。模拟演练，就是借鉴训战结合中的“演练增速”环节，由销售管理者扮演客户，让销售人员模拟真实的客户拜访或项目运作的场景。在这个过程中，销售管理者会观察销售人员的表现，并据此打分，以此来评估销售人员的能力是否达标。而实战考核，则是通过“陪同拜访”的方式来进行，由销售管理者和销售人员一起去拜访客户，在这个过程中，管理者会通过拜访前的准备、拜访中的表现、拜访后的复盘三个方面对销售人员的表现进行打分，来评

估销售人员的能力是否达标。

最后，关于销售人员职级的调整节奏，通常情况下是每年一次。这是因为年初往往是销售团队设定业绩目标的时间。一旦职级确定，原则上在这一年内就不再向下调整。因为业绩目标与职级是直接相关的，如果职级下调，业绩目标也需要相应下调，可能就会导致增加企业年度业绩目标无法完成的风险。但如果销售人员在年中表现出色，原则上每个季度都应有一次上调的机会。例如，如果一名 S2 级别的销售人员在第一季度的考核中已经达到了 S3 级别的标准，那么他可以在第二季度上调至 S3 的薪资和任务范围。如果在该季度的考核中再次达标，他就可以正式晋升为 S3 级别。如果未能达标，则将退回至 S2 级别。这样的机制既能够激励销售人员持续提升业绩，又能确保职级调整的灵活性和公平性。

6.5 组织赋能：从单兵作战到团队协同

当销售组织打造出来之后，销售管理者还需要考虑一个问题，那就是组织赋能的建设。

组织赋能的建设，就是要用**组织的能力去弥补个人能力的不足**。没有完美的个人，只有完美的团队。销售人员的个人能力再强，能做到的事情也是有限的。如何让销售人员在“前线拼杀”的时候，为他们制造足够的“武器弹药”，为他们提供企业资源的支持。使能够听到炮声的人，能够呼唤到企业的炮火，这就是组织赋能建设需要考虑的。

1. 销售“武器”：批量提升团队作战能力

每个组织在为销售团队赋能时，最先要做的事情是什么？是**打造销售“武器”**。

士兵上战场需要武器，销售人员下市场也需要“武器”。虽然小米加步枪也能取得作战的胜利，但对于一支高素质的队伍来说，如果有飞机加大炮，在作战时也会如虎添翼。

销售武器，就是为销售团队打造的一系列资料与工具，既可以有效帮助销售人员降低销售动作的难度，也可以提升销售的效率和成功率。它是企业构建市场攻防体系的战略级基础设施，是组织能力转化为个人能力的核心枢纽。它本质上是将企业最宝贵的作战经验固化为可复制的战术手册，将零散的销售智慧升华为系统化的方法论武器库，让销售人员在市场战场上能够有章可循、有法可依。

从战略维度看，销售“武器”决定了销售团队是将 80%的精力消耗在重复解释基础问题上，还是能聚焦于高价值的战略突破。没有销售“武器”的企业，本质上是在用个人英雄主义对抗系统化作战。如果销售人员每次接触客户时都要把重复的内容讲一遍，每个销售过程都在重复发明轮子，就会导致三个致命伤：第一，销售能力无法沉淀为组织资产，企业永远在低水平重复；第二，客户体验支离破碎，品牌信任难以构建；第三，市场扩张陷入边际效益递减，每个新区域开拓都要重新支付认知税。

而如果有销售“武器”的支撑，在销售人员与客户的初次接触中，市场营销所带来的品牌声量就是认知战的“空中支援”，能够在客户心智中提前建立战略据点，将陌生拜访转化为“熟悉的陌生人”对话，使破冰效率大幅提升；在方案的价值呈现中，结构化的话术体系和场景化案例库就是价值攻坚的重型“装甲”，能够将抽象的产品参数转化为可视化、场景化的材料，使价值传递实现精确制导；在客户向销售人员质疑时，客户的常见问题应答手册就是信任构筑的防弹盾牌，能够用经过千锤百炼的应答逻辑，将突发性质疑转化为展现专业能力的关键机遇。

因此，真正卓越的企业家都明白：销售“武器”的构建不是成本投入，而是价值投资的杠杆支点。它让每个销售动作都成为企业战略的具象化表达，让客户在每个接触点都能感知到品牌的专业势能，让销售能力不是某个销售精英的昙花一现，而是整个组织在商业战场上的永续“作战”能力。

企业的销售“武器”，从造价、效果和应用场景上，大体可以分为**“空军”“海军”“陆军”**三大类。用一句话说明它们三者的区别就是：**“空军”能量大，“海军”数量多，“陆军”能力强。**

（1）“空军类”武器

空军的特点是什么？是居高临下的打击。它可以覆盖地表大范围的面积，让整片区域都感受到它的存在。正如企业品牌营销所起到的作用那样。企业的品牌营销活动，本质上就是在为销售团队提供“空中支援”，让销售团队在开拓客户的时候，让客户提前就对品牌有所认知和了解，从而大幅降低初次破冰的难度。

企业可以打造的“空军类”销售“武器”清单，如表 6-11 所示。

表 6-11　企业可以打造的“空军类”销售“武器”清单

行　数	“武　器”	
1	品牌形象	品牌理念
2	创始人故事	企业纪录片
3	企业文化墙	企业文化故事
4	客户服务文化故事	期刊论文
5	资质认证	团体标准
6	官方网站	百度百科
7	微信公众号	企业视频号
8	抖音	知乎
9	新闻报道	网站推广
10	技术俱乐部	创新大本营
11	行业研讨会	行业展会

在“空军类”的销售“武器”中，主要可以分为三个部分。第一部分是对内建设的内容，从品牌形象开始，到团体标准为止，包括表格中的前五行。这部分销售“武器”主要修炼的是企业的“内功”，也就是企业自身的形象与资质，企业要想对外打造品牌，首先要先把自己活成品牌。只有拥有足够坚实的内在，才能拥有对外传播的势能。

第二部分就是对外传播的内容，从官方网站开始，到网站推广为止，包括表格中的 6～9 行。这部分销售“武器”主要打造的是企业对外发声的渠道。“空军”发挥作用的关键，就是要对外能产生足够大的声浪与势能。通过官方媒体、自媒体等多渠道同时发声，才能不断增加企业的曝光量，让目标客户更容易对企业的品牌产生认知，进而降低销售人员拜访客户的难度。

第三部分就是行业影响力的内容。从技术俱乐部开始，到行业展会为止，包括表格中的最后两行。这部分销售“武器”主要打造的就是提升行业影响力的内容；汇集行业内的尖端人才于一堂，探讨突破行业困境、引领行业发展的方向与未来；提升企业在行业圈层内的专业形象，为企业品牌赢得良好的声誉。

（2）“海军类”武器

海军的特点是什么？是数量足够多。因此“海军类”的销售“武器”，重点在于**可复制、即拿即用**。让任何一名销售人员即使自身的专业能力有限，只要使用这样的销售“武器”，也可以达成比较理想的效果。

企业可以打造的“海军类”销售“武器”清单，如表 6-12 所示。

表 6-12　企业可以打造的“海军类”销售“武器”清单

行　数	“武　器”	
1	企业宣传片	企业宣传册
2	企业介绍 PPT	企业周边礼品
3	工厂展示	透明工厂直播
4	营销中心展厅	客户访厂流程
5	产品系列手册	产品系列视频
6	产品使用说明	产品教学视频
7	产品数据分析报告	产品演示箱
8	产品测试流程	产品试用流程
9	解决方案手册	解决方案视频
10	报价单模板	确认订单模板
11	成功案例手册	成功案例视频
12	客户证言	成功案例集
13	交付/售后服务呈现	样板客户参观

在“海军类”的销售“武器”中，主要可以分为三个部分。第一部分是企业宣传材料的打造，从企业宣传片开始，到客户访厂流程为止，包括表格中的前四行。这部分销售“武器”的目的，是降低销售人员为客户介绍企业的难度，让销售人员前期拜访的客户时，客户即使不通过销售人员的讲解，也可以通过这些资料更形象地了解企业的形象与价值。

第二部分是产品宣传材料的打造，从产品系列手册开始，到确认订单模板为止，包括表格中的 5～10 行。这部分的内容是最多的，涵盖的范围也是相对最广的，既包含销售人员让客户了解产品与解决方案的过程，也包括销售人员运作项目的过程中客户测试产品的过程，直到最后签约所需要的材料。这些都是企业只要提前准备好，让销售人员拿来就用，就可以极大程度降低销售人员的工作量，并且提升客户响应效率的。

第三部分就是客户信任材料的打造。从成功案例手册开始，到样板客户参观为止，包括表格中的最后三行。仅是企业和产品层面的呈现，可能还是无法完全打消客户的顾虑，必须看到公司曾经做过的与他类似的成功案例，客户才会相信你帮他也能做好。因此这部分的资料，企业也需要平时注重收集和整理，形成销售“武器”，以备销售人员随时取用。

（3）“陆军类”武器

“陆军类”的销售“武器”，重点在于对销售团队的训练，以提升个人的作战能力。“陆军类”销售“武器”的特点，在于必须通过销售人员个人能力的展现，才能够真正发挥效果。就像步枪一样，必须通过大量的训练，才能培养出神枪手。

企业可以打造的“陆军类”销售“武器”清单，如表 6-13 所示。

表 6-13　企业可以打造的“陆军类”销售“武器”清单

行　数	“武　器”	
1	自我介绍	纸质名片
2	个人形象	关系罗盘
3	商务礼仪	宴请规范
4	拜访礼物	节日礼品
5	朋友圈素材	视频号素材
6	企业讲解话术	客户百问百答
7	产品介绍话术	行业术语
8	行业背景	行业故事
9	成功案例库	成功名人堂
10	孩子教育	养生健康
11	兴趣喜好	书籍字画
12	人文历史	时事资讯
13	体育竞技	绿植鱼宠

在“陆军类”的销售“武器”中，主要可以分为三个部分。第一部分是销

售人员个人形象的打造，从自我介绍开始，到视频号素材为止，包括表格中的前五行。这部分销售“武器”的作用，是让销售人员能够给客户留下良好的印象，感觉这个人是一名在销售方面具备专业素养的销售人员。

第二部分是销售人员专业能力的打造，从企业讲解话术开始，到成功名人堂为止，包括表格中的 6～9 行。这部分销售“武器”的作用，是让销售人员能够给客户留下专业的印象，能够与客户基于行业与产品深度沟通，让客户感觉销售人员是懂行业、懂产品的，让客户与企业的合作更加放心。

在这部分的内容中，**客户百问百答**是在所有的销售“武器”当中，最应当深入建设的内容。因为销售人员在拜访客户时，每个真正有意向合作的客户，一定都会提出问题。而且有些问题是绝大多数客户都会问到的，例如“你们企业是做什么的？”“为什么没听说过你们企业？”之类。如果销售人员回答得好，就是很好地加深客户信任的机会；如果回答得不好，很容易就会失去客户的信任。但在面对这些问题时，销售人员往往都是按照同一个思路去回答，这样就会导致在一个客户那里回答得不好，在其他客户那里回答得也不好，而销售人员根本不自知。所以百问百答的目的，就是把客户常问的问题提炼出来，并给出回答的思路和参考的话术。销售人员可以直接根据参考话术回答，也可以在参考话术的基础上自由发挥，至少要保证销售人员回答的思路是正确的。

除此以外，还有两个销售“武器”需要说明一下，**成功名人堂**重点记录的是销售冠军的个人事迹，以故事的形式为主，其中既要包含可供其他销售人员参考的经验，也要包含能够激励人心的信念，以激发其他销售人员的斗志和潜力。**成功案例库**则重点记录销售部门过往成功运作的项目。每当一个大项目运作成功后，部门都应该对每一次项目分析会的记录进行整理，从中提炼项目成功的关键因素，方便其他销售人员学习和借鉴，将项目的经验转化为组织的财富。

第三部分则是销售人员销售谈资的打造，从孩子教育开始，到绿植鱼宠为止，包括表格中的最后四行。销售人员要想与客户加深联系，光聊专业的话题是不行的，还必须聊客户感兴趣的话题。每个客户的喜好都不一样，销售人员必须广泛涉猎，才能在每个客户感兴趣的话题上，都能与客户深聊下去，让客户感觉“这个人有意思”“这个人懂我”，与客户的联系才能进一步深入。

2. AB 角：让能力不足的销售价值最大化

在销售团队用组织能力赋能给个人的时候，还有一个非常重要的机制，就是 AB 角。

所谓 AB 角，就是在跟进一些重要的客户的大项目时，投入两个或以上的销售人员去运作。这两名销售人员所扮演的角色是不同的。一个是 A 角，是项目的主要负责人，主要负责项目策略的制定，关键角色的攻拿，以及重点工作的实施。另一个是 B 角，是项目的次要负责人，主要听从 A 角的指挥，并配合 A 角完成客户的日常维护，以及项目的日常沟通等工作。

为什么要设置 AB 角的模式？原因有三个，首先，在任何一家企业当中，能够独立运作并攻拿大项目的销售人员，都是非常稀缺的资源。因为一方面这样的销售人员很难招到，另一方面已有的销售人员也需要时间去培养。其次，每名销售人员，所拥有的优势和短板都是不同的，有的人可能擅长攻拿客户，有的人可能擅长维护客户，还有的人可能手里的资源非常多，但项目运作能力不足。这时如果能够把销售人员分成 AB 角，相互搭班子，各自发挥所长去运作项目，则可以更好地提升资源利用的效率。最后，任何一个重要客户的联系维护，都需要投入大量的时间和精力在里面，而能力强的销售人员的时间和精力非常宝贵，应当更多地用在重难点的攻坚上面，而不是用在难度较低的日常维护客户方面。这时让能力不够强的销售人员做 B 角去维护客户，就可以很好地发挥作用，既节省了 A 角的精力，又规避了 B 角的短板，还能持续地维护好客户联系。

那么，AB 角的角色和规则要怎么设置呢？方式有三种，分别是**配合制、师徒制、晋升制**。

（1）配合制

首先是配合制，这是最朴素的一种制度，也是启动难度相对最低的一种制度。所谓配合制，就是在一个项目当中，AB 角的地位是完全相等的，任何一个人都可以成为 A 角，只要两个人协商确定即可。

配合制最适用的情况，是两个人负责的区域或客户有重叠，或者某个人在其他人负责的区域内有重要的资源。例如，A 销售人员在 B 销售人员负责的区域有一个客户资源，或者得到了一条重要的商机线索，就可以申请和 B 销售人员组建 AB 角，由 A 销售人员提供资源或线索，由 B 销售人员视时间、精力和意愿参与这个项目。如果项目主要由 A 销售人员来运作，那么 A 销售人员就是 A 角，如果项目主要由 B 销售人员来运作，那 B 销售人员就是 A 角，只要两个人协商确定即可。在组建 AB 角时，还必须提前确定好项目运作成功后业绩的分配比例，原则上 A 角需要做的工作更多，因此业绩的分配比例应当高一些，但具体的比例可由两个人协商确定，并在申请成立 AB 角团队时，提交给销售部门归档留存。

利用配合制建立 AB 角，好处是规则较为简单，不需要太多其他制度做配合，就可以在销售团队中快速发布并施行，盘活企业销售人员已有的资源。但根据实践经验发现，这个制度的限制也同样明显，那就是组队规则不明确，分配机制不合理，角、责、权分配不清。要想让这种制度有效地推行下去，必须有良好的企业文化做支撑。因为这样的制度，本质上是一种“共赢”的文化，但如果企业的销售人员习惯单打独斗，相互之间不仅缺乏信任，甚至还处处提防，那这个制度的推行就会困难重重。一方面，销售人员可能会宁愿让资源浪费在自己手里，也不愿意让其他销售人员分一杯羹。另一方面，在项目运作和业绩分配的时候，也可能会出现相互推诿和扯皮的情况，相互都觉得对方做得不够多，而自己拿得不够多，给销售团队徒增许多管理成本。

那么，这样的问题该如何解决呢？建立良好的企业文化自然是一方面，另一方面，也可以采用第二种 AB 角的方法，那就是师徒制。

（2）师徒制

师徒制，顾名思义，就是在一个项目的运作当中，由老师当 A 角，由徒弟当 B 角。由老师带着徒弟共同运作项目。可以是经验丰富的销售人员带经验弱的销售人员，也可以是销售管理者带部门的销售人员。在师徒制当中，A 角和 B 角的地位是不相等的，B 角需要完全听从 A 角的指挥，并按照 A 角的要求去做事。

师徒制最适用的情况，就是有销售培养体系的团队。在之前销售团队培养体系中我们提到，销售管理者的职责之一，就是通过实战赋能，带着销售人员共同成长，而这里的实战赋能，就可以通过 AB 角的方式来实现。

具体来说，当一名新销售人员进入企业之后，他所运作的前三个项目，只要金额超过一定的数值，都必须由销售管理者作为 A 角，新销售作为 B 角，A 角带领 B 角一起运作这个项目。A 角在这个项目中不仅要承担项目运作的职责，还需要承担培养 B 角的职责。通常情况下，前期的客户拜访，以及重要客户的拜访，都需要由 A 角带着 B 角联合拜访。在拜访客户的过程中，B 角需要观察并学习 A 角的表现，在拜访结束后，A 角再带领 B 角共同复盘，分析客户这个人的性格、关注点，交流过程中有哪些话外音，以及下一步的计划是什么。在 B 角逐渐熟悉这个项目和人员之后，A 角就可以视 B 角的能力，逐渐把一些客户维护和项目运作的工作安排给 B 角独立去做，这样在保证项目成功率的同时，也可以持续提升 B 角的能力。在师徒制当中，由于销售管理者通常是销售人员的直属上级，本身就要承担培养销售人员的工作，同时销售人员所达成的业绩，本身也算在销售管理者的业绩当中，因此业绩通常只要全额分配给销售人员即可，就可以很好地规避业绩分配不均的问题。

利用师徒制建立 AB 角，好处是能让团队中老销售人员的经验得到有效的发挥，新销售人员也可以得到很快的成长，归属感也更强。但同样也存在着难点，那就是需要销售部门拥有较为完整的人才培养体系。首先，销售管理者必须认可自己要承担培养销售人员的职责。否则销售管理者可能会认为自己带着销售人员做项目，自己也分不到业绩，反而白白增加了工作量，就会产生抵触情绪。其次，销售管理者也必须有培养人才的能力。如果销售管理者只顾着自己闷头做项目，却忽略了对 B 角的培养，就可能 B 角到最后也无法上手，A 角也不放心把任何工作交给 B 角干，也就失去了组建 AB 角的意义。

因此，在师徒制的基础上，又衍生出了第三种 AB 角的制度，也是目前最适用于销售团队特性，使用起来效果也最好的方法，那就是晋升制。

（3）晋升制

晋升制，就是在一个区域当中，由一个或几个能力很强的人作为 A 角，每个 A 角下面再有几个能力较弱的人作为 B 角，由 A 角带领着 B 角共同运作这个区域。晋升制和前两种制度最根本的不同在于，它把 AB 角从项目运作的维度，上升到了地盘的维度，并同时兼具了师徒制和配合制的优点。

晋升制最适用的情况，是企业需要有人持续开拓新的市场区域，同时老的区域也需要有人持续维护的情况。这也是大多企业最希望达到的状态。

晋升制的具体做法，就是在销售人员入职之后，以及每年对销售人员进行考核时，都对销售人员进行等级评定（具体做法见前面的章节）。只有等级在 S3 以上的销售人员，才有资格成为 A 角，等级不足 S3 的，将统一分配成 B 角。当销售人员成为 A 角后，就可以独立负责一个区域，由企业安排 1～3 个 B 角配合他的工作，具体的数量视地区的开拓进度而定。例如，在地盘开拓的初期，需要维护的客户数量没有那么多，只需要安排一个 B 角与其配合即可，当地盘开拓的客户逐渐增加，维护客户的时间成本增加的时候，就可以安排更多的 B 角与其配合。在项目运作当中，A 角拥有项目的决策权和对 B 角的考核权。B 角需要按照 A 角安排的工作去完成，并向 A 角汇报工作。如果 B 角在项目运作中遇到了困难，A 角也需要承担一部分培养 B 角的工作。如果 B 角没有按照 A 角安排的工作去完成，A 角也有权力扣除一部分 B 角在该项目上的绩效。反之如果 B 角超预期地完成了工作，A 角也有权力奖励一部分 B 角在该项目上的绩效。

在最后的业绩分配时，一个原则是要让 A 角对业绩拥有较高的自主权，但又要避免 B 角完全被 A 角压制。一个比较合理的方式是在制定制度时，由企业保障 B 角至少能分到 20%的业绩，而剩余的 80%由 A 角的考核决定。A 角对 B 角的考核结果，必须有相应的数据或过程管理的资料为辅证，这样既可以保证 A 角拥有足够的权力，又可以保证 A 角不会滥用权力。

采用晋升制的好处在于，销售人员可以清晰地知道自己的角色和职责，知道自己是因为职级不足才成为 B 角，在规避自身能力缺陷的同时，也给出一条明确的晋升通道。只要能够到达 S3 及以上，就有了成为 A 角的资格，可以去独立开拓一片新的区域。而对于 A 角来说，如果他能够培养出三个以上的 A 角，则自动晋升为大区经理，管辖着更大区域的 A 角。这样就可以有效激发销售团队整体的拼劲和干劲，同时也为企业培养出源源不断的人才去开拓新的市场，真正达到双赢的目的。

当然，晋升制也有其使用上的限制。那就是它对企业的销售体系完整度要求最高，既要求有完善的销售过程管理体系，能够让 A 角对 B 角的评价公平公开，合理有效；也要求有完善的人才培养体系和晋升机制，能够让 B 角成长和晋升的路径清晰可见。缺了基础上的任何一环，晋升制都容易成为空中楼阁。这也就再次体现了**销售体系的建设必须是一个完整的、环环相扣的系统，任何碎片化的方案，都只能带来碎片化的结果**。

3. 团队作战：打造公司级的差异化优势

组织赋能的最后一个部分，就是团队作战。

团队作战，就是除销售部门内部的配合机制外，还需要打造销售人员与其他部门的配合机制。例如，华为的“铁三角”机制，通过客户、方案、交付等多部门的紧密配合，实现了高效的项目运作，这就是典型的团队作战机制。

每家企业根据规模不同，行业不同，团队作战的配合方式也会略有不同。但整体上来说可以分为两大阶段，第一阶段是**补足销售团队的能力差距**，第二阶段是**打造核心的差异化竞争优势**。

什么叫补足销售团队的能力差距？对于一家处于早期发展阶段的企业来说，由于企业规模比较小，客户数量不多，项目也比较简单时，销售团队往往一个人就能搞定所有的环节，就不需要复杂的组织架构。但随着企业规模逐渐壮大，对市场开拓的效率要求更高，客户的专业和复杂程度更深，对整个团队的要求都会变得越来越高。这时销售团队的能力和精力就渐渐不够用了，就要组建专门的部门，承担专业的分工职责，通过组织协同来服务客户。

那么，基于这个目的，要如何去设计团队的作战机制呢？一个核心的原则，就是**看销售团队在销售过程中需要哪些关键支持**。例如，在市场开拓的阶段，如果销售团队需要在区域内组织一些大型的营销活动，但策划活动的能力不足，就需要建立与营销团队的协同作战机制。再如，在运作项目的阶段，如果客户的应用场景比较复杂，需要提供专业的技术参数与解决方案，而销售人员的能力不足以支撑，就需要建立与售前团队的协同作战机制。再如，在项目的实施和售后阶段，如果需要经常为客户提供售后支持，占用了销售人员的大量时间，就需要建立与售后团队的协同作战机制。由此可以看到，企业的组织架构中需要哪些部门，需要建立哪些协同作战的机制，是根据销售团队的需求动态变化的，是基于企业发展的阶段不断生长的。

但是，要想真正实现业绩的深度增长，仅仅补足销售团队的能力差距是不够的，还必须**打造核心的差异化竞争优势**。这里的差异化竞争优势可以是很多方面，例如营销很强、技术很强、售后很强，甚至是访厂很强等。具体选择哪个方面，应根据企业的定位与业绩航标来决定，并围绕差异化竞争优势为核心，来构建团队作战的机制。

例如，如果企业选择以售后服务为差异化竞争优势，则需要围绕着该优势构建一系列的团队作战机制。首先，要有专门的售后客服部门定期跟踪客户的反馈，通过电话、邮件、在线客服等方式，及时收集客户在产品使用过程中遇到的问题和建议。其次，客户的反馈必须顺畅传达到技术部门，可以通过建立专门的反馈处理系统，确保信息的及时传递和准确记录，技术部门根据反馈内容，及时进行问题诊断和技术支持。再次，如果是客户主动提出的问题，在问题处理的同时，销售部门要主动告知客户处理的进度，通过定期的沟通，让客户了解问题解决的每一个环节，增强客户的信任感。最后，还要有专门的售后质量监督部门来对客户服务的过程进行监督和改进，定期对售后服务的响应时间、问题解决率、客户满意度等指标进行评估，根据评估结果，不断优化服务流程和提升服务质量，以确保客户满意度的达成。只有这些部门高效协同，才能让客户感受到企业的售后服务是非常专业且完善的体系，才能把售后服务打造成企业的差异化竞争优势。

再如，如果企业以访厂流程为差异化竞争优势，则需要围绕着该优势构建一系列的团队作战机制。首先，在客户访厂前，要有专门的客户关系团队负责与客户沟通访厂的日程及安排，详细了解客户的兴趣点和关注重点，为客户量身定制访厂行程，包括参观车间、实验室、展厅等环节的时间分配和顺序安排。其次，当客户访厂时，要有专业的技术讲解团队给客户讲解，这些讲解人员不仅要熟悉企业的产品和技术，还要具备良好的沟通能力和教学技巧，能够用通俗易懂的语言向客户介绍产品的特点、优势和应用场景，同时还能针对客户的疑问进行详细解答。最后，当客户访厂结束后，要有专业的接待团队陪客户在当地游览，安排客户品尝当地的特色美食、参观知名景点等，让客户感受到企业接待的用心，加深对企业的印象和好感。而整个流程和配合机制，都需要提前设计好部门配合的流程，明确各部门的职责和工作交接点，让部门之间的工作可以顺畅流转。这些配合制度通常需要长时间试运行和迭代，不断根据反馈进行优化调整，而且企业必须有持续改进的意识和机制。

小企业靠人管，大企业靠制度和流程管，只有把部门间的配合过程形成具体的流程和机制，才能避免因人员变动或沟通不畅导致的工作脱节和效率低下，才能实现部门之间的高效合作，从而提升整个团队的作战能力，为企业赢得市场竞争优势，推动企业业绩的深度增长。

精华小结

- 一名不合格的员工，是企业最大的成本。
- 销售招聘一定不能靠感觉，而是要靠标准。把标准上升到企业层面，就是构建销售团队的人才画像。
- 学习能力决定销售人员的上限，而抗压能力决定销售人员的下限。
- 客户联系能力决定销售人员与客户关键决策人的联系深度，项目运作能力决定销售人员运作项目的成功率，而地盘布局能力决定销售人员开拓和运作地盘的效率。
- 在设计指标权重时，既要设计开关项，确保阻燃型的人进不来，也要设计破格项，及时抓住宝贵的人才。
- 面试提问的基本原则：多问过去，少问未来；多问事实，少问想象；多问怎么做，少问会不会。
- 新员工培养的真正目的，不是直接产出订单，而是为他们进入市场做好准备。
- 能力决定了销售人员的业务水平，心力则决定了销售人员的能力能发挥出多少。

- 销售是给客户提供价值的岗位，而非向客户推销产品的岗位。
- □人人过关”真正的关键，不在于考核当天，而在于考核前的准备。
- 新员工绩效考核的指标，应当以过程数据为主，而不是以销售业绩为主。
- 主线能力，是与达成业绩直接相关的能力。在培养销售团队的时候，必须优先培养主线能力，再去有选择地培养支线能力，主次一定要分明。
- 销售人员是凭借自己的能力成功的，而销售管理者是依靠团队的能力成功的。
- 销售是一项技能，而不是知识。知识是靠听课就能学到的，而技能是要靠反复练习才能掌握的。来得越快的东西，走得也越快。
- 任何一项销售能力的培训，既要提升销售人员的能力，也要提升销售管理者辅导团队的能力。
- 低底薪意味着低门槛，而低门槛通常意味着低素质。设计底薪时不能只考虑用人成本，还要让好销售人员进得来。
- 销售人员不会去做正确的事，只会做你去考核他的事。
- 绩效工资考的是销售过程，而奖金考的是业绩结果。业绩结果不仅要考核业绩的金额，还要考核业绩的结构。
- 销售体系怎么做，绩效考核就怎么考。员工从保护期进入正式期，改变的只是考核的权重，而不是销售的流程。
- 职级晋升体系设计的第一个原则：是职级、薪酬与任务三位一体。职级越高，薪酬越高，同时任务也越高。
- 职级晋升体系设计的第二个原则：是业绩、过程和能力三位一体。不能只看销售业绩，也要看销售过程和销售能力。
- 组织赋能建设的目的，就是用组织的能力去弥补个人能力的不足。
- 销售体系的建设必须是一个完整的、环环相扣的系统，任何碎片化的方案，都只能带来碎片化的结果。

深度增长（北京）企业管理咨询有限公司相关介绍

深度增长（北京）企业管理咨询有限公司（前身河北东云企业管理咨询有限公司）是一家专注于 To B 领域销售系统构建与组织能力提升的专业咨询与培训服务机构。公司以“深度增长、体系制胜”为核心理念，致力于帮助企业实现营销体系化变革和业绩可持续增长。

公司构建了“以战略为引领，以业绩为导向，以管理为支撑，以组织为基石”的纵深性、系统性销售管理咨询服务体系。核心管理咨询业务包括：

战略布局：企业销售战略布局、品牌发展战略布局、产品规划战略布局、组织建设战略布局。

销售管理：市场营销管理体系、客户管理体系、商机管理体系、大项目管理体系、渠道管理体系等企业销售管理体系搭建与升级。

组织建设：部门组建、人才招聘、组织架构调整与设计、人才晋升通道构建、薪酬激励/绩效考核体系设计与落地等。

团队训战：销售团队成长地图、销售新员工培养、销售人才训战（初、中、高阶）、销售管理者训战（初、中、高阶）。

创始人深耕行业 15 年，具备丰富的产业咨询经验和深厚的方法论积累。公司自成立以来，始终遵循系统性的咨询服务和实战训战相结合的方式，为企业提供从战略到执行的全链路支持，助力企业走出业绩增长瓶颈，构建具备持续作战能力的“销售铁军”。

截至目前，公司已累计服务超过 1200 家企业，涵盖 IT、制造、通信、金融、环保、农业等多个行业，其中包括中国移动、中国人保、中国电科、浪潮集团、河钢集团、敬业集团、金蝶软件等众多大型国企、央企及领先民企。在服务过程中，不仅帮助企业显著提升销售额，更注重销售管理的系统建设与组织能力的长期培育，真正实现企业“深度增长”的转型升级。

公司获评为河北省工业和信息化厅入库服务机构，不仅服务于单一企业，更深度参与多个地方产业集群的营销能力、品牌建设等提升项目，展现出广泛的行业影响力与专业认可度。

未来，公司将继续秉承“要增长，更要深度增长”的服务宗旨，陪伴更多企业走向营销新高度，实现真正意义上的深度增长。